Van nature maatschappelijk

Van nature maatschappelijk

overzicht van de kritische psychologie

redaktie:
Peter van den Dool en Antoine Verbij

Uitgeverij SUA Amsterdam

© 1981 SUA—Amsterdam
omslag en boekverzorging: Volken Beck
zetwerk: SSN—Nijmegen
druk: Drukkerij Haasbeek b.v.—Alphen a/d Rijn
ISBN 90 6222 074 6

Inhoudsopgave

Ten geleide, *Klauz Holzkamp*	7
Woord vooraf	9

Deel I. Achtergronden

1. Traditionele en kritische psychologie, *Pieter Stein* — 14
Psychologie? Hoezo psychologie?
Kritische psychologie kontra de gevestigde orde
Het positivisme in de psychologie
Kritiek op het positivisme
Naar een emancipatorische psychologie

2. Mensen en verhoudingen, *Gien Tuender-de Haan* — 26
Wereldbeelden in de psychologie
De maatschappelijke mens
Tweerichtingsverkeer

3. De kritische geest heeft ook een lichaam, *Antoine Verbij* — 36
Het lichaam-geest probleem
Marxistische gezichtspunten op het lichaam-geest probleem
De historische methode in de kritische psychologie

Deel II. Theorie

4. De historische methode, *Antoine Verbij* — 50
Basisprincipes van de historische methode
De natuurhistorische analyse
De maatschappelijk-historische analyse
De historische methode als kritische methode

5. Waarnemen en denken, *Wim Meeus, Quinten Raaijmakers* — 73
De natuurhistorische analyse van de waarneming
De maatschappelijk-historische analyse van de waarneming
De maatschappelijk-historische analyse van de menselijke kommunikatie

Individuele waarneming in de burgerlijke maatschappij
Waarnemen, denken, kennen
Kommentaar

6. Emotie en motivatie, *Jaap van der Stel, Jacques Zeelen* — 110
De natuurhistorische oorsprong van de motivatie
Menselijke maatschappelijkheid versus sociaal verkeer bij dieren
Maatschappelijke verhoudingen, klassentegenstellingen, individualiteitsvormen
Zinnelijk-vitale en produktieve behoeften
Motivatie in de burgerlijke maatschappij
Kanttekeningen en kritiek

7. De ontwikkeling van de persoonlijkheid, *Ed Elbers* — 134
Ontwikkeling als vermaatschappelijking
Psychodynamische aspekten van het ontwikkelingsproces
De gestoorde ontwikkeling
Enige kanttekeningen

Deel III. Praktijk

8. Arbeid en werkloosheid, *Gien Tuender-de Haan* — 170
Humanisering en automatisering
Arbeid en bewustzijn
Werkloosheid
Zonder werk geen subjekt?

9. Therapie en hulpverlening, *Wilmar Schaufeli* — 191
De ontwikkeling van de therapiekonceptie
Algemene uitgangspunten
Het therapeutisch proces
Psychotherapie als individuele politisering
De kasus Lothar
Enige kritische kanttekeningen

10. Onderwijs en vorming, *Peter van den Dool* — 216
Elementen van een materialistische onderwijsleertheorie
Politieke ekonomie in het vakbondsvormingswerk
Kritische psychologie over didaktiek

11. Problemen met leren lezen en schrijven, *Foppe van der Bij* — 234
Het legastheniekoncept
De therapie
Kritische kanttekeningen

Beknopte bibliografie — 247

Ten geleide

Het zal buitenstaanders wellicht verwonderen dat ik een 'ten geleide' schrijf bij een boek waarvan ik de taal niet eens beheers. De redakteuren hebben me echter omstandig uitgelegd wat er zoal in staat. En wat nog veel belangrijker is: verschillende van de auteurs ken ik al ettelijke jaren. Zij waren bij de Nederlandse 'kritische psychologen' waarmee we op ons instituut een week lang intensieve diskussies voerden. Sommigen van hen hebben ons daarna nog vaker bezocht. Anderen hebben zelfs langere tijd bij ons gestudeerd. Bij al die ontmoetingen bleken we het wetenschappelijk en politiek steeds beter met elkaar te kunnen vinden. Nu in Nederland deze nieuwe publikatie het licht ziet, ervaar ik dat bijna alsof 'wij' een nieuw boek publiceren.
Ik wil van de gelegenheid gebruik maken om wat te vertellen over werkzaamheden aan ons instituut die zo nieuw zijn dat ze in dit boek nog niet konden worden verwerkt.
Zelf heb ik nu eindelijk de laatste hand gelegd aan het ruwe manuskript van een boek dat me de laatste vijf jaar nogal wat hoofdbrekens heeft gekost: *Geschichtlichkeit des Psychischen. Kategoriale Grundlegung der Psychologie*. Ik doe daarin een poging om op basis van het onderscheid tussen 'paradigmatisch'-kategoriale aspekten van de kritische psychologie en het daarop gefundeerde, meer specifieke aktueel-empirische onderzoek aan te geven in welke richting toekomstig onderzoekswerk zich zou moeten bewegen. Het gaat me daarbij ook om de methodische richtlijnen voor een 'subjektwetenschappelijke' onderzoekspraktijk, richtlijnen die als alternatief kunnen dienen voor de traditionele 'beheerswetenschappelijke' onderzoeksmethodiek.
Ute Holzkamp-Osterkamp is bezig om via de bestudering van de recente wetenschappelijke, journalistieke en biografische literatuur over het fascisme meer greep te krijgen op het probleem van de ideologie en de ideologietheorie. Op basis daarvan wil ze de wetenschappelijke grondslagen en de politieke konsekwenties van het gangbare onderzoek naar die problematiek ter diskussie stellen.
Het zou te ver voeren om hier uitgebreid in te gaan op al het zojuist of bijna afgeronde werk van onze Westberlijnse kollega's. Ik volsta met een opsomming. Wolfgang Maiers: kritiek op het funktionele model in de traditionele psychologie; Michael Jäger: precisering van het probleem van de rationaliteit van wetenschappelijke revoluties; Morus Markard:

kritiek en kritisch-psychologische herinterpretatie van het sociaal-psychologische attitude-konstrukt; Barbara Grüter: kritiek en herinterpretatie van de genetische epistemologie van Piaget, enzovoort.

Ons belangrijkste empirische projekt is het 'suvki'-projekt ('subjektontwikkeling in de vroege kindertijd'), dat al cirka vier jaar draait. Het is een 'subjektwetenschappelijk' longitudinaal onderzoek naar de ontwikkeling van het kind van de zwangerschap tot aan de school. Het is de bedoeling om met behulp van kritisch-psychologische kategorieën en methoden erachter te komen welke wetmatigheden die ontwikkeling volgt, welke tegenspraken en konflikten erin liggen opgesloten en hoe een en ander de persoonlijkheidsontwikkeling van het kind en alle andere betrokkenen beïnvloedt. Op basis daarvan kunnen we dan onder meer empirische steun verlenen aan de tot nu toe voornamelijk kategoriale kritiek die we op de gangbare psychoanalytische en socialisatietheoretische visies hebben geuit en bovendien een wetenschappelijke en praktische benadering van de vroegmenselijke ontwikkeling opbouwen waarin daadwerkelijk de betreffende subjekten (in het bijzonder de kinderlijke subjekten) centraal staan.

Wat kan ik een boek als dit tot slot nog 'meegeven'? Ik wens het boek toe dat degenen die het lezen meer inzicht zullen verwerven in de problemen waar een psychologie in terechtkomt die maatschappelijke konflikten individualiseert en de mensen afleidt van de werkelijke oorzaken van hun subjektieve leed; ik wens dat die lezers zich daardoor nog meer zullen gaan inzetten om een psychologie op te bouwen die mensen helpt om hun werkelijke belangen in te zien en hen ertoe aanzet daar gezamenlijk voor op te komen.

Klaus Holzkamp
Berlijn, mei 1981

Woord vooraf

'Kritische psychologie' is inmiddels voor veel psychologen een vertrouwd begrip. Het is echter zeker niet zo dat ze er allemaal hetzelfde onder verstaan. De een denkt aan kritische beschouwingen over de grondslagen van de psychologie. De ander denkt aan fundamentele kritiek op de verabsolutering van de experimentele methoden in de gangbare psychologie. Weer een ander denkt aan allerlei progressieve alternatieven op het terrein van de psychologische beroepsuitoefening.
De laatste jaren is echter de naam 'kritische psychologie' voor velen identiek geworden met het brede skala van psychologische opvattingen dat met name aan het psychologisch instituut van de Westberlijnse Freie Universität tot ontwikkeling is gebracht. Met die opvattingen is onverbrekelijk de naam van Klaus Holzkamp verbonden. Holzkamp en zijn kollega's ontwierpen in de zeventiger jaren een maatschappijkritische psychologie die voortbouwt op het werk van de kultuurhistorische school in de Sovjet-psychologie. Hun werk en dat van enkele verwante denkers werd plusminus vijf jaar geleden in Nederland geïntroduceerd middels het boekje *Psychologie en marxisme, een terreinverkenning*, geschreven door een aantal tot 'Holzkampgroep' gebombardeerde studenten. Sindsdien is een groeiend aantal progressieve psychologen zich in theorie, onderzoek en praktijk op de Berlijnse kritische psychologie gaan richten.
In het boekje *Psychologie en marxisme* wordt met name het kritisch-psychologische onderzoek naar de grondslagen van de psychologie behandeld. Deze grondslagenkritiek kenmerkt echter slechts de eerste fase van de ontwikkeling van de kritische psychologie. Inmiddels is er in Berlijn ook op andere terreinen flink wat vooruitgang geboekt. Dat is vooral op het gebied van de psychologische theorievorming, maar ook op dat van de methodologie en in mindere mate op dat van de praktijk. Een en ander heeft een stroom van publikaties opgeleverd.
Om die publikaties voor het Nederlandse lezerspubliek toegankelijk te maken, is vorig jaar het initiatief genomen tot een nieuw boek over de Berlijnse kritische psychologie. Bestond de 'Holzkampgroep' nog uitsluitend uit enkele Amsterdamse studenten, voor dit nieuwe boek bleek een beroep gedaan te kunnen worden op auteurs die zich op verschillende plaatsen in ons land al enige tijd in onderwijs en onderzoek met de kritische psychologie bezighouden. Ruim een jaar lang kwamen de

auteurs regelmatig bijeen om over de kritische psychologie te diskussiëren, om werkafspraken te maken en om de eerste koncepten door te spreken. Het resultaat is het lijvige boek dat nu voor u ligt.
Er is voor gekozen om het boek een inleidend karakter te geven. In de verschillende hoofdstukken worden de kritisch-psychologische opvattingen over uiteenlopende onderwerpen gerekonstrueerd en in bescheiden mate van kritisch kommentaar voorzien. Uiteraard geven de verschillende rekonstrukties allerlei interpretatieverschillen te zien. Om die verschillen niet te verdoezelen is besloten de afzonderlijke hoofdstukken onder de naam van de betreffende auteur(s) te publiceren. Bovendien is er zo veel mogelijk zorg voor gedragen dat afzonderlijke hoofdstukken ook zonder kennis van de andere gelezen kunnen worden. Het gevolg daarvan is wel dat sommige basisbegrippen op meerdere plaatsen worden gedefinieerd, al leidt de specifieke kontext wel tot kleine aksentverschuivingen tussen de verschillende definities.
De hoofdstukken zijn in drie delen ondergebracht. In het eerste deel komen de wetenschapstheoretische en filosofische achtergronden van de kritische psychologie aan bod. Pieter Stein rekapituleert de grondslagenkritiek uit de eerste fase van de kritische psychologie. Gien Tuender-de Haan bespreekt vervolgens het kritisch-psychologische mensbeeld. Tenslotte gaat Antoine Verbij in op de marxistische visie op het voor de psychologie zo centrale lichaam-geest probleem.
Het tweede, meest omvangrijke deel handelt over de kritisch-psychologische theorie. Kritisch-psychologen funderen hun uitgangspunt dat mensen *van nature maatschappelijk* zijn op onderzoek naar de natuurhistorische wortels van de menselijke psychische funkties en naar de ontwikkeling van die funkties in de loop van de maatschappelijke geschiedenis. Antoine Verbij gaat in op de specifieke problemen van dat historische onderzoek. In de daarop volgende hoofdstukken komen de resultaten ervan aan de orde. Wim Meeus en Quinten Raaijmakers bespreken Holzkamps onderzoek naar het waarnemen en het denken, Jacques Zeelen en Jaap van der Stel rekonstrueren Osterkamps onderzoek naar de menselijke motivatie en Ed Elbers brengt de elementen bij elkaar die de aanzet vormen tot een kritisch-psychologische theorie over de persoonlijkheidsontwikkeling.
In het derde deel wordt nagegaan wat de kritische psychologie te zeggen heeft over een aantal toepassingsgebieden. Gien Tuender-de Haan laat het kritisch-psychologische licht schijnen over arbeid en werkloosheid, Peter van den Dool doet dat voor wat betreft onderwijs en vorming en Wilmar Schaufeli behandelt de kritisch-psychologische opvatting over therapie en hulpverlening. Tot slot gaat Foppe van der Bij in op het werk dat verricht wordt aan het Berlijnse legastheniecentrum; daar hanteert men bij de therapie van kinderen met lees- en schrijfstoornissen een aantal kritisch-psychologische inzichten.
De grote afwezige in dit boek — kenners van de kritische psychologie zal dat onmiddellijk opvallen — is de methodenkritiek. In het eerste

hoofdstuk wordt weliswaar de kritiek op het positivisme in de psychologie gerekapituleerd, maar over de ontwikkeling van die kritiek in de richting van hoe empirisch kritisch-psychologisch onderzoek er dan wèl uit moet zien, treft men in dit boek niets aan. Toch is er juist ook op dit terrein veel vooruitgang geboekt, zo veel zelfs dat het geplande hoofdstuk erover dit boek onaanvaardbaar in omvang zou hebben doen toenemen. Er is daarom besloten te streven naar een aparte publikatie over de kritisch-psychologische opvattingen inzake onderzoek.

Zowel aan de voorbereidings- als de uitvoeringsfase van het werken aan dit boek hebben veel mensen bijgedragen die wij hier onmogelijk allemaal persoonlijk kunnen bedanken. We maken graag een uitzondering voor Niels Brouwer en Thomas Wijsman, die vanaf het begin hebben meegediskussieerd en verschillende koncepten van kommentaar hebben voorzien.

We vertrouwen erop dat via de SUA ook dit boek, evenals zijn voorganger *Psychologie en marxisme*, de weg zal weten te vinden naar hen voor wie het in de eerste plaats geschreven is: studenten die in het kader van hun opleiding vertrouwd willen raken met een kritische visie op het psychisch funktioneren van mensen. Dat zullen in de eerste plaats psychologiestudenten zijn, maar ook voor studenten in de opvoedkunde, de andragologie en de sociologie biedt dit boek een handzaam overzicht van de kritische psychologie. Uiteraard hopen de auteurs dat daarnaast ook mensen uit de praktijk, zowel binnen als buiten de universiteiten, zich door dit boek zullen laten inspireren, al was het maar tot kritiek.

Peter van den Dool, Antoine Verbij
juni 1981

I. Achtergronden

I

Pieter Stein
Traditionele en kritische psychologie

Psychologie? Hoezo psychologie?

Mensen die van zichzelf weten dat zij zich in de uitoefening van hun (toekomstig) vak moeten kunnen baseren op een aantal zekerheden, doen er goed aan geen psycholoog te worden.
Vraag honderd psychologen wat 'leren' is en je krijgt evenzovele omschrijvingen die geen van alle algemeen geldig zijn. De stelling dat er evenveel psychologieën zijn als psychologen is verdedigbaar, maar blijkt bij nadere bestudering toch wel wat overtrokken. Desalniettemin wordt sinds jaar en dag in de psychologenwereld over de versnippering van het vak gesproken. Duijker schrijft in 1976: 'Talrijk zijn tenslotte de "psychologieën", de onderdelen, vakgebieden, specialismen die door psychologen worden beoefend. Er is, in allerlei opzicht, véél psychologie.'[1]
Duijker heeft zich sinds 1959[2] beijverd om struktuur aan te brengen in de psychologie, omdat naar zijn mening het bestaan van zo veel verschillende psychologieën niet kan leiden tot wetenschappelijke vooruitgang. Eén van de wijzen waarop de psychologie thans is ingedeeld, gaat rechtstreeks terug op Duijkers gedachten daaromtrent en betreft de indeling in zogenaamde 'kernvakken' en 'praktijkvelden'. In de tegenwoordige opleiding treft men deze struktuur min of meer aan in de indeling in vakgroepen. Tot de kernvakken worden gerekend: gedragsleer (ook wel: sociale psychologie[3]), funktieleer, ontwikkelingsleer, persoonlijkheidsleer en methodenleer. Tot de praktijkvelden worden onder andere gerekend: klinische psychologie, arbeids- en organisatiepsychologie, kinderpsychologie en onderwijspsychologie.
De vraag wat leren is, gesteld aan verschillend gespecialiseerde psycholo-

---

1. H.C.J. Duijker, 'De psychologie en de psychologieën', in: *Nederlands tijdschrift voor de psychologie*, jrg. 31, 1976, p. 451-484.

2. Zie H.C.J. Duijker, 'Nomenclatuur en systematiek der psychologie', in: *Nederlands tijdschrift voor de psychologie*, jrg. 14, 1959, p. 983-1002.

3. Het bezwaar tegen de term 'sociale psychologie' is volgens Duijker dat deze suggereert dat er ook een niet-sociale psychologie zou bestaan. Hij introduceert daarom de term 'gedragsleer', die op de bestudering van de situationele, fysiologische en biologische determinanten van het menselijk gedrag duidt.

gen, zal op verschillende wijzen door hen benaderd worden. Zo zal een ontwikkelingspsycholoog leren als een van de belangrijkste kenmerken van de ontwikkeling van kind naar volwassene zien, waarbij haar of hem het meest interesseert in welke fase welk soort dingen het best geleerd kunnen worden. Veel funktiepsychologen zijn daarentegen meer geïnteresseerd in de (fysiologische) processen tijdens het leren: verschillen die processen per soort dingen dat geleerd wordt of is er sprake van een algemene en kenmerkende 'leertoestand' bij mensen? Sommigen geloven dat laatste en er zijn dan ook mensen die ijverig op zoek zijn naar een 'leerpil'. Volgens sommige kranteberichten is de leerpil al ontdekt, maar het lijkt er toch op dat we het voorlopig nog allemaal op eigen kracht moeten doen.

Een sociaal-psycholoog kijkt nòg weer anders naar het leren. Hij of zij zal vooral geïnteresseerd zijn in het effect dat mensen op elkaar hebben als onderdeel van het leerproces: ouders op kinderen, leraren op leerlingen, kinderen op elkaar, enzovoort.

We zien hoe een op het oog onschuldig thema als leren onmiddellijk leidt tot een grote verscheidenheid in benaderingswijzen in het psychologische kamp. Dat zou op zichzelf geen probleem zijn als deze verscheidenheid betekende dat er een taakverdeling was waarbij iedere psycholoog binnen haar of zijn vakgebied specifieke aspekten van het menselijke leren onderzocht. Dat is echter niet het geval. Als men al erkent dat een sociaal-psycholoog anders naar het leren kijkt dan een persoonlijkheidspsycholoog, dan is men het vaak in het geheel niet eens over de juiste manier waarop psychologisch onderzoek dient plaats te vinden en welke uitgangspunten daarbij gehanteerd moeten worden. De verschillende opvattingen van waaruit de psychologie bedreven wordt noemen we scholen of stromingen. De invloedrijkste daarvan zijn: behaviorisme, kognitieve psychologie, psychoanalyse, fenomenologie, humanistische psychologie en fysiologische psychologie.

De indeling in hoofdstromingen loopt dwars door die in psychologische vakgebieden, dus vele kombinaties zijn al mogelijk. Teneinde het beeld volledig te maken is het echter nodig te bedenken dat de psychologiebeoefening ook nog betrekking heeft op verschillende praktijkvelden, zoals daar zijn: gezondheid, arbeid en werkloosheid, individueel en maatschappelijk welzijn, opvoeding en onderwijs, en de 'theoretische praktijk' oftewel de akademische beoefening van de psychologie.

Het blijkt inderdaad dat de psychologie versnipperd is en dat er, als we uitgaan van de drie indelingskriteria naar vakgebied, stroming en praktijkveld een schier eindeloze hoeveelheid kombinaties mogelijk is. En of dat al niet erg genoeg is, is er begin 1970 een nieuwe loot aan de stam van de psychologie gegroeid: de kritische psychologie.

Het bijzondere van de kritische psychologie is dat zij de pretentie heeft niet een stroming naast de andere te zijn, maar een daadwerkelijk alternatief voor de in haar ogen vastgelopen traditionele opvattingen. Vanuit het paradigma van de kritische psychologie zou het mogelijk zijn een einde te maken aan de versnippering, de onderlinge verdeeldheid, en kan er echte wetenschappelijke vooruitgang worden geboekt. Of de kritische psychologie deze pretenties waarmaakt, laten we graag aan het oordeel van de lezers over.

Kritische psychologie kontra de gevestigde orde

Op de golven van de demokratiseringsbeweging van de zestiger jaren ontwikkelde de Westberlijnse hoogleraar Klaus Holzkamp een theorie over de psychologie, die geïnspireerd is door de studentenbeweging aan het psychologisch instituut te Berlijn en door de emancipatorische wetenschapsopvatting van Jürgen Habermas.[4] De zeer kritische studentenbeweging zag in de gevestigde psychologie een instrument van de heersende orde.[5] Op het Kongress Kritischer und Oppositioneller Psychologie dat in mei 1969 in Hannover plaatsvond ontstond er daarom zelfs een 'Zerschlagt die Psychologie'-beweging.

In de sociologie was het de neomarxist Habermas die de grondslagen legde voor een 'Kritische Theorie der Gesellschaft'. Die grondslagen leverden een wetenschappelijk kader voor een fundamentele kritische studie van de westerse samenleving. Het bijzondere van de kritische theorie was dat expliciet een bepaalde waardering van de bestaande maatschappij in de theorie werd opgenomen, waardoor deze tegelijk een wapen werd met behulp waarvan de maatschappij veranderd zou kunnen worden.

Deze maatschappijkritische potentie sloot goed aan bij de op dat moment aanwezige behoefte van (voornamelijk) studenten, die felle kritiek hadden op het oorlogszuchtige karakter van de kapitalistische maatschappij en op de in hun ogen falende wetenschap, die zich niets leek aan te trekken van wat er in de maatschappij gebeurde. Sterker nog: de wetenschap maakte zich zelfs schuldig aan het instandhouden van de maatschappelijke misstanden door bij te dragen aan de vervaardiging van geavanceerd oorlogstuig, aan het selekteren van militairen, aan het verfijnen van managementtechnieken in grote bedrijven, enzovoort.

---

4. In dit verband belangrijke werken van Habermas zijn *Technik und Wissenschaft als Ideologie*, Frankfurt a. M. 1968, en *Erkenntnisse und Interesse*, Frankfurt a. M. 1968.

5. I. Staeuble vatte de kritiek van de studentenbeweging op de psychologie in 1968 als volgt samen: 'Overziet men de velden waarin psychologen overwegend werkzaam zijn, dan moet men vaststellen: (a.) zij werken rechtstreeks in dienst van het imperialisme (oorlosonderzoek, 'psychologische verdediging'); (b.) zij werken in dienst van de kapitalistische ekonomie (marktonderzoek, reklame); (c.) zij werken indirekt aan de stabilisering van de burgerlijke ideologie (opinie- en kommunikatieonderzoek); (d.) zij bewerkstelligen de inschakeling van de prestaties van individuen in het systeem van deze maatschappij (alle soorten selektie, bedrijfspsychologie, beroepsadvisering); (e.) zij werken in de richting van sociale aanpassing.'

In navolging van de kritische theorie zette de kritische psychologie zich af tegen de toen heersende opvatting van 'waardevrijheid' van wetenschap, dat wil zeggen de opvatting dat wetenschap zich dient te onthouden van normatieve (dus waarderende) uitspraken over de maatschappij omdat zij zich daarmee op het terrein van de politiek zou begeven. De kritische psychologie stelde daar tegenover dat wetenschap die zich onthoudt van maatschappijkritiek zich mede schuldig maakt aan bestaande misstanden en de instandhouding daarvan. Op deze wijze probeerde Holzkamp een kritisch-emancipatorische theorie voor de psychologie te ontwikkelen; 'emancipatorisch' in de zin dat de theorie moest bijdragen aan de bevrijding van mensen van ekonomische, politieke en sociale onderdrukking, 'kritisch' in de zin van een voortdurende bezinning op eigen normatieve vooronderstellingen. De poging van Holzkamp leidde tot een eerste aanzet in de vorm van een bundel artikelen onder de titel *Kritische Psychologie*[6] en vervolgens tot een indrukwekkende reeks van door hem en anderen geschreven boeken.

Het positivisme in de psychologie

Het is de verdienste van Holzkamp te hebben laten zien dat er ondanks alle hierboven geschetste verschillen tussen allerlei psychologieën één opvallend punt van overeenkomst is: alle psychologieën herleiden hun bevindingen tot datgene wat zich *binnen* een individu afspeelt. Daarbij is het niet principieel verschillend of een individu wordt opgevat als een uniek persoon (zoals in de differentiële psychologie, die zoekt naar de kenmerkende verschillen tussen mensen), of als een exemplaar van de menselijke soort, met alle kenmerken die de soort tot soort maken. Het belangrijke is namelijk dat het psychologische wordt gezien als een kenmerk van het individu of de verzameling individuen zelf. In navolging van Marx wil Holzkamp echter niet vertrekken vanuit konkrete individuen, maar vindt hij dat het onderzoek naar konkrete indidivuen vertrekken moet vanuit het 'geheel der maatschappelijke verhoudingen'.[7] De traditionele benaderingswijze van het psychologische is gebaseerd op een wetenschapsopvatting die bekend staat als het 'positivisme'.[8] Weten-

---

6. K. Holzkamp, *Kritische Psychologie. Vorbereitende Arbeiten*, Frankfurt a. M. 1972.

7. Holzkamp baseert dit uitgangspunt op de zesde Feuerbachthese van Marx die luidt: 'Het menselijk wezen is geen abstraktum dat in het afzonderlijke individu huist. In zijn werkelijkheid is het het geheel der maatschappelijke verhoudingen.' *Marx Engels Werke*, deel 3, Berlijn 1958, p. 6.

8. Het positivisme is een filosofische stroming waarvan de grondlegger Auguste Comte (1798-1875) is. Wetenschap dient zich te baseren op het positief gegevene ('les faits positifs') in plaats van te theoretiseren over mogelijke verklaringen in het metafysische.

schap dient zich te baseren op de positief gegeven feiten om tot ware kennis te kunnen komen. Met andere woorden: ware kennis moet gezocht worden in waarneembare feiten. Het positivisme werd in de negentiende eeuw gevestigd in reaktie op de daarvóór geldende opvattingen, die voornamelijk van theologische aard waren. Het positivisme zet zich dus af tegen metafysika, dat wil zeggen het zoeken naar verklaringen in niet-waarneembare dingen. Het zich richten op het feitelijke en het waarneembare is echter een uitermate problematische zaak. In de wetenschapsfilosofie leidde het probleem van de kennistheorie (de leer van wat 'kennen' nu eigenlijk is) al sinds Plato en Aristoteles tot meningsverschillen die, zij het steeds veranderend van argumentatie, tot op heden voortduren en dat zonder twijfel ook in de toekomst zullen blijven doen.

Grof geschetst kan het kentheoretische debat als volgt worden samengevat. Wetenschap is menselijke aktiviteit die aangewend wordt om kennis te krijgen over dingen die gebeuren, maar die mensen niet begrijpen. De vraag is echter of de dingen die gebeuren überhaupt wel kenbaar zijn: kunnen wij als mensen de verschijnselen kennen zoals ze *zijn* of slechts zoals ze zich middels onze zintuigen aan ons *voordoen*? In het verlengde hiervan ligt de vraag naar het bestaan en de aard van wetmatigheden in de 'natuur'. Wetenschap is in de positivistische opvatting een aktiviteit die gericht is op het aan de 'natuur' ontfutselen van haar verborgen wetmatigheden — of het daarbij om de stoffelijke natuur gaat of om menselijk gedrag is hier niet essentieel.

Deze vorm van 'naïef empirisme', zoals we die bij de grondleggers van het positivisme aantreffen, is reeds lang verlaten voor een standpunt dat de veronderstelling van de kenbaarheid van de dingen veel minder sterk maakt. De belangrijkste wijzigingen houden in dat het kennen veel sterker afhankelijk wordt geacht van mensen. Onderzoekers bedenken zelf mogelijke verbanden tussen dingen en kijken vervolgens middels experimenten of zij empirisch hun beweringen kunnen staven. De juistheid van de theorie kan op deze wijze niet definitief worden bepaald: door het experiment op verschillende manieren te herhalen wordt de juistheid hooguit waarschijnlijker, alleen wanneer een theorie regelmatig door de waargenomen feiten wordt gelogenstraft, kan ze op den duur definitief als weerlegd worden beschouwd.

Ook Holzkamp heeft vóór zijn ontwikkeling in de richting van de kritische psychologie positivistische ideeën aan gehangen, in het bijzonder wat de methologie betreft. Hij ontwikkelde het koncept van het zogenaamde 'konstruktivisme', waarin de vooronderstelling van de kenbaarheid van de werkelijkheid nòg sterker aan de kennende mens wordt gekoppeld.[9] Het konstruktivisme trekt de konsekwentie uit de kentheoretische moeilijkheden waarin de positivistische traditie verstrikt is ge-

---

9. Zie K. Holzkamp, *Kritische Psychologie*, a.w., p. 89 e.v.

raakt. Die konsekwentie luidt dat wetenschap uiteindelijk vanuit de theorie bedreven wordt: de werkelijkheid is niet werkelijk kenbaar, maar slechts vanuit de theorie konstrueerbaar.
Dit primaat van het theoretische kennen is fundamenteel verschillend van de marxistische opvatting waar Holzkamp in zijn kritische psychologie van uitgaat. In de marxistische opvatting is de werkelijkheid wèl kenbaar, dat wil zeggen kenbaar in de praktijk.[10] Marx' bekende stelling over de wetenschap in dit verband luidt: 'De filosofen hebben de wereld slechts verschillend geïnterpreteerd; het komt er echter op aan haar te veranderen.'[11] Het primaat van het praktische, het veranderende, wordt in deze stelling duidelijk tegenover het theoretische, het interpreterende geplaatst. Holzkamps wending tot de kritische psychologie moet dus begrepen worden zowel vanuit de inspiratie tot kritische reflektie op de psychologie door de studenten aan zijn instituut, als vanuit zijn min of meer vastlopen in het konstruktivisme als een methode die vanuit haarzelf een emanciperende betekenis zou kunnen hebben. Immers, niet alleen de methode — hoe belangrijk deze ook is — is bepalend voor de maatschappelijke funktie van de psychologie, maar ook haar inhoud. Het gaat erom een keuze te maken voor een bepaalde ontwikkeling van de psychologie, en die keuze is een politieke: psychologie als interpreterende wetenschap van het menselijk gedrag versus psychologie als wetenschap ten dienste van maatschappelijke verandering en emancipatie.

Dat de tegenwoordige psychologie geheel doordrenkt is met positivistische opvattingen, blijkt wanneer je een willekeurig leerboek dat handelt over de grondslagen van de wetenschappelijke psychologie openslaat. Zo spreekt Arnoult[12] onder het hoofdje 'Essentials of Science' de volgende mening uit: (1.) wetenschap is empirisch; (2) wetenschap akspeteert kausaliteit (oorzaak en gevolg); (3.) wetenschap heeft een eigen methode om tot kennis te komen; (4.) wetenschap is openbaar; en (5.) wetenschap is amoreel, dat wil zeggen: spreekt zich niet uit over waarden en normen. Psychologie is volgens Arnoult 'de studie van gedrag, dat wil zeggen de studie van *observeerbare* gedragingen van mensen en andere dieren' (kursivering PS). 'De psycholoog zoekt naar het formuleren van algemene wetten inzake het gedrag.' Opvallend is het optimisme en de gedecideerdheid waarmee de schrijver

---

10. Het marxistisch wetenschapsbegrip is in kort bestek moeilijk uiteen te zetten. Belangrijk is het historische (de verschijnselen hebben een geschiedenis, zijn veranderlijk), het dialektische (uit tegenspraken ontstaat een nieuw verschijnsel dat elementen uit de oude tegenspraak in zich opneemt en ze op een hoger plan brengt) en het materialistische (dingen bestaan onafhankelijk van de menselijke waarneming) karakter ervan.

11. *Marx Engels Werke, deel 3*, a.w., p. 7.

12. Zie M.D. Arnoult, *Scientific Method in Psychology*, Iowa 1971.

claimt te weten wat wetenschap is, wat wetenschappelijke methode is en wat psychologie dient te zijn. Diskussies over de grondslagen van wetenschap en het feitelijke bestaan van verschillende opvattingen over wat psychologie is, worden eenvoudig niet gememoreerd en daarmee in feite ontkend.

Een wat voorzichtiger benadering zien we bij Kerlinger, die evenwel bij hetzelfde uitkomt.[13] Kerlinger erkent meerdere manieren om tot kennis te komen, maar in vergelijking met andere methoden heeft de wetenschappelijke 'een kenmerk dat andere methoden van kennisverwerving missen: zelf-korrektie'. En verder: 'Wetenschappelijk onderzoek is systematisch, gekontroleerd, empirisch en kritisch onderzoek van hypothetische uitspraken omtrent de veronderstelde relaties tussen natuurlijke fenomenen.' Ook hier zien we de sterke benadrukking van een eigen wetenschappelijke methode als middel om tot ware kennis te komen.

Nog behoedzamer is de benadering van Linschoten[14], die stelt dat wetenschappelijke kennis en alledaagse kennis meerdere raakvlakken hebben en dat het beoefenen van de wetenschappelijke psychologie heel moeilijk is vanwege de 'zelfbetrokkenheid' van de psychologie: als onderzoeker van menselijk gedrag is de psycholoog tegelijk zowel onderzoeker als onderzochte, wat het moeilijk maakt, zo niet onmogelijk, om tot ware kennis te komen. In tegenstelling tot bijvoorbeeld fenomenologen zoekt Linschoten de oplossing voor het probleem van de zelfbetrokkenheid in een positivistische, empirische benadering. 'De psychologie wil gedragingen en belevingen verklaren; zij tracht dus gedragingen en belevingen te herleiden tot *wetmatigheden met algemene geldigheid.*' (Kursivering PS.) Merk evenwel op hoe Linschoten expliciet ruimte laat voor het voor de empirie nauwelijks toegankelijke terrein van de 'belevingen'.

Aan de aangehaalde voorbeelden zien we hoe inderdaad de psychologie, weliswaar in meerdere of mindere mate, steeds doordrenkt is van fascinatie door het waarneembare en tastbare in de empirische betekenis en voortdurend op zoek is naar algemene wetten, dat wil zeggen wetten die overal en altijd geldig zijn. De wens om net als de natuurwetenschappen algemene wetten te vinden, wordt het 'nomothetisch kennisideaal' genoemd, een kennisideaal waar Holzkamp niet erg voor geporteerd is, omdat wat thans algemeen waar is als gevolg van allerlei maatschappelijke veranderingen morgen niet meer geldt. Letterlijk schrijft Holzkamp dat waar het het begrijpen van konkrete menselijke verhoudingen betreft, 'das überall gleich Gültige letzlich das Gleichgültige sein könnte': dat wat overal geldt zou wel eens het minst interessante kunnen blijken te zijn.[15]

13. Zie F.N. Kerlinger, *Foundations of Behavioral Research*, Londen 1969.

14. Zie J. Linschoten, *Idolen van de psycholoog*, Utrecht 1964.

15. K. Holzkamp, *Kritische Psychologie*, a.w., p. 64.

Kritiek op het positivisme

In de positivistische traditie is het experiment de methode van kennisverwerving bij uitstek. De experimentele methode is ontleend aan de natuurwetenschappen en levert daar de meest betrouwbare kennis op die denkbaar is: onder verschillende experimentele kondities wordt het gedrag van een bepaald materiaal nagegaan teneinde het materiaal zelf te leren kennen. Door gevarieerde herhaling kan men nagaan of de geregistreerde eigenschap ook onder verschillende kondities optreedt. Als dat het geval is krijgen we steeds meer steun voor de theorie die die eigenschap beschrijft en verklaart.
Terwijl de psychologie zich zoals gezegd heeft ontwikkeld tot een empirische wetenschap die zich bedient van de experimentele methode, zien we tevens dat de psychologie een vergaarbak is geworden van feiten en feitjes waarin geen of weinig struktuur valt te onderkennen. Er bestaat een schat aan feiten en theorieën over het leren van mensen, maar leerkrachten kunnen er in de praktijk niet mee werken, netzomin als ook docenten aan universitaire opleidingen het met elkaar eens zijn hoe de opleiding er op een 'psychologisch verantwoorde' manier uit zou moeten zien. Holzkamp wijt het versnipperde karakter van de experimentele psychologie aan haar 'bevangenheid' in de 'tweede empirie'.
Het onderscheid tussen eerste en tweede empirie maakt Holzkamp om de historische en maatschappelijke betekenis van de psychologie te kunnen analyseren. De eerste empirie omvat de waarden en premissen van waaruit de psychologie bedreven wordt, terwijl de tweede empirie het niveau van de konkrete psychologische feiten en feitjes aanduidt. Met de kritische psychologie wil Holzkamp een omvattend maatschappij-theoretisch kader ontwikkelen, waarbinnen de kennis uit de tweede empirie geïntegreerd kan worden en aldus betekenis kan krijgen.
In Holzkamps visie is bovendien het versnipperde karakter van de psychologie niet zozeer het gevolg van zoiets als het problematische of gekompliceerde karakter van het menselijk gedrag, maar moeten psychologen de schuld bij zichzelf en hun wetenschappelijke methoden zoeken. Holzkamp onderscheidt vier relevantiekriteria voor wetenschappelijk onderzoek en kijkt vervolgens welke van die kriteria in de psychologie gehanteerd worden: (a.) de bevestigingsgraad van empirische hypothesen, dat wil zeggen de mate waarin onderzoek een hypothese steun verleent; (b.) de integratiegraad van de omvattende theorie, dat wil zeggen de mate waarin de theorie erin slaagt tussen uiteenlopende feiten verbanden te leggen; (c.) de graad van interne relevantie, dat wil zeggen de mate waarin het onderzoek niet alleen de hypothese, maar ook de omvattende theorie versterkt; en (d.) de graad van externe relevantie, dat wil zeggen de vraag naar de zinvolheid van theorieën en onderzoekingen voor het maatschappelijke gebeuren.
De eerste drie kriteria zijn methodologisch van aard, terwijl het vierde kriterium de maatschappelijke relevantie betreft. Dit laatste relevantie-

kriterium past uitdrukkelijk niet binnen de positivistische wetenschapsopvatting. Dergelijke relevantievragen zijn van politieke, of zo men wil ethische aard en worden door het waardevrijheidsideaal nadrukkelijk buitengesloten. Bestudering van grote maatschappelijke vraagstukken als bewapening en milieubederf, wordt door de waardevrije wetenschap permanent als probleem van de politiek afgeschilderd. Of zoals Von Braun, de vader van de V-2 raketten, het eens heeft geformuleerd: 'Als de raketten omhoog gaan, gaan ze ook weer naar beneden. Maar dat laatste is niet míjn afdeling.' De naïeve ontkenning van verantwoordelijkheid van de onderzoeker voor het gebruik van wetenschappelijke bevindingen is zeer kenmerkend voor de positivistische traditie.

Als gevolg van het uitsluiten van het vierde kriterium, worden slechts de drie methodologische kriteria bepalend geacht voor de relevantie van psychologisch onderzoek. Van die drie blijkt in de gangbare psychologische onderzoekspraktijk in feite de meeste nadruk gelegd te worden op het eerste kriterium: de bevestigingsgraad. Men koncentreert zich in het onderzoek uitsluitend op het met experimentele methoden en statistische bewerkingstechnieken afdwingen van bevestigingen. Het gevolg is een geweldig onsamenhangend geheel van feiten en feitjes zonder enig theoretisch verband. Volgens Holzkamp kàn het hanteren van de experitele methode ook niet anders dan tot theoretische versnippering en bevangenheid in de tweede empirie leiden.

Het experiment is, aldus Holzkamp, een kunstmatige situatie waarin de onderzoeker variabelen manipuleert (de zogenaamde 'onafhankelijke variabelen') teneinde na te gaan welk effekt zij hebben op het gedrag van een proefpersoon; dat gedrag wordt de 'afhankelijke variabele' genoemd. Op zich lijkt dit een prima aanpak, omdat je dan als onderzoeker tenminste weet welke oorzaak tot welk effekt heeft geleid. Toch zijn er op z'n minst drie problemen. In de eerste plaats leidt het alsmaar verfijnen van experimentele ontwerpen en het invoeren van alsmaar nieuwe kondities naar een situatie waarin men steeds meer weet over steeds minder dingen. Men probeert de samenhang van komplexe gehelen als het ware te determineren door het geheel te splitsen in steeds kleinere onderdelen en deze vervolgens op elkaar te betrekken. Holzkamp verwijt de positivisten dat zij op deze wijze van elkaar lospeuteren wat in werkelijkheid samenhangt. Hij noemt dit 'Parzellierung', wat letterlijk 'verkaveling' betekent.

In de tweede plaats probeert de experimentele onderzoeker meervoudige invloeden uit te sluiten. Meervoudige invloeden passen niet in de opvatting van de experimentele psychologie, die ervan uitgaat dat slechts één oorzaak aan een waargenomen verschijnsel ten grondslag kan liggen. Dit noemt Holzkamp 'Reduktion', met het oog op het steeds maar willen reduceren van komplexe verschijnselen tot oorzaak en gevolgketens.

In de derde plaats is kenmerkend voor het experiment dat de proefpersoon in het ongewisse wordt gelaten over doel en opzet van het experiment. Dit moet zo gedaan worden omdat de proefpersoon wel eens anders zou kunnen reageren dan volgens de opzet zou moeten gebeuren. Holzkamp spreekt in dit verband over 'Labilisierung', waarmee hij doelt op de situatie waarin de proefpersoon gebracht wordt.[16] De onderzoeker schept in het laboratorium een volstrekt kunstmatige werkelijkheid opdat de onafhankelijke variabele maximaal bepalend is. Daartoe is het nodig de proefpersoon labiel te maken: deze wordt over alles onzeker gemaakt en klampt zich dan vast aan de onafhankelijke variabele omdat dat de enige variabele is waarop hij of zij zich richten kan.

Holzkamp memoreert in zijn bundel *Kritische Psychologie* de opvallende struktuurovereenkomst tussen de gezagsverhoudingen in de maatschappij en die in de experimentele situatie. Ook voor de maatschappelijk heersende klasse verschijnt de sociale werkelijkheid als iets wat kontroleerbaar, manipuleerbaar en reduceerbaar is. Vanuit een heel andere optiek dan die van de traditionele onderzoeker kijkend, zou je kunnen zeggen dat de kennis die het experiment oplevert meer zegt over de mate waarin mensen bereid zijn zich aan experimentele kondities te onderwerpen, dan over het eigenlijke onderzochte.

De betekenis van de experimentele methode wordt extra duidelijk wanneer we de rol van de proefpersoon nader onderzoeken. In hoeverre lijkt een proefpersoon nog wel op een mens?

Een proefpersoon is iemand die met de experimentator een soort afspraak maakt, een kontrakt sluit voor de duur van het experiment. Deze op de keper beschouwd merkwaardige afspraak ziet er als volgt uit: in de eerste plaats gaat de proefpersoon akkoord met de experimentele situatie en beschouwt haar als normaal. Om deze houding te bewerkstelligen, geeft de proefleider de proefpersoon vaak een beloning. Dat kan een som geld zijn, maar bijvoorbeeld bij gevangenen wordt ook wel eens verlichting van straf gegeven. In de tweede plaats belooft de proefpersoon de instrukties van de experimentator trouw op te volgen. Dit is een interessant onderdeel van de afspraak: de proefpersoon is een gehoorzaam iemand. Terwijl mensen de eigenaardigheid hebben om in maatschappelijke situaties allerlei soorten burgerlijke ongehoorzaamheid aan de dag te leggen, lijkt de psychologie erin geslaagd te zijn dit verschijnsel in haar experimenten uit te bannen! Voorwaar een prestatie. In de derde plaats probeert de proefleider via zijn afspraken met de proefpersoon zo veel mogelijk storende variabelen uit te schakelen. Dit zijn variabelen die de goede loop van het experiment belemmeren doordat ze niets te maken hebben met de bedoeling van het experiment.

Holzkamp stelt vast dat het in het experiment in feite niet gaat om werkelijke mensen, maar om 'normproefpersonen'. 'De normproefpersoon is een slechts in gedachten bestaand individu, dat is blootgesteld aan

---

16. Zie idem, p. 20 e.v.

omstandigheden die het niet zelf heeft geschapen, waarvan het het karakter en de oorsprong niet of niet volledig doorziet en die het als onveranderbaar opvat.'[17] De reakties van de proefpersoon worden veroorzaakt door kunstmatig geïsoleerde variabelen, en wel zodanig dat dezelfde uitgangssituaties altijd tot dezelfde reakties leiden. Afwijkingen van dit vaste patroon worden opgevat als foutenvariantie (een in experimenten altijd aanwezige hoeveelheid storing of ruis) en met behulp van statistische technieken min of meer weggerekend. Foutenvariantie is in het experiment vervelend en lastig en wordt uitdrukkelijk niet opgevat als waardevolle informatie.

Holzkamp stelt dat er in het experiment in feite sprake is van een 'kwasi-natuur', ofwel een schijnwerkelijkheid. In deze schijnwerkelijkheid akteren proefpersonen, die ook al een schijnkarakter hebben. In die schijnvertoning reageren proefpersonen niet als menselijke wezens op hun situatie, maar veeleer net als organismen. De proefpersoon is beroofd van zijn of haar bewustzijn en geschiedenis, terwijl die volgens Holzkamp nu juist kenmerkend zijn voor mensen, want daardoor zijn zij in staat aktief en doelgericht in hun eigen levensomstandigheden in te grijpen.

Naar een emancipatorische psychologie

De kritiek van Holzkamp op de posivistische psychologie is fundamenteel en radikaal. Zijn bezwaren luiden samengevat: de verhouding theorie-empirie wordt omgekeerd ten gunste van het primaat van de theorie, waardoor de aanspraak op het kennen en veranderen van de werkelijkheid komt te vervallen. Door 'Parzellierung', 'Reduktion' en 'Labilisierung' wordt een kwasi-natuur geschapen waarin het schijngedrag wordt onderzocht van mensen die slechts een afgesproken rol spelen en van hun maatschappelijke aktiviteit en geschiedenis zijn geïsoleerd. Het streven naar 'ware' kennis volgens het nomothetisch kennisideaal is maatschappelijk weinig relevant, omdat het erom gaat de maatschappij te veranderen.

Holzkamps kritische psychologie is een poging af te rekenen met de beperktheid van en de bevangenheid in de methodologische relevantie van de traditionele psychologie door in plaats daarvan emancipatorische relevantie na te streven. 'Psychologisch onderzoek wordt emancipatorisch relevant wanneer het leidt tot zelfbegrip van mensen over hun maatschappelijke en sociale afhankelijkheden en zo de voorwaarden helpt te scheppen waaronder mensen door die afhankelijkheid te doorbreken hun toestand kunnen verbeteren.'[18]

17. Idem, p. 52-53.

18. Idem, p. 32.

De kritische psychologie onderscheidt zich van de traditionele psychologie doordat zij recht doet aan de maatschappelijke kontext, uitgaat van de historische veranderlijkheid van de maatschappij en bijdraagt aan het vermogen van mensen hun eigen geschiedenis ter hand te nemen. Holzkamp schroomt niet zijn scherpe kritiek op de gevestigde psychologie op deze wijze om te zetten in een pretentieuze poging om te komen tot een kritisch-emancipatorische psychologie.

2

Gien Tuender-de Haan
Mensen en verhoudingen

'Ik stond als kind en pelde een ui, en ik dacht: dit zijn de "rokken" en waar is nu de ui, hijzelf? Dubbel, driedubbel, tiendubbel hebben ze mij bekleed, en waar ben "ik", wie ben "ik"?' vraagt de hoofdpersoon van Carry van Bruggens roman *Eva* zich af.[1]
Vragen naar de verhouding tussen individu en maatschappij is vragen naar de verhouding tussen 'ui' en 'rokken'. Wie in de psychologie op zoek gaat naar een antwoord op die vraag, zal merken dat hier heel uiteenlopende ideeën over bestaan. Lang niet alle theorieën formuleren een duidelijk uitgangspunt over de verhouding individu-maatschappij. Maar ook wanneer dat niet expliciet gebeurt, hanteren psychologen onvermijdelijk bij hun onderzoek en theorievorming een of ander mens- en wereldbeeld als ongemerkte vooronderstelling. Dit werkt door in hun keuze van onderwerpen voor onderzoek en in hun interpretatie en gebruik van de resultaten.
Daarom is het volgens de kritische psychologie hard nodig dat over zulke 'verborgen antropologische vooronderstellingen' in de psychologie een wetenschappelijke diskussie wordt gevoerd. De kritisch-psychologen zelf hebben veel aandacht besteed aan het theoretisch onderbouwen van hun mens- en maatschappijbeeld. Dit hoofdstuk geeft in grote lijnen een overzicht van hun konklusies. Diepgaander behandeling van een aantal onderwerpen daaruit volgt in deel II en III van dit boek.
Om vergelijking van de kritisch-psychologische uitgangspunten met die van andere theorieën te vergemakkelijken, lijkt het me handig eerst een indeling van psychologische theorieën naar hun mens- en wereldbeeld te bespreken. Daarna komt de kritische psychologie zelf aan de orde, samengevat onder de noemers 'de maatschappelijke mens' en 'tweerichtingsverkeer'.

Wereldbeelden in de psychologie

Een handzame indeling van wereldbeelden in de psychologie is opge-

---

1. Carry van Bruggen, *Eva*, 1927.

steld door de kultuurpsycholoog Lutz Eckensberger.[2] Het is niet zo vreemd dat de impliciete wereldbeelden van psychologische theorieën juist bij kultuur-vergelijkend onderzoek gaan opvallen. Een centraal probleem voor de huidige psychologie is de kloof tussen theorieën en methoden enerzijds en praktische toepassingen anderzijds. Wanneer theorievorming en toepassing plaatsvinden binnen eenzelfde kultuur, kunnen allerlei vooronderstellingen gemakkelijker verborgen blijven dan bij vergelijking tussen verschillende kulturen. Vandaar dat de kultuurpsychologie volgens Eckensberger een kritische funktie heeft voor de psychologie als geheel. Dit geldt zowel voor meetmethoden, onderzoeksstrategieën en theorieën, als voor achterliggende wereldbeelden.
Zo zijn er in de psychologie vijf 'wereldmodellen' te onderscheiden. Ze verschillen vooral in hun vooronderstellingen over de verhouding tussen individu en omgeving. Die verschillen werken door in de theorievorming, de keuze van vraagstellingen en methoden en de praktische reikwijdte.

Het variabelenmodel
Onderzoek volgens dit model beperkt zich tot het meten en wiskundig weergeven van variabelen. Mogelijke statistische verbanden tussen kulturele voorwaarden en individuele variabelen bieden echter alleen een beschrijving, nooit een verklaring van de verhouding tussen individu en omgeving — verklaren kan alleen op basis van een theorie. Schematisch weergegeven ziet dit model er als volgt uit:

$$O : I$$

waarin O staat voor omgeving, I voor individu. De dubbele punt geeft aan dat er alleen beschrijving, géén verklaring van verbanden tussen O en I plaatsheeft.
Bij dit model horen geen psychologische theorieën. Kenmerkend is juist het ontbreken van een theoretische achtergrond.

Het mechanistisch model
Met name de leertheorie gaat van dit model uit. De omgeving wordt als gegeven geaksepteerd en gezien als oorzaak van het gedrag en de ontwikkeling van het individu. Vandaar dat dit model voor de kultuurpsychologie weinig verklarende waarde heeft: kulturele voorwaarden en veranderingen daarin vallen buiten het model.
In schema:

$$\underline{O} \to I$$

---

2. L. Eckensberger, 'A Methodological Evaluation of Psychological Theories from a Cross-Cultural Perspective', in: L. Eckensberger, W. Lonner, Y.H. Poortinga (red.), *Cross-Cultural Contributions to Psychology. Selected Papers from the Fourth International Conference of the International Association for Cross-Cultural Psychology*, Lisse 1979.

Het streepte onder de O betekent dat oorzaken in de omgeving worden gezocht.

Het organismisch model
Hier wordt de omgeving eveneens als gegeven voorondersteld; oorzaken van individuele ontwikkeling en gedrag worden gezocht in het individu als levend organisme. Het organisme treedt aktief ordenend de omgeving tegemoet. De verhouding tussen individu en omgeving is funktioneel: omgevingsinvloeden 'veroorzaken' het individuele gedrag niet, maar vormen voorwaarden die de ontwikkeling kunnen bevorderen of belemmeren. Theorieën als die van Piaget over de kognitieve ontwikkeling en van Kohlberg over de morele ontwikkeling gaan bijvoorbeeld van dit model uit.

Ook hier is een bezwaar voor de kultuurpsychologie dat kulturele omstandigheden en veranderingen niet worden verklaard.

Het schema van dit model:

$$O \subset\!\!-\!\!\underline{I}$$

Het systeem organisme-omgeving als model
Dit model ziet organisme en omgeving als een ekologisch systeem. Binnen het systeem is over en weer beïnvloeding mogelijk. Aanpassing aan de omgeving gebeurt door genetische aanpassing van de soort; organismen kunnen de omgeving aanpassen door voorwaarden te scheppen waaronder ze beter kunnen overleven. Er is dus sprake van een kausale en funktionele relatie.

Verschillende psychologische theorieën binnen dit model bestrijken systemen van uiteenlopende reikwijdte. Zowel theorieën over de moeder-kind-dyade als over systemen van kultuur en gedrag vallen hieronder. Vanuit kultuurpsychologisch perspektief heeft dit model het voordeel dat kulturele voorwaarden en individueel gedrag in één model zijn ondergebracht.

Toch is er een bezwaar. Het blijkt dat dergelijke ekologische theorieën het best opgaan voor systemen in het beginstadium van hun ontwikkeling. De moeder-kinddyade slaat bijvoorbeeld uitsluitend op moeder en baby, en systemen van kultuur en gedrag gaan vooral op voor primitieve kulturen. Zodra er sprake is van kognitieve, interpreterende aspekten schiet het model tekort. Kulturele verandering valt niet altijd te interpreteren in termen van biologische aanpassing. Bovendien verloopt ook de invloed van een kultuur op individuen niet alleen via aanpassing van de soort.

Het schema voor dit model is:

$$\underline{O} \leftrightarrow \underline{I}$$

Het model van de bewuste mens
In dit model (Eckensberger noemt dit het model van 'the reflexive human being') is de mens in principe in staat bewust en doelgericht te

handelen. Menselijke aktiviteit beperkt zich niet tot interpreteren, zoals in het organismisch model. Door te handelen kan iemand de omgeving konstruktief veranderen. De omgeving kan weer verandering brengen in de doelstellingen van het handelen. Er is daarom tussen individu en omgeving een dialektische verhouding.
Deze benadering is in de psychologie nog niet erg verbreid. Verschillende handelingstheorieën op klinisch- en sociaal-psychologisch terrein gaan van dit model uit.
Belangrijk voor de kultuurpsychologie is de interpretatie van kultuur als verdinglijking (reïfikatie) van menselijk handelen. Bovendien biedt dit model een genuanceerd zicht op ontwikkeling en verandering: zowel incidentele handelingen als persoonlijkheidsontwikkeling en de historische ontwikkeling van een kultuur worden zichtbaar.
Schematisch:

$$O \rightleftarrows \underline{I}$$

De streep staat hier onder de verhouding tussen individu en omgeving als bron van ontwikkeling en verandering.

Eckensbergers konklusie is dat dit laatste model het meest zinvol is voor kultuurpsychologisch onderzoek. De voorgaande modellen kunnen echter, afhankelijk van de vraagstelling die wordt onderzocht, eveneens bruikbaar zijn. Hij pleit daarom voor een eklektische houding.
De kritische psychologie valt in deze indeling te plaatsen onder het model van de 'bewuste mens'. Zij neemt echter niet zozeer een eklektisch standpunt in. Onderzoeksresultaten vanuit andere uitgangspunten kunnen wel worden verwerkt in de kritisch-psychologische theorievorming, maar doordat ze worden getoetst aan de uitgangspunten van de kritische psychologie komen ze in een ander kader te staan.

De maatschappelijke mens

In de alledaagse ervaring lijkt de verhouding tussen individu en maatschappij vaak de vorm van een tegenstelling te hebben. Waar denk je aan bij het woord 'maatschappij'? Misschien aan het wegenverkeersreglement, aan belasting betalen, aan de leerplicht? Of aan de mensen die zo snel een oordeel klaar hebben, eisen dat je je aanpast aan hun heilloze gewoonten? In dit soort alledaagse denken is 'socialisatie' haast synoniem met 'aanpassing'.
De kritische psychologie denkt hier heel anders over. Ze erkent wel dat er tegenstellingen kunnen bestaan tussen individuen en de maatschappij waarin ze leven, maar ze beschouwt dit niet als een eeuwige, onvermijdelijke tegenstelling waar de sociale wetenschappen van uit moeten gaan. Kenmerkend voor mensen is juist hun maatschappelijke aard. Een individu kan niet ontstaan of voortbestaan zonder de maatschappelijke

voorwaarden die nodig zijn om te overleven. Wanneer er tegenstellingen bestaan, dan moeten die worden verklaard uit de historische ontwikkeling van de maatschappij.

Marx heeft dit uitgangspunt geformuleerd in de zesde these over Feuerbach, waarin hij kritiek levert op Feuerbachs materialistische verklaring van de godsdienst:

'Feuerbach lost het religieuze wezen in het *menselijke* wezen op. Maar het menselijke wezen is geen abstraktum dat in het afzonderlijke individu huist. In zijn werkelijkheid is het het geheel der maatschappelijke verhoudingen.

Feuerbach, die zich niet inlaat met de kritiek van dit werkelijke wezen, is daarom gedwongen: (1.) te abstraheren van het historisch proces en het godsdienstig gemoed een onveranderlijk zelfstandig bestaan toe te schrijven, en van een abstrakt — geïsoleerd — menselijk individu uit te gaan. (2.) Het wezen kan dan ook slechts als "soort" opgevat worden, als een innerlijke, stilzwijgende algemeenheid, die de vele individuen *natuurlijkerwijze* verbindt.'[3]

Wat betekent dat nu: 'het menselijk wezen is het geheel der maatschappelijke verhoudingen'?

Het idee van een 'menselijk wezen' doet misschien wat ouderwets aan. Toch bestaan er ook nu nog wel dergelijke ideeën over wat wezenlijk menselijk is — bijvoorbeeld in de humanistische psychologie het begrip 'zelfontplooiing'. Veronderstellingen over het wezen van de mens gaan ervan uit dat het nodig is om essentiële kenmerken te onderscheiden van oppervlakkige, toevallige verschijnselen. Zo ziet de kritische psychologie het individuele karakter van mensen als een oppervlakteverschijnsel — weliswaar belangrijk in de dagelijkse ervaring, maar niet geschikt als basis voor een wetenschappelijke psychologie.

Volgens Marx, en de kritische psychologie volgt hem daarin, moet het wezenlijk menselijke niet worden gezocht in het individu, maar in de verhoudingen tussen mensen. Het gaat dus niet om afzonderlijke individuen die zich aaneensluiten en een maatschappij vormen. Het maatschappelijke is juist de wezenlijk menselijke eigenschap. Pas door het proces van 'vermaatschappelijking' ontstaan de individuele subjekten.

De basis van de maatschappelijke verhoudingen wordt gevormd door de noodzaak om in het levensonderhoud te voorzien. Marx en Engels noemen dit in *De duitse ideologie* (waarin ze kritiek leveren op de idealistische opvattingen van Duitse filosofen en geschiedschrijvers) een fundamentele vooronderstelling van de geschiedenis: 'Omdat wij met Duitsers te maken hebben, die wars zijn van vooronderstellingen, moeten wij beginnen met de eerste vooronderstelling van elk menselijk bestaan, dus ook van de geschiedenis, vast te stellen: de vooronderstelling namelijk, dat de mensen in staat moeten zijn te leven, willen zij "geschiedenis

---

3. K. Marx, F. Engels, *De duitse ideologie, deel 1: Feuerbach* (vertaling H.C. Boekraad en H. Hoeks), Nijmegen 1972, p. 8-9.

kunnen maken". Tot het leven behoort echter vóór alles eten en drinken, woning, kleding en nog zo'n paar dingen. De eerste historische daad is derhalve de voortbrenging van de middelen om deze behoeften te bevredigen, de produktie van het materiële leven zelf (...)'
Arbeid, de produktie van het materiële leven, is een eerste vooronderstelling voor de studie van de menselijke geschiedenis. We kunnen aannemen dat dit ook geldt voor andere menswetenschappen, zoals psychologie.
Enkele verdere vooronderstellingen waar Marx en Engels in hun theorie van uitgaan, betreffen de zaken die nauw met arbeid samenhangen. De arbeid als voortbrenging van het dagelijks leven èn de voortplanting als voortbrenging van nieuw leven bepalen de verhoudingen tussen mensen. Dit zijn enerzijds natuurlijke, anderzijds maatschappelijke verhoudingen. Een bepaalde produktiewijze of industriële fase gaat altijd samen met een bepaalde wijze van samenwerking of maatschappelijke fase. Deze wijze van samenwerken is zelf een 'produktiekracht'. Ook het bewustzijn heeft een materiële basis, namelijk in de taal. Zonder taal is geen bewustzijn mogelijk; beide ontstaan uit de behoefte aan en de noodzaak van het verkeer met andere mensen.[4]
Ligt aan het ontstaan van de mens als soort een natuurhistorische ontwikkeling ten grondslag, zodra er sprake is van menselijke arbeid en de bijbehorende maatschappelijke verhoudingen wordt de geschiedenis tot maatschappij-historie. De loop van de geschiedenis wordt bepaald door de ontwikkeling van de produktiekrachten en de bijbehorende klassentegenstellingen. 'Zij (deze geschiedenisopvatting) laat zien dat de geschiedenis niet eindigt door zichzelf als "geest des geestes" in het "zelfbewustzijn" op te lossen, maar dat in iedere fase in de geschiedenis een materieel resultaat: een totaal aan produktiekrachten, een historisch geschapen verhouding tot de natuur en van de individuen tot elkaar aanwezig is, die iedere generatie van de vorige krijgt overgeleverd; een massa van produktiekrachten, kapitaal en omstandigheden die weliswaar door de nieuwe generatie wordt gewijzigd, maar haar anderzijds ook haar levenskondities voorschrijft en haar een bepaalde ontwikkeling, een bijzonder karakter geeft. Met andere woorden, zij laat zien dat de omstandigheden evenzeer de mensen als de mensen de omstandigheden maken.'[5]
In de psychologie zijn de marxistische uitgangspunten onder andere nader uitgewerkt door de kultuurhistorische school in de Sovjetpsychologie.[6] De kritische psychologie steunt in haar theoretische ont-

---

4. Idem, p. 28-32.

5. Idem, p. 42-43.

6. Zie A. Dieleman, 'Inleiding Sovjetpsychologie', in: *Psychologie en maatschappij*, nr. 2, december 1977; en J.F. Vos, *Onderwijswetenschap en marxisme. De methodenstrijd in de sovjetonderwijswetenschap*, Groningen 1976.

wikkeling vooral op het werk van Leont'ev.[7] De psychologie van de kultuurhistorische school benadrukt de samenhang van het individuele en het maatschappelijke. Kenmerkend voor mensen, in vergelijking met dieren, is dat ze in hun behoeften voorzien door middel van *arbeid*: we nemen de natuur niet zoals ze is, maar grijpen aktief in om haar beter aan te passen aan onze behoeften.

In de evolutie van dier naar mens is het ontstaan van de mens onverbrekelijk verbonden met het ontstaan van de arbeid. Vooral het gebruik van werktuigen, het in gedachten vooruitlopen op de resultaten van de arbeid en de arbeidsdeling spelen daarbij een rol.

Deze aspekten van menselijke arbeid veronderstellen een bewust inzicht. Het ontstaan van het *bewustzijn* als begeleidend verschijnsel van het handelen is dan ook een hoeksteen in de theorieën van de kultuurhistorische school.

In de kritische psychologie hebben deze uitgangspunten de basis gevormd voor verdere theorievorming. Daarbij is met name de door Leont'ev voorgestelde historische methode van onderzoek zeer vruchtbaar gebleken. In de volgende hoofdstukken van dit boek wordt dan ook herhaaldelijk verwezen naar het begrippenkader van de kultuurhistorische school. Hier wil ik me daarom beperken tot het weergeven van één voorbeeld van een praktijkexperiment, waarin de betekenis van het maatschappelijk karakter van de mens duidelijk naar voren komt.

Twee Sovjet-psychologen, I. Sokoljanski en A. Metšerjakov, hebben een strategie gevonden om de opvoeding van doof èn blind geboren kinderen mogelijk te maken. Tot dan toe stuitte men bij pogingen om met behulp van leertheoretische principes de ontwikkeling van doof en blind geborenen te bevorderen vrijwel altijd op een grens zodra het er op aankwam taal te leren. Sokoljanski en Metšerjakov konkluderen dat een leertheoretische benadering er kennelijk niet in slaagt bij de betrokken kinderen iets als een menselijk subjekt te doen ontstaan. Daarom zou de verwerving van taal op moeilijkheden stuiten.

Een theorie over de vorming van het subjekt kan niet uitgaan van passief, dressuurmatig leren. Het menselijk subjekt kan zich alleen ontwikkelen in de arbeid, in koöperatieve samenwerking en arbeidsdeling tussen kinderen en volwassenen. Eén van de manieren waarop dit gebeurt is het leren omgaan met allerlei gebruiksvoorwerpen. Zowel in die voorwerpen als in de hantering die ze vereisen, is de neerslag te vinden van de menselijke kultuur. Voor zover een kind daarmee leert omgaan, krijgt het deel aan die kultuur. De opvoeders van de doof-blinde kinderen proberen daarom allereerst hun het gebruik van verschillende voorwerpen te leren. Eerst samen met een volwassene, waarbij het van essentieel belang is te letten op elk spoortje van zelfstandigheid dat het kind

---

7. Zie A.N. Leont'ev, *Probleme der Entwicklung des Psychischen* (met een inleiding door K. Holzkamp en V. Schurig), Frankfurt a. M. 1973.

toont. 'Zodra daarvan iets te bespeuren valt, moet de pedagoog de leidende bemoeienis afzwakken. Dit des te meer, naarmate de aktiviteit van de kinderhand toeneemt.' Wanneer zo op basis van aktieve samenwerking in tal van dagelijkse situaties de subjektiviteit zich langzamerhand ontwikkelt, is ook de basis aanwezig voor het verwerven van taal. Inderdaad blijkt dat de kinderen die volgens deze methode opgevoed zijn, zich zonder veel moeite de taal eigen maken en volledig kunnen deelnemen aan de kultuur.[8]

De kritische psychologie besteedt in haar uitwerking van de marxistische uitgangspunten méér dan de kultuurhistorische school aandacht aan maatschappelijke tegenstellingen. Wanneer je de geschiedenis opvat als resultaat van klassenstrijd, dan is het voor de psychologie-beoefening in de burgerlijke maatschappij van centraal belang de gevolgen van maatschappelijke tegenstellingen op subjektief niveau te onderzoeken.

'Subjektiviteit' moet in dit verband, zoals hopelijk in het voorgaande duidelijk is geworden, vooral niet worden gezien als iets ideëels, los van het materiële. De subjektiviteit maakt deel uit van het materiële proces van leven en overleven.[9]

Tweerichtingsverkeer

Mensen zijn dus in de kritisch-psychologische visie maatschappelijke wezens. Soms wordt dit uitgelegd als zou de kritische psychologie de mens afschilderen als volledig maatschappelijk bepaald. Het unieke individu zou uit de theorie verloren raken — waarom dan nog psychologie bedrijven?

In de vorige paragraaf bleek, dat een marxistisch uitgangspunt geenszins tot zo'n konklusie aanleiding geeft. Het is zo dat in Marx' opvatting 'de omstandigheden evenzeer de mensen als de mensen de omstandigheden maken'. Ook voor de kritische psychologie wijst Klaus Holzkamp een dergelijk verwijt van de hand als 'een fundamentele vergissing'.

Zeker, mensen zijn in hun handelen en bewustzijn bepaald door de objektieve omstandigheden en door de maatschappelijke verhoudingen. Maar door hun arbeid scheppen en veranderen ze die omstandigheden en verhoudingen zelf. Ze zijn dus zowel *subjekt* als *objekt* van het maatschappelijk proces. Subjektieve bepaling en objektieve bepaaldheid sluiten elkaar niet uit. Het idee dat ze automatisch met elkaar in strijd zou-

---

8. Zie E. Il'enkov, 'Die Herausbildung des Psychischen und der Persönlichkeit. Ergebnisse eines Experiments', in: *Demokratische Erziehung*, nr. 4, 1977.

9. Zie K. Holzkamp, *Sinnliche Erkenntnis. Historischer Ursprung und gesellschaftliche Funktion der Wahrnehmung*, Frankfurt a. M. 1973, p. 46.

den zijn, komt voort uit de in de burgerlijke ideologie heersende tegenstelling tussen individu en maatschappij.

Wanneer er sprake is van subjektieve beïnvloeding van het maatschappelijk proces, denken marxisten niet in de eerste plaats aan *individuele* subjekten — daarmee zou je uitkomen op een 'geschiedenis van grote mannen'. Alleen maatschappelijke, kollektieve subjekten kunnen als bewuste krachten van invloed zijn op de loop der geschiedenis. Zo kun je spreken van de arbeidersklasse als revolutionair subjekt.

Waar is in dit geheel dan de plaats van het individuele subjekt, het unieke individu? Valt het nu toch nog buiten de kritisch-psychologische theorie? Inderdaad kan van individuen geen bewuste verandering van de maatschappelijke omstandigheden worden verwacht. Toch zijn ze niet passief uitgeleverd aan die omstandigheden. Door zich aan te sluiten bij 'maatschappelijke subjekten' kunnen ze aktief bijdragen aan de nodige maatschappij-verandering. Daarbij zijn ze echter afhankelijk van de mogelijkheden die voorhanden zijn. De mate waarin subjektieve krachten zich kunnen ontwikkelen en doorzetten, wordt in laatste instantie toch weer bepaald door de objektieve omstandigheden. Wanneer mensen gezamenlijk aktief strijden voor zeggenschap over hun levensomstandigheden, heeft door die strijd ieder individu ook de kans de eigen situatie te beïnvloeden. Zo kunnen mensen tot subjekt van hun eigen levensomstandigheden worden.[10]

De kritische psychologie haalt een aantal aspekten naar voren, die in de traditionele psychologie meestal buiten beschouwing blijven: in de eerste plaats het maatschappelijk karakter van de mens en ten tweede de historische en materiële ontstaansgronden van het bewustzijn. De traditionele psychologie verwijst voor deze aspekten naar de sociologie, biologie, politikologie enzovoort. Is zo'n taakverdeling tussen wetenschappen niet veel handiger? Neemt de kritische psychologie niet te veel hooi op haar vork?

Wanneer het werkelijk alleen om een taakverdeling zou gaan, is daar weinig tegen in te brengen. De moeilijkheid is echter dat met het aksepteren van zo'n taakverdeling ook enkele vooronderstellingen binnensluipen: (1.) als onderwerp voor de psychologie blijft over de mens als abstrakt, geïsoleerd individu; en (2.) de maatschappij wordt tegenover dit individu geplaatst als meer of minder vijandige buitenwereld.

Deze vooronderstellingen kunnen onopgemerkt blijven, omdat ze steunen op een lange traditie in onze kultuur.[11] In de volgende hoofdstuk-

---

10. Vgl. K. Holzkamp, 'Kann es im Rahmen der marxistischen Theorie eine Kritische Psychologie geben?', in: K. Holzkamp, K.H. Braun (red.), *Bericht über den 1. Kongress Kritische Psychologie in Marburg, Band 1*, Keulen 1977, p. 44-75.

11. Vgl. E. Wulff, *Psychiatrie und Klassengesellschaft*, Frankfurt a. M. 1972, p. 78-80.

ken zal blijken dat ook onderwerpen die traditioneel tot het specifieke terrein van de psychologie horen, zoals waarneming, motivatie en persoonlijkheid, vanuit de uitgangspunten van de kritische psychologie anders belicht worden. De bruikbaarheid van die andere belichting valt het best te beoordelen op grond van praktische toepassingen. Voorbeelden daarvan zijn te vinden in het laatste deel van het boek.

Antoine Verbij
De kritische geest heeft ook een lichaam

Het wetenschappelijk bedrijf wordt, anders dan de buitenwacht gelooft, geenszins uitsluitend bevolkt door integere lieden met maar één doel voor ogen: de waarheid en niets dan de waarheid. Integendeel, ook het wetenschappelijk bedrijf laat ruimte voor zulke menselijke zwakheden als luiheid en zelfgenoegzaamheid. Deze eigenschappen treden met name dan op de voorgrond wanneer leden van een of ander wetenschappelijk establishment kritici van zich af proberen te schudden. Zo zie je bijvoorbeeld vaak dat gesettelde psychologen menen de kritische psychologie te kunnen weerleggen zonder zich de moeite te getroosten er kennis van te nemen. Zij maken het zich gemakkelijk door konsekwent van de voorstelling uit te gaan dat de kritische psychologie het menselijk gedrag uitsluitend en geheel uit ekonomische en sociale faktoren tracht te verklaren.[1] Die exklusieve aandacht voor maatschappelijke faktoren zou kritisch-psychologen het zicht op fundamentele problemen van de psychologie ontnemen en hen in feite buiten de psychologie plaatsen.

Wanneer je je echter ook maar enigszins verdiept in het werk van mensen als Holzkamp en andere kritisch-psychologen, dan merk je al gauw dat zo'n voorstelling van zaken op geen enkele manier met de werkelijkheid overeenkomt. Het is geenszins zo dat kritisch-psychologen het menselijke doen en laten uitsluitend uit maatschappelijk faktoren trachten te verklaren onder veronachtzaming van al die faktoren die door de traditionele psychologie van belang worden geacht. En het is al evenmin zo dat de hete hangijzers waar psychologen zich van oudsher de handen aan branden door kritisch-psychologen als niet ter zake doende terzijde worden geschoven. Eerder is het tegendeel het geval: een van de meest fundamentele, zo niet hèt fundamentele probleem van de psychologie, het zogeheten 'lichaam-geest probleem', speelt een vooraanstaande rol in zowat alle verschillende aktiviteiten die onder de naam 'kritische psy-

---

1. Zie bijvoorbeeld P. Vroon, *Weg met de psychologie*, Baarn 1976, p. 12-13, 28-30 en vooral p. 73, waar hij uitdrukkelijk beweert dat kritisch-psychologen 'niets anders dan' sociaal-ekonomische faktoren in ogenschouw nemen.

chologie' worden uitgevoerd.² Kritisch-psychologische beschouwingen over zulke uiteenlopende zaken als waarneming, kennis, onderzoeksmethoden, therapie enzovoort gaan alle uit van een specifieke benadering van het lichaam-geest probleem, een benadering nota bene, die reeds een lange voorgeschiedenis kent en reeds op velerlei wijzen is beproefd. Over die specifieke benadering en over die voorgeschiedenis handelt dit hoofdstuk. Daaruit zal duidelijk worden dat verwijten als zou de kritische psychologie eenzijdig en kortzichtig zijn iedere grond missen. Maar het is in de psychologie al net zo als overal elders: wie de macht vast in handen heeft, verdiept zich nauwelijks nog in zijn tegenstander; de serieuze kritikus heeft echter dubbel werk: hij lost niet alleen zijn eigen problemen op, maar buigt zich ook nog eens over de kwesties waaromtrent het establishment de waarheid in pacht genomen heeft.

Het lichaam-geest probleem

Wat houdt het lichaam-geest probleem nu precies in? Om daar achter te komen, kun je gewoon je eigen ervaring nagaan. Iedereen beseft een lichaam te hebben. Dat lichaam is een bron van allerlei gewaarwordingen als pijn, lust, warmte enzovoort, en is een instrument waarmee invloed op de omgeving of op andere mensen kan worden uitgeoefend. Aan de andere kant beseft iedereen al evenzeer behept te zijn met bedoelingen, motieven, aandriften, emoties enzovoort, die als losstaand van het lichaam worden ervaren – men brengt dergelijke verschijnselen althans niet in verband met bepaalde lichaamsdelen of bepaalde lichamelijke processen, maar noemt ze eerder 'geestelijk' of 'psychisch'. Het lichaam-geest probleem behelst nu de vraag welk verband er tussen beide soorten, door iedereen ervaren verschijnselen bestaat. In de loop van de geschiedenis van de psychologie zijn op die vraag de meest uiteenlopende antwoorden gegeven. Sommigen beweerden dat psychische verschijnselen de toevallige bijprodukten van lichamelijke processen zijn – deze opvatting wordt met de term 'epifenomenalisme' aangeduid. Anderen zagen in psychische verschijnselen slechts de verdubbeling van lichamelijke processen – hun opvatting heet het 'psychofysisch parallellisme'. Weer anderen meenden dat lichaam en geest volstrekt verschillende werkelijkheidsgebieden zijn (de zogeheten 'dualisten'), al dan niet met de toevoeging dat het lichaam wel nog invloed uitoefent op de geest en/of omgekeerd – dat levert dan verschillende varianten van het 'interaktionistisch' dualisme op.

2. 'De marxistisch gefundeerde psychologie neemt in dit geval (net zoals in andere fundamentele kwesties) het erfgoed van de klassieke psychologie op zich (...).' K. Holzkamp, V. Schurig, 'Zur Einführung in A.N. Leont'evs "Probleme der Entwicklung des Psychischen"', in: A.N. Leont'ev, *Probleme der Entwicklung des Psychischen*, Frankfurt a.M. 1973, p. xxvii.

Het moge duidelijk zijn dat we hier met een uiterst fundamentele vraag te maken hebben. Toch is het niet zo dat iedere psycholoog zich eerst op de oplossing van het lichaam-geest probleem werpt om zich daarna pas aan het psychologisch onderzoek te zetten. De oplossing zit meestal impliciet vervat in de wijze waarop iemand psychologie beoefent. Je zou het lichaam-geest probleem daarom het beste kunnen karakteriseren als een 'achtergrondprobleem': het speelt een rol op de achtergrond van vrijwel alle psychologische aktiviteiten, of dat nu empirische onderzoekingen zijn of theoretische diskussies of meer praktische ondernemingen als onderwijspsychologie en psychische hulpverlening. Bij al die aktiviteiten gaan psychologen uit van een bepaalde opvatting over het verband tussen lichaam en geest, ook al zijn ze zich die opvatting lang niet altijd even helder en duidelijk bewust. Slechts zo nu en dan komen psychologen ertoe om het lichaam-geest probleem uitdrukkelijk aan de orde te stellen. Dat gebeurt meestal pas wanneer het onderzoek op een of ander terrein of de theorievorming over een bepaald onderwerp stokt en psychologen naar andere wegen gaan zoeken om het onderzoek of de theorievorming weer op gang te brengen. Dan treden fundamentele problemen die normaal op de achtergrond blijven ineens weer naar voren en stapelen beschouwingen erover zich in snel tempo op.

Maar er is meer. Wanneer psychologen zich over zoiets als het lichaam-geest probleem gaan buigen, dan blijkt vaak al heel snel dat het probleem een veel grotere reikwijdte heeft dan enkel de psychologie: dan blijkt dat er hele wereldbeschouwingen in het geding zijn. In feite ontbrandt er dan een veelomvattende strijd tussen ideologieën en treden er plotseling allerlei verbanden tussen psychologische opvattingen, levensbeschouwelijke visies, politieke dogma's, metafysische systemen en wat al niet meer aan het licht. Dan blijken psychologen ineens niet meer zo zuiver wetenschappelijk en onbevooroordeeld als ze meestal zo graag van zichzelf beweren.

Zo is er van de geschiedenis van de psychologie al in ruime mate aangetoond dat nieuwe antwoorden op het lichaam-geest probleem niet uitsluitend de funktie hadden om het vastgelopen psychologisch onderzoek weer aan te zwengelen, maar tevens bedoeld waren om de eenheid in en de aannemelijkheid van een in verval geraakt wereldbeeld te redden.[3] Een goed voorbeeld daarvan levert het geval Descartes (1595-1650). Descartes' dualistische oplossing voor het lichaam-geest probleem (dat wil zeggen: hij zag in lichaam en geest volstrekt aparte zaken, waartussen echter wel wederzijdse beïnvloeding plaatsvindt) liet enerzijds het uit de christelijke traditie stammend zielsbegrip onaangetast, maar bood anderzijds onderzoekers de ruimte om de mens naar het model

---

3. In Nederland is het bijvoorbeeld Th. Verbeek die op basis van een dergelijk uitgangspunt de geschiedenis van de psychologie heeft gerekonstrueerd. Zie diens *Inleiding tot de geschiedenis van de psychologie*, Utrecht/Antwerpen 1977.

van de natuurwetenschap als een machine op te vatten en te onderzoeken. Op die manier verschafte Descartes vele generaties natuurwetenschappelijk georiënteerde mensvorsers een wereldbeschouwing die hen niet langer in konflikt bracht met de kerkelijke autoriteiten, en bleven de gelederen van de Europees-christelijke kultuur gesloten.

Het is echter heel wat moeilijker om de ideologische dimensies van de meer recente geschiedenis van het lichaam-geest probleem te achterhalen. Dat is des te moeilijker omdat veel psychologen nog steeds weigeren het bestaan van die dimensies überhaupt te erkennen. Een goed voorbeeld is de nu al jaren slepende Buikhuisen-affaire. Buikhuisen, sinds enige tijd hoogleraar in de kriminologie te Leiden, heeft een speciale opvatting over de verhouding tussen lichaam en geest. In zijn onderzoek naar agressief gedrag bij jongeren benadert hij het verschijnsel agressiviteit, waarvan te verdedigen valt dat het tot de kategorie van psychische verschijnselen behoort, door haast uitsluitend naar de lichamelijke, preciezer: de fysiologische aspekten ervan te kijken. Agressiviteit is voor hem niet uitsluitend een gevoelsgewaarwording, maar vooral ook een fysiologische toestand, en willen we agressiviteit bestrijden, dan kunnen we dat volgens hem heel goed doen door op dat fysiologische vlak iets te veranderen. Buikhuisens kritici brengen tegen hem in dat hij zich met die beschouwingswijze plaatst in het kamp van obskure wetenschappers die in het verleden steun verleenden aan racistische en fascistische theorieën.[4] Waarop Buikhuisen dan verontwaardigd en verongelijkt reageert, uitroept dat hij enkel objektief en zuiver wetenschappelijk wil zijn, verzekert dat hij er alleen maar op uit is om die arme agressieve jongeren te helpen, en uiteindelijk vol zelfbeklag zijn tranen plengt in de schoot van een begrijpend journaliste.[5] Zo geldt in het algemeen dat zodra je wijst op de ideologische funktie van bepaalde psychologische opvattingen er meestal afwerend, maar vaak ook ronduit ontkennend en al even vaak uitgesproken beledigd gereageerd wordt, en dat geldt des te sterker naarmate het een dominante opvatting, gelieerd aan een al even dominante ideologie betreft.

Samenvattend kunnen we zeggen dat traditionele psychologen dan soms nog wel willen toegeven dat in het verleden oplossingen voor het lichaam-geest probleem ideologische funkties hadden, maar dat ze hun eigen oplossingen voor dat probleem meestal van alle ideologische smetten vrij achten. Wat dat aangaat komt de marxistische denktraditie de eer

---

4. Zie met name de furieuze uitvallen van Hugo Brandt Cortius in een aantal van zijn Piet Grijs-columns in *Vrij Nederland*, voorjaar 1980.

5. Zie het interview van Emma Brunt met Buikhuisen in *Haagse Post*, nr. 27, 5 juli 1980. Vergelijk voor fraaie staaltjes van Buikhuisens politiek-ideologische schijnbewegingen L. van Almelo, 'Buikhuisen: "Bij biosociaal onderzoek heb je niet alleen hersens nodig, maar ook een ruggegraat"', in: *Utrechts Universiteitsblad*, 13 juni 1980, p. 6 en 7.

toe zich in alle gevallen, en dus met name ook in aktuele wetenschappelijke debatten, rekenschap te hebben gegeven van de ideologische betekenis die aan de verschillende betrokken standpunten kleven. Een historisch voorbeeld daarvan is de filosofische diskussie tussen Lenin en Alexander Bogdanov. In zijn in 1908 verschenen *Materialisme en empiriokriticisme*[6] voerde Lenin een felle polemiek tegen zijn partijgenoot Bogdanov, die een materialistische variant van de filosofie van Ernst Mach aanhing. Een van de belangrijkste issues in het debat was het lichaamgeest probleem. Via de aanval op Bogdanovs opvattingen hierover stelde Lenin tegelijk diens politieke ideologie aan de kaak, hoewel het tot ná de revolutie van 1917 zou duren voordat hij Bogdanov ook daadwerkelijk politiek uitschakelde.[7] Lenins strijdschrift geldt nog steeds als prototype van de marxistische manier om grondslagenkwesties met ideologische strijd te verbinden.

Marxistische gezichtspunten op het lichaam-geest probleem

De voorbeelden van Descartes, Buikhuisen en Lenin laten zien dat het lichaam-geest probleem vèrreikende konsekwenties heeft en dat de verschillende opvattingen erover nauw met wereld- en levensbeschouwelijke visies samenhangen. Wanneer ik het in deze paragraaf over de marxistische benadering van het lichaam-geest probleem ga hebben, zal ik jammer genoeg niet overal even precies kunnen aangeven welke ideologische betekenis de verschillende daarbij naar voren gebrachte oplossingen hebben gehad — daarover zou een heel boekwerk geschreven kunnen worden. Het navolgende levert daarom slechts een globaal historisch overzicht van de verschillende gezichtspunten die marxisten in de loop van de geschiedenis hebben aangedragen. De meeste van die gezichtspunten zijn uiteindelijk terug te vinden in de visie van Holzkamp en de zijnen op het lichaam-geest probleem, zodat de historische beschouwing tegelijk gelezen kan worden als een systematische uiteenzetting van de verschillende elementen waar de kritisch-psychologische visie uit bestaat.
Een van de meest konstante verschillen tussen traditionele en marxistische benaderingen van het lichaam-geest probleem is dat marxisten door de jaren heen konsekwent hebben vastgehouden aan het *evolutionaire gezichtspunt*. In de traditionele psychologie is dit gezichtspunt hoe langer hoe meer op de achtergrond geraakt. In de vroege jaren van

---

6. Nederlandse vertaling: V.I. Lenin, *Materialisme en empiriokriticisme. Kritische opmerkingen bij een reaktionaire filosofie*, Moskou z.j.

7. Alexander Bogdanov en zijn beweging voor proletarische kultuur kregen rond 1921 zware kritiek te verduren en werden door Lenin en anderen op een zijspoor van de Russische revolutie gemanoevreerd.

de psychologie, dat wil zeggen in de negentiende eeuw, hebben evolutietheorieën, met name die van Darwin, een aanzienlijke invloed uitgeoefend. Het duidelijkst is die invloed te bespeuren in het werk van Herbert Spencer (1820-1903), maar ook in het denken van Freud zijn evolutietheoretische sporen terug te vinden. Daarna werden evolutionaire gezichtspunten steeds meer naar de rand van het psychologisch onderzoeksbedrijf gedrongen om tenslotte bijna geheel naar de biologie te worden gedelegeerd. Tegenwoordig leggen nog maar enkelen een evolutietheorie ten grondslag aan hun psychologische beschouwingen; hier te lande is dat bijvoorbeeld de Tilburgse hoogleraar H.F.M. Peeters.[8]

In de marxistische denktraditie heeft het evolutionaire gezichtspunt daarentegen een niet aflatende invloed uitgeoefend. Marx zelf is altijd in hoge mate gefascineerd geweest door de theorie van Darwin en zowel Engels als Lenin hebben meer dan eens gewezen op de analogie tussen de marxistische analyse van de maatschappijgeschiedenis en Darwins analyse van de natuurgeschiedenis.[9] Dit evolutionaire gezichtspunt werd door Marx echter niet direkt op het lichaam-geest probleem toegepast — psychologische vragen rekende hij immers niet tot zijn werkterrein. Marx hield zich veeleer bezig met wat je de sociologische keerzijde van het lichaam-geest probleem zou kunnen noemen: het probleem van de relatie tussen natuur en geschiedenis. In dat verband stelde hij dat de geschiedenis de voortdurende strijd van mensen met de natuur behelst en dat in die strijd mensen maatschappelijke verhoudingen met elkaar aangaan. Het evolutionaire gezichtspunt leidde Marx tot de ontdekking van de wetmatigheid op grond waarvan die maatschappelijke verhoudingen van primitieve via feodale en kapitalistische naar socialistische verhoudingen 'evolueren'.

Het zou tot na de Russische revolutie van 1917 duren voordat Marx' beschouwingen omtrent natuur en geschiedenis toegepast werden op het lichaam-geest probleem in strikt psychologische zin. Toen in de jonge Sovjet-republiek de eerste aanzetten werden gegeven voor de ontwikkeling van een marxistische psychologie, bleken de verschillende theoretici het ondanks hun enorme meningsverschillen in ieder geval over één ding eens te zijn: psychische verschijnselen moeten gezien worden als de jong-

---

8. Zie H.F.M. Peeters, *Historische gedragswetenschap. Een bijdrage tot de studie van menselijk gedrag op de lange termijn*, Meppel 1978.

9. Een geschikte inleiding tot de problematiek van de relatie tussen marxisme en darwinisme biedt 'Materialismus und Subjektivität. Aspekte ihres Verhältnisses in der gegenwärtigen Diskussion. Ein Gespräch zwischen Alfred Schmidt und Bernard Görlich', paragraaf 1: 'Natur und Geschichte im 19. Jahrhundert. Darwin und der Sozialdarwinismus: ihre Rezeption und Kritik durch Marx und Engels', in: Bernard Görlich (red.), *Der Stachel Freud. Beiträge und Dokumente zur Kulturismus-Kritik*, Frankfurt a.M. 1980, p. 195-207.

ste produkten van de evolutie. Hun standpuntsbepaling ten aanzien van het lichaam-geest probleem was dan ook navenant eensgezind: het gangbare dualisme werd als burgerlijke ideologie verkreten en vervangen door een *monistische benadering*. Die monistische benadering hield in dat lichaam en geest tot hetzelfde werkelijkheidsgebied gerekend werden, dat wil zeggen dat psychische processen in dezelfde termen beschreven dienden te worden als lichamelijke, in het bijzonder neurofysiologische processen.

Daarmee wees de Sovjet-psychologie meteen al het merendeel der traditionele oplossingen voor het lichaam-geest probleem resoluut van de hand, namelijk al die oplossingen die uitgingen van Descartes' dualisme en belichaamd werden in op dat moment populaire psychologische stromingen als het strukturalisme, de fenomenologie en de in Rusland sterk ontwikkelde 'personalistische' psychologie. Het monisme gaf daarentegen ruim baan aan behaviorisme en psychofysiologie. Het behaviorisme voldeed immers aan het monisme omdat het maar één type psychologische uitspraken toeliet, namelijk uitspraken die verwijzen naar objektief waarneembaar gedrag. De psychofysiologie was monistisch omdat zij er konsekwent op uit was uitspraken over gewaarwordingen, gevoelens, motieven enzovoort te 'vertalen' in uitspraken over neurofysiologische processen. Je ziet dan ook dat de vroege Sovjet-psychologie zowel een bloei van behavioristische scholen kende (met Kornilov en Blonskij als belangrijkste vertegenwoordigers), als van psychofysiologische scholen (Pavlov, Bechterev en daaromtrent).

In die situatie trad pas verandering op toen ongeveer halverwege de twintiger jaren L.S. Vygotskij het *kultuurhistorische gezichtspunt* introduceerde. Dit gezichtspunt hield in dat psychische processen in relatie werden gezien met de historische en maatschappelijke omgeving: psychische processen vormen een schakel in het proces waarlangs individuen zich kultuurhistorisch overgeleverde handelingspatronen eigen maken. Ten aanzien van het behaviorisme betekende dit een 'kognitieve wending', immers: psychische verschijnselen werden gezien als het handelen organiserende en strukturerende processen die niet in het uiterlijk waarneembare gedrag als zodanig zichtbaar zijn. De bestaande Pavloviaanse psychofysiologie werd als ontoereikend gekritiseerd omdat ze slechts de 'lagere' mentale processen beschreef en niet de 'hogere', die in de kultuur wortelen. Vygotskij en zijn volgelingen sloegen aldus een 'derde weg' in, die echter pas ruim na de tweede wereldoorlog officiële erkenning verwierf.[10]

---

10. In de dertiger en veertiger jaren viel de kultuurhistorische school ten prooi aan de stalinistische 'gelijkschakeling' van wetenschap en kultuur. Een aantal van haar ideeën bleven bewaard in de eklektische psychologie van S.L. Rubinstejn. Na de destalinisering werd de draad weer langzaam opgepikt door met name A.N. Leont'ev, die in hoofdstuk 4 van dit boek nog nader aan bod komt.

De kultuurhistorische benadering wierp een nieuw licht op het lichaam-geest probleem. Geestelijke processen als spreken en denken werden gezien als 'verinnerlijking' van het handelen. Verinnerlijkte handelingspatronen verkrijgen op hun beurt weer een organiserende en strukturerende funktie voor nieuwe handelingen. Lichaam en geest vormen op die manier een funktionele en dynamische eenheid, hetgeen rechtvaardigt om ook in dit geval van een monistische benadering te spreken.
Van de kultuurhistorische school loopt een direkte lijn naar de kritisch-psychologische van Holzkamp c.s. Het is niet overdreven om te stellen dat de ontwikkeling van de kritische psychologie pas echt op gang kwam nadat men kennis had genomen van het werk van de toentertijd belangrijkste vertegenwoordiger van de kultuurhistorische school in de Sovjet-Unie, A.N. Leont'ev. Toen pas — ik spreek hier van de jaren '72-'73 — kon de periode waarin uitsluitend kritiek op de traditionele psychologie geleverd werd, worden afgesloten en zette men zich aan de ontwikkeling van een eigen, kritisch-psychologische theorie. In beginsel vertonen de theorieën van Holzkamp en anderen daarom veel parallellen met die van Vygotskij en Leont'ev.
Wèl vond er één opmerkelijke aksentverschuiving plaats, een verschuiving die gekarakteriseerd kan worden als de radikale doorvoering van het *funktionalistische gezichtspunt*, dat weliswaar al in de kultuurhistorische aanpak besloten lag, maar bij de Sovjet-psychologen nauwelijks op de voorgrond trad. Het funktionalistische gezichtspunt houdt in dat psychische verschijnselen opgevat worden als funkties die individuen in staat stellen aan het maatschappelijk leven deel te nemen. Dit geldt zowel voor psychische verschijnselen met een kennisaspekt (zoals waarnemen en denken) als voor zulke met een motivationeel aspekt (emoties, behoeften en dergelijke): de kritische psychologie bekijkt ze alle vanuit het perspektief van de waarde die ze hebben voor het maatschappelijk funktioneren van het individu.
Uit dit funktionalistische gezichtspunt vloeit tegelijk een belangrijk verschil met de Sovjet-psychologie voort. Wanneer het er immers om gaat de psychische funkties te onderzoeken die mensen in staat stellen aan het maatschappelijk leven deel te nemen, dan zullen dergelijke funkties onder verschillende maatschappelijke omstandigheden een ander karakter hebben. Iemand als Leont'ev gaat er daarbij van uit dat in de Sovjet-samenleving het maatschappelijk leven vrij van tegenstellingen is en dat daarom de ontwikkeling van psychische funkties in de loop van de individuele levensgeschiedenis een relatief probleemloos proces is. De kapitalistische maatschappij wordt daarentegen door fundamentele tegenstellingen gekenmerkt, met als gevolg dat het ontwikkelen van psychische funkties in het teken staat van de noodzaak om op de een of andere wijze met die tegenstellingen overweg te kunnen. De Sovjet-burger zou in zijn ontwikkeling geen momenten kennen waarop hij in konflikt raakt met datgene wat de samenleving van hem verlangt — die samenleving dient immers gelijkelijk de belangen van al haar burgers. In de kapi-

talistische samenleving stuiten mensen echter regelmatig op konflikten die hen voor de keus plaatsen om ofwel de belangen van anderen te dienen, ofwel ontwikkelingsmogelijkheden te laten liggen.[11] Over de juistheid van de veronderstelling dat de Sovjet-maatschappij vrij van tegenstellingen is, valt uiteraard te twisten — hier is enkel van belang dat in de kritische psychologie op grond van deze redenering sterk de nadruk is komen te liggen op het onderzoek naar de invloed die een door tegenstellingen gekenmerkte maatschappij op het psychisch funktioneren van mensen uitoefent. Verderop in dit boek zullen daar voor wat de psychische funkties kognitie en motivatie betreft nog uitgebreid voorbeelden van gegeven worden.

Deze beknopte geschiedenis van de marxistische visie op het lichaam-geest probleem toont hoe allerlei valkuilen die in gangbare oplossingen voor dat probleem besloten liggen stap voor stap overwonnen werden. Daartoe werd wel het meest bijgedragen door het radikaal vasthouden aan het evolutionaire gezichtspunt. Traditionele psychologen gaan er in grote meerderheid van uit dat lichaam en geest gescheiden werkelijkheidsgebieden zijn en vragen zich vervolgens af òf en zo ja hóe beide op elkaar inwerken. De kritische psychologie stelt, trouw aan de marxistische traditie, een veel fundamentelere vraag. Zij gaat uit van de formule dat de geest het produkt van de geschiedenis van het lichaam is, en vraagt zich dan vervolgens af hoe die geschiedenis verlopen is en welke eigenschappen van de geest daarin tot ontwikkeling zijn gekomen. 'Geest' wordt daarbij automatisch van haar mystieke en geheimzinnige aspekten ontdaan: zij is evenzeer als het lichaam een funktie in het levensproces van de menselijke soort. Geest is niet slechts een bijverschijnsel van lichamelijke processen, zoals de epifenomenalisten menen; zij is evenmin slechts een verdubbeling van die lichamelijke processen, zoals de psychofysisch-parallellisten veronderstellen; ook is zij geen uniek vermogen dat, volledig los van het lichaam, mensen met een 'hogere werkelijkheid' in kontakt brengt, zoals veel dualisten zich dat voorstellen. Geest is een produkt van het lichaam en vervult als zodanig een duidelijke funktie ten behoeve van het voortbestaan van dat lichaam, een funktie die wortelt in de maatschappelijke voorwaarden waaronder het lichaam zelfbehoud nastreeft.

De historische methode in de kritische psychologie

De voorafgaande beschouwingen hebben een fiks aantal uitspraken opgeleverd over hoe men in de kritische psychologie het menselijk doen en laten opvat. Het kan echter niet anders of die uitspraken moeten bij de

---

11. Vergelijk K. Holzkamp, V. Schurig, a.w., p. xlvi-xlviii.

lezers een onbevredigd gevoel achterlaten: ze zijn vaag, ze schetsen eigenlijk niet meer dan een globaal mensbeeld, ze doen erg spekulatief aan, het wordt niet echt duidelijk waarom ze dichter bij de waarheid zouden liggen dan de gangbare opvattingen, enzovoort. Ik wil daarom nogmaals herinneren aan wat ik eerder over de aard van dergelijke uitspraken heb gezegd: ze vormen niet meer dan de achtergrond van het eigenlijke psychologische werk. Het wordt daarom langzamerhand tijd om eens te gaan bezien waarvàn die algemene uitgangspunten dan wel de achtergrond vormen: op welke wijze sturen de genoemde gezichtspunten (het evolutionaire, het monistische, het kultuurhistorische en het funktionalistische gezichtspunt) het eigenlijke kritisch-psychologische werk?

Het meest direkt komen die gezichtspunten tot uitdrukking in wat je zonder meer het hart van de kritisch-psychologische werkwijze kunt noemen: de zogeheten 'historische methode'. De historische methode is de pomp die alle kritisch-psychologische aktiviteiten van hun beginselen voorziet: de theorie bijvoorbeeld ontleent er haar begrippen aan, het empirisch onderzoek zijn hypothesen en de praktische toepassing haar doelstellingen. De historische methode is een techniek om de ontstaansgeschiedenis van psychische verschijnselen te rekonstrueren. Meer in het bijzonder dient zij ertoe om de verwikkeling van natuurlijke en maatschappelijke elementen in het psychisch funktioneren te ontrafelen. Marxisten spreken vaak van de 'maatschappelijke natuur' van mensen, daarmee doelend op hun opvatting dat mensen 'van nature' op de maatschappij zijn aangewezen. In de historische methode beschikt de kritische psychologie over een manier om deze filosofische vooronderstelling wat meer body te geven: die methode maakt het mogelijk om langs empirische weg na te gaan hoe in de loop van de evolutie die 'maatschappelijke natuur' tot stand is gekomen en uit welke elementen ze is opgebouwd. In het volgende hoofdstuk zal ik nog uitgebreid de gelegenheid hebben om die historische methode uit de doeken te doen en te illustreren hoe zij bijdraagt aan de theorievorming in de kritische psychologie.

Een van die bijdragen wil ik echter hier al naar voren halen: de bijdrage van de historische methode aan de kritiek op bestaande psychologische theorieën. Ik doel hier niet op de verschillende manieren waarop langs de weg van de historische methode gedetailleerde kritiek geleverd kan worden op allerlei hypothesen uit de traditionele psychologie — daarover pas in het volgende hoofdstuk. Het gaat mij hier veeleer om de meeromvattende kritiek op de neiging van veel traditionele psychologen een onderscheid te maken tussen interne en externe determinanten van het menselijk gedrag, oftewel tussen een binnen- en buitenkant van het menselijk doen en laten. Deze binnen-buitenscheiding wordt bovendien veelal nog gekompleteerd door allerlei begripsverwarringen die voortspruiten uit het eerder besproken dualisme. Die begripsverwarringen hebben te maken met de manier waarop de interne en externe determinanten gezien worden: de interne determinanten worden nu eens opgevat als persoonlijkheidskenmerken, dan weer als fysiologische processen, en de externe nu eens als betekenisdragende omgevingsfaktoren, dan weer als 'natuurgegeven' buitenwereld. Dit ratjetoe van 'binnen' en 'buiten', van 'geest' en 'lichaam', en van 'kultuur' en 'natuur' is een voortdurende bron van even heftige als uitzichtloze kontroverses.

De ruzies rond het intelligentie-begrip in de psychologie vormen wel de meest treffende illustratie van de komplexe verwarring waar ik hier op doel. Is intelligentie een door de omgeving meegegeven of een bij de geboorte meegekregen vermogen, komt zij dus van buiten of van binnen? Is intelligentie een persoonlijkheidskenmerk of een erfelijke eigenschap, oftewel: is ze van 'geestelijke' of van 'lichamelijke' aard? Betekent intelligentie in alle kulturen hetzelfde of is het een begrip dat uitsluitend betekenis heeft in ontwikkelde industriële samenlevingen als de onze, dat wil zeggen: is het een 'natuurlijke', alle mensen gemeenschappelijk verschijnsel of een 'kultuurlijk', aan bepaalde samenlevingsvormen gebonden fenomeen? Je ziet het: een wirwar van schier onoplosbare kwesties. Het is dan ook niet verwonderlijk dat na bijna driekwart eeuw intelligentie-onderzoek men nog steeds uitroept niet te weten wat 'intelligentie' eigenlijk is.[12]

Maar wanneer je er even over nadenkt valt ook niet te verwachten dat de traditionele psychologie dergelijke problemen binnen afzienbare tijd kan oplossen. Het is namelijk maar zeer de vraag of het een 'faktoren-kwestie' is, dat wil zeggen of de problemen opgelost kunnen worden door bijvoorbeeld na te gaan hoeveel de faktor 'binnen' en hoeveel de faktor 'buiten' aan intelligentie bijdraagt. Toch is dit de weg die door veel psychologen wordt ingeslagen — zij komen dan tot zulke nauwelijks te funderen getallen als 80% voor de faktor 'binnen', in casu 'erfelijkheid', en 20% voor de faktor 'buiten', in casu 'leren'.[13] Dergelijke getallen stichten een hoop verwarring, doen oeverloze ideologische diskussies ontspringen, maar leiden nauwelijks tot meer inzicht in de betekenis van intelligentie, laat staan tot een bevredigender onderwijspraktijk.

Met behulp van de gezichtspunten die zij aandraagt biedt de kritische psychologie echter de mogelijkheid om beweging te brengen in de patstellingen waar de bestaande psychologie in verkeert. 'Beweging' kan daarbij in letterlijke zin worden opgevat: de kritische psychologie ziet psychische verschijnselen niet als op zichzelf staand, maar als effekten van de voortdurend in ontwikkeling zijnde relatie van mensen met hun omgeving. Vanuit zo'n ontwikkelingsperspektief is het niet langer zinvol

---

12. Zie bijvoorbeeld P. Vroon, *Intelligentie*, Baarn 1980.

13. Zie A.R. Jensen, 'Reducing the Heridity-Environment Uncertainty', in: *Harvard Educational Review*, mei 1969. Hier te lande werd Jensens opvatting verdedigd door A.D. de Groot, inmiddels emeritus hoogleraar te Schiermonnikoog.

om op zoek te gaan naar een of ander geheimzinnig vermogen, luisterend naar de naam 'intelligentie', maar richt de aandacht zich op de vraag hóe mensen leren en hoe daardoor hun plaats in de wereld (hun kennis, hun meningen, hun gevoelens) verandert. Binnen en buiten, lichaam en geest, natuur en kultuur zijn niet langer gescheiden grootheden, maar vormen de polen van een verhouding die voortdurend verandert. De traditionele psychologie, met haar gespeur naar zulke konstanten als bijvoorbeeld intelligentie, kan verweten worden dat veranderingsproces telkens stil te willen leggen; de kritische psychologie houdt daarentegen uitdrukkelijk vast aan het proceskarakter van het menselijk doen en laten in de hoop veranderingen te stimuleren in plaats van te belemmeren.

II. Theorie

4

Antoine Verbij
De historische methode

In het vorige hoofdstuk werd gesteld dat de historische methode een poging behelst om 'de verwikkeling van natuurlijke en maatschappelijke elementen in het psychisch funktioneren te ontrafelen'. Kritisch-psychologen menen namelijk dat de traditionele psychologie in ernstige mate tekortschiet in het analyseren van de verstrengeling van natuurlijke en maatschappelijke determinanten van psychische verschijnselen.[1] De traditionele psychologie zou dat probleem te geïsoleerd behandelen en daardoor zichzelf de pas afsnijden naar mogelijke oplossingen ervoor. Oplossingen liggen alleen maar in het verschiet, zo redeneren de kritisch-psychologen, wanneer men afstapt van het idee dat het erom gaat natuurlijke en maatschappelijke faktoren van elkaar te isoleren zodat ze experimenteel onderzocht kunnen worden. Als alternatief stellen de kritisch-psychologen voor natuur en maatschappij in een evolutionair perspektief te bestuderen en het psychische als een funktioneel element in die evolutie op te vatten.

Het idee dat het maatschappelijke karakter van de psyche het resultaat is van de evolutie van de menselijke soort, rechtvaardigt voor kritisch-psychologen het spreken over de 'maatschappelijke natuur' van mensen. Deze formule kan gezien worden als de meest kompakte formulering van hun psychologische mensvisie. Dit hoofdstuk handelt over de uitwerking van die visie in een historische methode om tot kennis over psychische verschijnselen te komen. De kritische psychologie pretendeert met behulp van die methode een systematische ingang te hebben gevonden in de fundamentele theoretische problemen van de psychologie. Zij meent langs die weg problemen op te kunnen lossen die de psychologie vanaf haar ontstaan hebben achtervolgd. Met name verwacht zij een theorie te kunnen ontwikkelen waarin verschijnselen die nu onderwerp zijn van nauwelijks gekoördineerde, specialistische studies met elkaar in samenhang verschijnen.

Het idee van de 'maatschappelijke natuur' van mensen wortelt in het werk van Karl Marx. Met name in zijn vroege, sterk filosofisch-antropologisch getinte geschriften heeft Marx zich met het probleem van de verwikkeling van natuur en maatschappij beziggehouden. Marx stelde

1. Vgl. de laatste paragraaf van hoofdstuk 3.

zich niet tevreden met het materialisme van Feuerbach, die tegenover de idealistische filosofieën van zijn tijd de menselijke lichamelijkheid, zintuiglijkheid en sterfelijkheid benadrukte. De menselijke natuur omvat méér dan wat in deze kategorieën omschreven wordt, zo meende Marx. 'Natuurlijk' aan mensen is niet alleen dat zij een lichaam hebben, over zintuigen beschikken, geboren worden en sterven, maar ook dat zij in een voortdurend 'stofwisselingsproces' met de hen omgevende natuur betrokken zijn. De menselijke natuur omvat niet alleen alles wat met het lichaam samenhangt, maar ook de relatie van dat lichaam met de omringende natuur.

Wat mensen van dieren onderscheidt, is dat de 'stofwisselingsorganen' die de uitwisseling met de hen omringende natuur regelen een van hun lichaam onafhankelijke bestaansvorm hebben. De belangrijkste van die 'organen' zijn gebruiksvoorwerpen en maatschappelijke instituties. Om even aan de beeldspraak vast te houden: in het stofwisselingsgebeuren tussen mensen en natuur vormen fabrieken de klauwen en mond, handel en distributie de slokdarm en konsumptie de spijsverteringsorganen. Zo gezien vormt de maatschappij een onvervreemdbaar onderdeel van de menselijke natuur en is het gerechtvaardigd van de 'maatschappelijke natuur' van mensen te spreken.

Dat Marx de maatschappij tot de natuur van mensen rekent, heeft echter nog een extra betekenis. Marx drukt er namelijk tegelijk mee uit dat evenals de in strikte zin biologische natuur van mensen, ook hun maatschappelijke natuur aan evolutie onderhevig is. Dat evolutieproces is de menselijke geschiedenis: 'de hele geschiedenis (is) slechts een voortgezette transformatie van de menselijke natuur', schrijft Marx.[2]

Mensen zijn dus aan twee soorten evolutieprocessen onderhevig: aan de biologische èn aan de maatschappelijke 'evolutie'. Iedere geschiedschrijving zal daar rekening mee moeten houden. Dat geldt zowel voor de geschiedenis van samenlevingsvormen, waar Marx zich steeds meer op ging toeleggen, als voor de geschiedenis van psychische funkties, waar het de kritische psychologie om gaat. Daarom stelde Marx in *De duitse ideologie*, waarin hij het program voor zijn historiografie ontwikkelde: 'Waar we het eerst naar moeten kijken, is de lichamelijke organisatie (...) van) individuen en hun daarmee gegeven verhouding tot de rest van de natuur. (...) Iedere geschiedschrijving moet uitgaan van deze natuurlijke grondslagen en van hun modifikatie in de loop van de geschiedenis, een modifikatie die het gevolg is van de menselijke aktiviteit.'[3]

In dit citaat benadrukt Marx niet alleen de natuurlijke grondslagen van de geschiedenis, maar geeft hij tegelijk aan wat de spil is waar die ge-

---

2. K. Marx, *Das Elend der Philosophie*, Marx Engels Werke, deel 4, Berlijn 1959, p. 160.

3. K. Marx, F. Engels, *Die deutsche Ideologie*, Marx Engels Werke, deel 3, Berlijn 1958, p. 20-21.

schiedenis om draait: de aktiviteit van mensen. De menselijke aktiviteit is het vliegwiel van zowel de natuurlijke als de maatschappelijke geschiedenis. Vandaar dat Marx haar tot uitgangspunt neemt voor zijn politiek-ekonomische analysen, bijvoorbeeld wanneer hij het daarbij zo belangrijke begrip 'arbeidskracht' definieert: 'Onder arbeidskracht of arbeidsvermogen verstaan wij het geheel van fysieke en geestelijke vaardigheden, die hun bestaansgrond hebben in de lichamelijkheid, de levende persoonlijkheid van een mens, en die hij aanwendt zodra hij om het even welke gebruikswaarde produceert.'[4] Gaat het Marx uiteindelijk vooral om de lotgevallen van de arbeidskracht als onderdeel van het geheel van produktiekrachten en produktieverhoudingen, een op Marx voortbouwende psychologie koncentreert zich daarentegen op de geschiedenis van die fysieke en geestelijke vaardigheden zelf. Anders gezegd: psychologie en politieke ekonomie kruisen elkaar op het punt van de menselijke aktiviteit, maar terwijl de politieke ekonomie die aktiviteit voornamelijk als arbeidskracht in beschouwing neemt, gaat de marxistische psychologie dieper in op de fysieke en geestelijke vermogens die in die aktiviteit worden aangewend.

Het is de reeds in het vorige hoofdstuk genoemde kultuurhistorische school geweest, die de geschiedenis van de menselijke aktiviteit als uitgangspunt nam voor een marxistische psychologie. En het was de belangrijkste naoorlogse vertegenwoordiger van die school, A.N. Leont'ev, die dit uitgangspunt nader uitwerkte in de vorm van een 'historische methode'. De nu volgende uiteenzetting van enkele basisprincipes van die methode is daarom in eerste instantie gebaseerd op Leont'evs beschouwingen daarover. In tweede instantie zal dan de nadere uitwerking die Holzkamp en Osterkamp aan de historische methode gaven, besproken worden.

Basisprincipes van de historische methode

In zijn artikel 'Over de historische aanpak in het onderzoek van de menselijke psyche' werkt Leont'ev[5] nader uit op welke wijze het onderzoek van de biologische en maatschappelijke evolutie van de menselijke soort licht kan werpen op het individuele psychische funktioneren. Daartoe probeert hij eerst wat preciezer te omschrijven hoe individu en menselijke soort met elkaar samenhangen. Wanneer we de soort beschouwen, zo stelt Leont'ev, hebben we het in feite over het resultaat van een evolutieproces; de soort belichaamt een ontwikkelingsfase en

---

4. K. Marx, *Das Kapital, Marx Engels Werke*, deel 23, Berlijn 1962, p. 181.

5. Zie A.N. Leont'ev, 'Ueber das historische Herangehen an die Untersuchung der menschlichen Psyche', in: A.N. Leont'ev, *Probleme der Entwicklung des Psychischen*, Frankfurt a.M. 1973, p. 262-312.

weerspiegelt als zodanig de hele eraan voorafgaande evolutie. Met andere woorden: de eigenschappen die aan de soort toekomen, zijn de resultaten van de ontstaansgeschiedenis van de soort.

Deze, op het eerste gezicht enigszins triviaal lijkende redenering levert een belangrijk aanknopingspunt voor het begrijpen van de levensgeschiedenissen van individuen, waar het immers in de psychologie om te doen is. De eigenschappen die individuen in de loop van hun levensgeschiedenis tot ontwikkeling brengen, hebben volgens deze redenering namelijk alle hun oorsprong in de geschiedenis van de soort. In Leont'evs woorden: 'De natuur van het individu wordt bepaald door diens lidmaatschap van de soort en weerspiegelt al hetgeen in een bepaalde fase van de fylogenetische ontwikkeling is bereikt.'[6] De ontwikkelingsgeschiedenis van de soort (de 'fylogenese') is aldus onontbeerlijk voor een begrip van de ontwikkelingsgeschiedenis van het individu (de 'ontogenese'). Dit betekent echter niet dat de ontogenese opgevat kan worden als een verkorte rekapitulatie van de fylogenese. Deze opvatting werd in de negentiende eeuw geïntroduceerd door de bioloog Ernst Haeckel en staat bekend als de 'biogenetische grondwet'. Afgezien van het feit dat zelfs in de biologie steeds meer aan de houdbaarheid van deze grondwet wordt getwijfeld, is het gebruik ervan in de psychologie sowieso dubieus omdat haar toepasbaarheid in feite beperkt is tot eigenschappen die in biologische zin erfelijk zijn.[7] In de vorige paragraaf werd echter betoogd dat voor wat de mensensoort betreft onderscheid gemaakt moet worden tussen biologische overerving enerzijds en maatschappelijke 'overerving' anderzijds. Het idee dat het kind in zijn ontwikkeling de hele maatschappelijke geschiedenis herhaalt, is duidelijk absurd.

De veronderstelling van de twee 'erfmechanismen', plus de veronderstelling van de menselijke aktiviteit als het vliegwiel van de ontwikkeling, leiden het onderzoek naar de geschiedenis van de mensensoort. Het belangrijkste probleem voor zo'n geschiedschrijving wordt gevormd door de fase in de evolutie waarin sprake is van een geleidelijke vermenging van beide soorten overerving en van een daarmee samenhangende verandering in de struktuur van de menselijke aktiviteit. De bestudering van die 'overgangsfase' kan antwoord geven op de vraag waarin beide soorten overerving nu precies van elkaar verschillen.

Daaraan vooraf gaat de vraag in hoeverre het eigenlijk wel zinvol is om in het geval van 'overerving' via de kultuur te spreken van de 'evolutionaire verandering van de menselijke natuur'. Leont'ev acht dat wel degelijk zinvol. Bij overerving via de kultuur geldt namelijk net zoals bij bio-

---

6. Idem, p. 274.

7. Zelfs Holzkamp neigt ertoe de toepassing van Haeckels grondwet in de psychologie 'tot op zekere hoogte' juist te achten. Zie K. Holzkamp, *Sinnliche Erkenntnis. Historischer Ursprung und gesellschaftliche Funktion der Wahrnehmung*, Frankfurt a.M. 1973, p. 51-52.

logische overerving dat de eigenschappen van het individu, bijvoorbeeld diens vermogen om taaluitingen te begrijpen of om logisch te denken, alle hun oorsprong hebben in hetgeen de 'maatschappelijke evolutie' heeft voortgebracht. De kulturele overerving volgt echter andere wetten dan de biologische, wetten die in zekere zin de wetten van de biologische overerving naar het tweede plan verschuiven.

De biologische overerving berust op de kodering van gedragspatronen in het erfelijk materiaal: de genen, of preciezer: het DNA-molekuul. De kulturele overerving berust daarentegen op de kodering van gedragspatronen in kultureel materiaal. Daaronder moeten alle voortbrengselen van menselijke aktiviteit worden verstaan, variërend van gebruiksvoorwerpen tot maatschappelijke instituties. Een gebruiksvoorwerp, bijvoorbeeld een klauwhamer, bevat als het ware in gekodeerde vorm het patroon van zijn gebruik: een steel om hem aan vast te houden, een zwaar metalen deel om op een gewenste plek een aanzienlijke kracht uit te oefenen, en een klauw waarmee zonder al te veel moeite spijkers kunnen worden verwijderd. Maatschappelijke instituties koderen op hun manier de omgangspatronen tussen mensen: zij sturen de verschillende vormen van menselijk verkeer middels voorschriften, sankties, riten, tradities enzovoort. Zo opgevat is kultuur dus het medium waardoor van generatie op generatie de eigenschappen van de soort worden doorgegeven, eigenschappen die net zozeer een onvervreemdbaar onderdeel van de menselijke natuur vormen als in de biologische evolutie verworven eigenschappen zoals rechtop lopen.

De overgang van vóórmenselijke, uitsluitend door biologische wetten gestuurde evolutie naar menselijke, dat wil zeggen op kulturele overerving berustende evolutie gaat gepaard met een verandering in de struktuur van de levensaktiviteit. Vóór de overgang heeft die aktiviteit de vorm van aanpassing aan de omgeving, na de overgang maakt aanpassing plaats voor een wisselwerkingsproces tussen individu en omgeving dat Leont'ev beschrijft als afwisseling van 'objektivering' en 'toeëigening'. Wat 'objektivering' betekent is eigenlijk al aangeduid: het is het in objektieve, uiterlijke vorm fixeren van evolutionaire verworvenheden. Als voorbeelden werden gebruiksvoorwerpen en maatschappelijke instituties genoemd: zij belichamen de produktieve en sociale vaardigheden die mensen in de loop van de evolutie tot ontwikkeling hebben gebracht. Het van generatie op generatie doorgeven van die verworvenheden is echter slechts mogelijk doordat individuen in hun levensgeschiedenis zich die verworvenheden eigen maken. Dat doen zij door te leren met die voortbrengselen om te gaan en zich op die manier de erin gekodeerde vaardigheden 'toe te eigenen'.

Deze gekombineerde objektiverings- en toeëigeningsaktiviteit verschilt fundamenteel van de aanpassingsaktiviteit die kenmerkend is voor de vóórmenselijke evolutie. Aanpassing behelst de ontwikkeling van eigenschappen die de overlevingskansen in de strijd om het bestaan vergroten. Eigenschappen waarvoor dat geldt gaan, dankzij het natuurlijke selektieproces, tot de vaste erfelijke bagage van de soort behoren. Objektivering en toeëigening zijn daarentegen aktiviteiten waardoor soorteigenschappen niet langer onder de druk van de strijd om het bestaan al dan niet worden overgeërfd. Leont'ev citeert in dit verband de Sovjet-bioloog K.A. Timirjasev: 'De leer van de strijd om het bestaan verliest op de drempel van het kultuurtijdperk haar geldigheid. De gehele rationele aktiviteit van mensen behelst *maar één strijd – de strijd tégen de strijd om het bestaan.*'[8]

Het verschil tussen biologische en maatschappelijke evolutie kan ook nog anders geformuleerd worden. Bij biologische evolutie is er sprake van *aanpassing van het organime aan de omgeving*. De omgeving selekteert die organismen, die in de strijd om het bestaan er blijk van geven over de meest geschikte eigenschappen te beschikken om zich in het betreffende milieu te handhaven. Maatschappelijke evolutie verloopt daarentegen middels *aanpassing van de omgeving aan het organisme*. De strijd om het bestaan heeft plaats gemaakt voor de strijd om de aanpassing van de omgeving aan de menselijke mogelijkheden. Daardoor worden die eigenschappen geselekteerd, die mensen een optimale greep op hun levensomstandigheden verschaffen.

Is er in het 'kultuurtijdperk' dan helemaal niet meer van biologische evolutie sprake? Leont'ev en de kritisch-psychologen willen deze vraag zeker niet ontkennend beantwoorden. Zij merken echter op dat tussen biologische en maatschappelijke evolutie een groot verschil in tempo bestaat. Veranderingen in het genetisch erfmateriaal vergen lange perioden van natuurlijke selektie, terwijl veranderingen in het kultureel 'erfmateriaal', zeker voor wat de moderne tijd betreft, elkaar in snel tempo opvolgen. De invloed van de biologische evolutie op de habitus van de menselijke soort is daardoor zó gering, dat ze voor het onderzoek naar de ontwikkeling van de menselijke levensaktiviteit praktisch verwaarloosbaar is.

Biologische evolutie versus maatschappelijke evolutie, genetische overerving versus kulturele overerving, aanpassing van het organisme aan de omgeving versus aanpassing van de omgeving middels objektivering en toeëigening – ziedaar enkele uitgangspunten van de historische analyse met behulp waarvan Leont'ev en in zijn voetspoor Holzkamp, Osterkamp en andere kritisch-psychologen licht proberen te werpen op het gedrag van individuen. Bij de bespreking van de historische methode in zijn boek *Sinnliche Erkenntnis* heeft Holzkamp[9] getracht haar methodisch wat uit te werken. Hij komt daarbij tot een, op grond van wat in het voorafgaande is gezegd, voor de hand liggende fasering van de historische analyse in drie stappen. De eerste stap betreft de analyse van de

---

8. A.N. Leont'ev, *Probleme* ..., a.w., p. 278.

9. Zie K. Holzkamp, *Sinnliche Erkenntnis*, a.w., hoofdstuk 3: 'Zur Methode der historischen Analyse', p. 35-62.

vóórmenselijke evolutie, in Holzkamps termen de *'natuurhistorische analyse'*. Zij moet leiden tot de vaststelling van die soorteigenschappen, die tot de vaste biologische bagage van mensen zijn gaan behoren. Zo'n vaststelling is noodzakelijk teneinde duidelijk te kunnen onderscheiden tussen biologisch verankerde en langs de weg van maatschappelijke evolutie verworven eigenschappen van mensen. De soorteigenschappen die tot deze laatste kategorie behoren, worden geïdentificeerd middels wat Holzkamp de *'maatschappelijk-historische analyse'* noemt. Pas wanneer beide kategorieën soorteigenschappen zijn geïdentificeerd, wordt het mogelijk om in een derde stap te onderzoeken hoe *individuen in een specifieke maatschappelijke konstellatie* hun in biologische en kulturele vorm gekodeerde maatschappelijke natuur verwerkelijken.

Bij deze weergave van de fasering die Holzkamp in de historische methode aanbrengt, is gemakshalve even voorbijgegaan aan het aksentverschil dat gekonstateerd kan worden tussen Holzkamps gebruik van de historische methode bij zijn analyse van de waarnemingsfunkties en Osterkamps gebruik ervan bij haar analyse van de motivationele processen.[10] Holzkamp gaat het in de maatschappelijk-historische analysestap om de *algemene* kenmerken van de waarneming, die voortspruiten uit het maatschappelijk karakter van de menselijke levensaktiviteit. Osterkamp verlangt van de maatschappelijk-historische analyse daarentegen tegelijk ook een nadere beschrijving van de *bijzondere* kenmerken van de motivatie in de verschillende etappen die de menselijke soort in de loop van de geschiedenis heeft doorlopen. Wat de derde stap in de historische analyse betreft, legt Osterkamp in sterkere mate dan Holzkamp het aksent op een ontwikkelingspsychologische beschrijving van de manier waarop mensen de historisch tot ontwikkeling gekomen motivationele systemen individueel verwerkelijken. Holzkamp beperkt zich in zijn *Sinnliche Erkenntnis* tot het specificeren van de algemene, maatschappelijk-historisch gewortelde eigenschappen van de waarneming in de huidige, burgerlijk-kapitalistische samenleving.

In de nu volgende paragrafen zal wat dieper op de eerste twee stappen van de historische analyse worden ingegaan. De derde stap zal grotendeels buiten beschouwing blijven omdat hij in feite de toepassing van de in de eerste twee stappen ontwikkelde inzichten behelst. Die toepassing zelf levert geen specifiek historische problemen op. Ze valt samen met het empirisch-psychologisch onderzoek in de traditionele zin, zij het dat ze daarbij haar theoretische kategorieën aan het fylogenetisch onderzoek ontleent en niet zoals in de traditionele psychologie aan de 'stoutmoedige fantasie' van de theorieënbouwers. De (voornamelijk theoretische) resultaten van die toepassing komen in de volgende hoofdstukken nog voldoende aan bod, zodat we ons hier tot de specifiek historische stappen kunnen beperken.

10. Zie U. Holzkamp-Osterkamp, *Grundlagen der psychologischen Motivationsforschung, deel 1*, Frankfurt a.M. 1975, p. 192-198.

De natuurhistorische analyse

Zoals gezegd gaat de voornaamste aandacht bij de natuurhistorische analyse uit naar juist díe fase in de natuurgeschiedenis van de menselijke soort, waarin de overgang plaatsvindt van dierlijk aanpassingsgedrag naar specifiek menselijk handelen. De belangrijkste natuurhistorische onderzoeker onder de Berlijnse kritisch-psychologen, Volker Schurig, spreekt van het *'dier-mens-overgangsgebied'*, dat hij situeert in het plioceen (vijf à tien miljoen jaar geleden) en met het begin van het mesolithikum (ongeveer tienduizend jaar geleden) laat eindigen. Een nader onderzoek van deze periode zal duidelijk moeten maken voor welke aspekten van het menselijk handelen we specifiek psychologische verklaringen nodig hebben en voor welke andere aspekten we met biologische verklaringen kunnen volstaan. Het gaat met andere woorden om de verhouding tussen biologie en psychologie bij het zoeken naar verklaringen voor het menselijk doen en laten. Schurig vergelijkt deze problematiek met die van de verhouding tussen natuurwetenschap en biologie. Net zoals pas met de komst van theorieën over het ontstaan van het leven (de 'biogenese') de biologie een eigen verklaringsmethode ontwikkelde, zo zal ook de psychologie pas adekwate verklaringen weten voort te brengen wanneer het ontstaan van het bewustzijn (de 'psychogenese') is opgehelderd. Tot dat moment blijft gelden 'dat het begrijpen van het psychische voor een deel nog hetzelfde mystieke karakter draagt, dat ook aan het begrip "leven" kleefde vóórdat Darwin halverwege de negentiende eeuw met zijn evolutietheorie kwam'.[11]

Het onderzoek naar de psychogenese maakt globaal gesproken gebruik van een tweetal verschillende kennisbronnen. De *psychofysiologie* levert de beschrijving en klassifikatie van de psychofysische funkties, echter zonder tegelijk de rol van die funkties in het overlevingsproces te onderzoeken. De psychofysiologie manoevreert aldus in het gebied tussen biologie en psychologie, maar levert geen bijdrage aan een nadere bepaling van de verhouding tussen beide. Daarvoor is kennis vereist over de ontwikkeling van die psychofysische funkties in de loop van de evolutie. Die kennis ontlenen psychogenetische onderzoekers aan verschillende *biologische specialismen* als ekologie, ethologie, 'dier-sociologie', antropologie, enzovoort. De aktiviteit van psychogenetische onderzoekers komt dus in feite neer op het verzamelen, ordenen, klassificeren, interpreteren, nog eens herordenen, enzovoort, van alle relevante gegevens in de hoop een zo kompleet mogelijk beeld te krijgen van de overgang van dierlijke vormen van psychofysisch funktioneren naar specifiek menselijke vormen.

Schurigs herschikkingswerk brengt hem tot de konklusie dat er een drietal komponenten verantwoordelijk moet worden geacht voor het

---

11. V. Schurig, *Die Entstehung des Bewusstseins*, Frankfurt a.M. 1976, p. 17.

ontstaan van specifiek psychische aktiviteit, te weten werktuiggebruik, sociale differentiatie en soortgebonden kommunikatie. Hij tekent hierbij onmiddellijk aan dat onze kennis over het feitelijke verloop van de evolutie niet toestaat een kausale volgorde tussen deze drie komponenten en het ontstaan van menselijke psychische funkties aan te nemen. Elk van deze komponenten zijn in de evolutie op verschillende plaatsen en op verschillende momenten aanwijsbaar, hetgeen uitsluit dat een van deze drie, bijvoorbeeld het werktuiggebruik, als beslissend kan worden aangemerkt.[12]

Vooronderstelling van de gehele psychogenetische onderneming is dat, welke faktoren er in welk verband en in welke chronologische volgorde ook werkzaam mogen zijn geweest, er hoe dan ook een kwalitatieve verandering in het psychofysisch funktioneren heeft plaatsgevonden. Die kwalitatieve verandering wordt door Schurig omschreven als de overgang van psychofysisch georganiseerd aanpassingsgedrag naar bewust gestuurde levensaktiviteit. Dit verheldert nog eens waarom voor het verklaren van die verandering enerzijds een nauwkeurige beschrijving van de evolutie van het psychofysisch funktioneren noodzakelijk is, en anderzijds een zo duidelijk mogelijk beeld van de bijzondere eisen die de omgeving aan het aanpassingsvermogen van de voorlopers van de mens stelde. De evolutie laat immers zien dat een hoogontwikkeld psychofysisch apparaat bij verschillende soorten primaten voorkwam, maar dat zich slechts bij een enkele soort zoiets als een bewustzijn ontwikkelde. Voor het ontstaan van het bewustzijn moeten dus aanpassingseisen verantwoordelijk worden geacht, die niet langer met de verdere ontwikkeling van zuiver biologische kenmerken zoals lichaamsbouw, voortbewegingswijze enzovoort, konden worden beantwoord, maar slechts middels intensivering van de psychofysische aanpassing, dus door verdere ontwikkeling van zintuig- en hersenfunkties. Samenvattend stelt Schurig dan ook dat de kwalitatieve verandering die in het dier-mens-overgangsgebied plaatsvond, gezien moet worden als een proces, 'waarbij (1.) de struktuur van de sociale verbanden waarin apen leven als voorafschaduwing van latere maatschappelijkheid, (2.) bio-akoestische kommunikatiesystemen als basis voor de taal en (3.) motorisch manipulatievermogen als voorwaarde voor menselijke arbeid tezamen leiden tot een bijzondere intensivering van de informatieverwerking door het centrale zenuwstelsel, hetgeen dan psychologisch als "bewustzijn" te klassificeren valt'.[13]

Het beslissende punt in de overgang van dier naar mens is aldus gelegen op het vlak van de informatieverwerking en -opslag. In de loop van de evolutie neemt de voorraad levensbelangrijke informatie waar organis-

---

12. Zie idem, p. 36-37.

13. Idem, p. 99.

men over beschikken steeds meer toe. Die informatie wordt op drie verschillende manieren vastgelegd. In de eerste plaats op biochemische wijze: soorteigenschappen die dankzij natuurlijke selektie hun waarde voor het overleven hebben bewezen, liggen in de vorm van 'erfelijke informatie' opgeslagen in het DNA-molekuul en worden zo van generatie op generatie doorgegeven. Andere soorten informatie, bijvoorbeeld over het natuurlijke milieu en over ritmes van dag en nacht vinden hun neerslag in allerlei fysiologische eigenschappen van de organismen. Is deze tweede vorm van informatieopslag al flexibeler en sneller veranderbaar dan de eerste, de derde vorm, de psychische, is wat dat betreft het meest effektief: zij voorziet het organisme van een 'intern model' van de buitenwereld, dat, gezien ook de toenemende verfijning van de informatieopnamesystemen (de zintuigen dus), steeds snellere aanpassingen aan externe veranderingen mogelijk maakt. De verdere ontwikkeling van dit laatste informatieverwerkingssysteem leidt volgens Schurig tot het punt waarop 'de psychisch beschikbare informatievoorraad groter wordt dan die van de omgeving, zodat dan niet meer slechts de buitenwereld in het organisme afgebeeld wordt, maar die afbeelding op een bijzondere manier, namelijk als bewustzijn, op de buitenwereld wordt teruggespiegeld'. Dat 'terugspiegelen' verloopt via de menselijke levensaktiviteit, en wel zodanig dat de omgeving 'er materieel door verandert. Het bewustzijn kan daarom gezien worden als het psychische vermogen om het ideële model van de omgeving in tweede instantie weer op een bijzondere wijze materieel te maken.'[14]

Wat Schurig hier doet is dus eigenlijk niets anders dan in termen van een informatietheorie proberen begrijpelijk te maken hoe de overgang van 'aanpassing' naar 'toeëigening en objektivering' fylogenetisch in zijn werk moet zijn gegaan. Aan het feitelijk verloop van die evolutie laat hij tegelijk zien dat die overgang geenszins totaal is. Een belangrijk deel van het menselijk gedrag blijft gestuurd worden door psychofysische mechanismen (reflexen, oriënteringsmechanismen, driften enzovoort) die buiten het gebied van de bewuste regulering vallen. Dat basisrepertoire aan natuurhistorisch verworven gedragspatronen vormt volgens Schurig de eigenlijke oorsprong van wat men het 'onbewuste' noemt. Het psychofylogenetisch onderzoek levert aldus enerzijds een bevestiging op van bepaalde psychoanalytische voorstellingen omtrent invloeden vanuit diepverscholen psychische lagen op het menselijke doen en denken, anderzijds betekent de voortschrijdende invulling van de precieze gang van zaken in het dier-mens-overgangsgebied uiteindelijk 'het objektieve einde van psychoanalytische spekulaties'.[15]

14. Idem, p. 312.

15. Idem, p. 73.

Bij deze, nogal vulgair-biologistische opvatting van het onbewuste, kan best een relativerende kanttekening worden geplaatst. Wanneer men wat nauwkeuriger beziet waarmee Freud het onbewuste gevuld acht, dan blijkt dat in Schurigs eigen termen het best beschreven te kunnen worden als een gekodeerd gedragsrepertoire waaraan niet alleen de biologische, maar met name ook de maatschappelijke evolutie heeft bijgedragen. Misschien is het dan niet eens zo gek om te veronderstellen dat, terwijl een informatieoverschot aan de kant van de organismen het bewustzijn en als gevolg daarvan de kultuur heeft voortgebracht, een daarop volgend informatieoverschot *aan de kant van de kultuur* geleid heeft tot het ontstaan van het onbewuste in psychoanalytische zin. Het onbewuste bestaat dan niet zozeer uit een uitsluitend biologisch verankerd gedragsrepertoire, maar juist uit kultureel gekodeerde gedragspatronen, die om verschillende redenen buiten de bewuste regulering zijn komen te vallen. De biologische oorsprong van het onbewuste gedragsrepertoire wordt dan niet ontkend, er wordt alleen beweerd dat het informatietechnisch gesproken op andere wijze gekodeerd is dan op een van de drie eerder genoemde manieren (genetisch, fysiologisch of psychisch). Dit lijkt een heel wat reëlere poging om Freuds theorie in Schurigs eigen psychofylogenetische termen te vertalen dan de biologistische reduktie die Schurig zelf pleegt. Deze manier doet met name meer recht aan Freuds hypothesen over de oorsprong van de kultuur, iets waarvoor in Schurigs interpretatie in het geheel geen plaats is.

Deze konfrontatie met de psychoanalyse brengt nog eens extra helder aan het licht dat kritisch-psychologen specifiek menselijke psychische aktiviteit opvatten als *bewustzijnsaktiviteit*. Het onbewuste wordt gezien als een relikt uit de natuurhistorie van de menselijke soort. Dat ook de kultuur het doen en laten van mensen voor een belangrijk deel buiten hun bewustzijn om bepaalt, vormt voor kritisch-psychologen geen apart terrein van studie.

Schurigs informatietheoretische hypothese over de overgang van dier naar mens is wellicht de meest spekulatieve hypothese in zijn hele fylogenetische onderneming. (Vandaar dat het ook zo makkelijk was om er een al even spekulatieve hypothese over het onbewuste aan toe te voegen.) Voor het overige wordt zijn werk gekenmerkt door grote nauwkeurigheid, het voortdurend afwegen van alternatieve hypothesen, systematische opbouw, enzovoort, kenmerken die het lezen ervan tot een moeizame maar uiterst lonende bezigheid maken.[16] Een van de aardige bijkomstigheden van zijn werk is dat het leidt tot een aantal preciseringen, vaak ook relativeringen van stellingen van Marx over de maatschappelijke natuur van mensen. Het betreft dan vaak filosofisch-antropologische stellingen die onder marxistische psychologen veelal als onaan-

---

16. Een ander belangrijk werk van Schurig is *Naturgeschichte des Psychischen*, 2 delen, Frankfurt a.M. 1975.

tastbare waarheden worden gezien. Zo bekommentarieert Schurig de stelling van Marx en Engels in *De duitse ideologie* dat 'het bewustzijn (...) van het begin af aan reeds een maatschappelijk produkt (is), en dat het dat blijft zolang mensen überhaupt bestaan'.[17] Enerzijds, zo stelt Schurig, bevat deze uitspraak een inzicht dat in de moderne psychologie nog steeds maar nauwelijks is doorgedrongen, namelijk het inzicht in het kausale verband tussen maatschappelijke verhoudingen en bewustzijn. Anderzijds is de uitspraak te absoluut. Wanneer het om de ontstaansgeschiedenis van het bewustzijn gaat, verandert het perspektief zodanig dat eerder het omgekeerde geldt: het ontstaan van het bewustzijn in het dier-mens-overgangsgebied moet 'van het begin af aan' als een fylogenetisch proces, als onderdeel van de biologische evolutie worden opgevat. Ongenuanceerd vasthouden aan het maatschappelijk karakter van het bewustzijn wordt dan juist een 'methodologische hinderpaal' voor het onderzoek naar de biologische voorgeschiedenis van het bewustzijn.[18]

De maatschappelijk-historische analyse

De natuurhistorische analyse, zegt Schurig ergens, levert de sleutel waarmee we ons toegang kunnen verschaffen tot de maatschappelijke geschiedenis van het psychisch funktioneren.[19] Hoe moeten we ons dat voorstellen? Welke bijdrage levert het begrijpen van de biologische voorgeschiedenis van de menselijke soort nu precies aan het begrijpen van haar maatschappelijke geschiedenis? Kritisch-psychologen worden immers niet moe erop te wijzen dat die maatschappelijke geschiedenis van volstrekt andere aard is dan de natuurgeschiedenis. Welk verband is er dan nog tussen beide?
Welke verschillen hebben we tot nu toe zoal tussen biologische en maatschappelijke evolutie vastgesteld? In de tweede paragraaf van dit hoofdstuk werd gewag gemaakt van het verschil tussen biologische en kulturele overerving van soorteigenschappen en van dat tussen aanpassingsgedrag en specifiek menselijk handelen. In de vorige paragraaf lag de nadruk op het verschil tussen psychofysisch funktioneren en bewustzijn. Er lijkt bij de menselijke soort dus sprake te zijn van een kwalitatief andere levensvorm, maar welke rol spelen biologische faktoren daar dan nog in? En in hoeverre dwingen de kwalitatieve verschillen met dierlijk leven tot een andere wijze van historisch analyseren?

17. K. Marx, F. Engels, *Die deutsche Ideologie*, a.w., p. 30-31.

18. Zie V. Schurig, *Die Entstehung des Bewusstseins*, a.w., p. 13-14.

19. V. Schurig, 'Der Gegenstand der Psychologie als historisches Verhältnis von Natur und Gesellschaft', in: K.-H. Braun, K. Holzkamp (red.), *Bericht über den 1. Kongress Kritische Psychologie in Marburg, deel 1*, Keulen 1977, p. 100.

Het verbindende element tussen natuurhistorische en maatschappelijk-historische analyse is hun beider *funktionalistische uitgangspunt*. In beide analysen gaat het erom eigenschappen op het spoor te komen die voor het levensbehoud van de soort funktioneel zijn. Hoe langer hoe meer zijn Holzkamp en zijn medewerkers dan ook gaan spreken van de 'funktioneel-historische analyse' in plaats van enkel 'historische methode'. Schurigs analyse was er bijvoorbeeld op gericht om te laten zien welke funktionele voordelen het bewustzijn te bieden had boven de psychofysische mechanismen van de dierlijke voorlopers der mensen. In de maatschappelijk-historische analyse gaat het om de psychische mechanismen die funktioneel zijn in het kader van het maatschappelijke levensbehoud. Over de overgang van natuur- naar maatschappijgeschiedenis zegt Holzkamp dan het volgende: 'De hominiden (mensachtige voorlopers der mensensoort – AV) pasten zich (...) niet langer aan de omgeving aan, maar begonnen, in hoe bescheiden mate dan ook, de omgeving aan zichzelf aan te passen door er aktief in in te grijpen. Het moet als tamelijk vaststaand worden beschouwd dat het juist de "evolutionaire voordelen" van deze aktieve omgevingsveranderingen waren, die in het dier-mens-overgangsgebied zodanig op het fylogenetische proces terugwerkten, dat daarbij de "maatschappelijke natuur" van mensen tot ontwikkeling kwam, dus die natuur, waardoor de mens als enig levend wezen de soortspecifieke mogelijkheden tot maatschappelijk levensbehoud bezit.'[20]

De biologische uitrusting van mensen moet, zo leert ons dit citaat, gezien worden als een reeks *mogelijkheden* om in maatschappelijk verband aan het levensbehoud bij te dragen. In welke vorm van die mogelijkheden gebruik wordt gemaakt, ligt daarentegen niet biologisch vast, maar is afhankelijk van de specifieke maatschappijvorm waarin mensen leven. De maatschappijvorm bepaalt de zichtbare, objektieve gedaante van de menselijke levensaktiviteit, maar tegelijk geldt omgekeerd wat we al eerder vaststelden, namelijk dat mensen middels die levensaktiviteit die maatschappijvorm zelf voortbrengen. In de menselijke levensaktiviteit kruisen aldus *objektieve bepaaldheid* en *subjektieve bepaling* elkaar.[21] Dankzij een aantal biologisch verankerde eigenschappen zijn mensen in staat hun eigen omgeving te scheppen, bepalen zij dus 'subjektief' hun eigen levensomstandigheden. Die levensomstandigheden bieden op hun beurt weer de 'objektieve' kaders waarbinnen mensen van hun biologisch gegeven mogelijkheden gebruik maken.

20. K. Holzkamp, 'Die kategoriale und theoretische Erfassung der Vermittlung zwischen konkreten Individuen und ihren gesellschaftlichen Lebensbedingungen durch die Kritische Psychologie', in: K.-H. Braun, K. Holzkamp (red.), *Bericht* ..., a.w., p. 103.

21. Zie K. Holzkamp, 'Kann es im Rahmen der marxistischen Theorie eine Kritische Psychologie geben?', in: *Das Argument*, jrg. 19, nr. 103, mei/juni 1977, p. 324.

Deze wisselwerking tussen bepalen en bepaald-worden is de motor van de maatschappelijke geschiedenis van de menselijke natuur en verleent aan die geschiedenis een geheel eigen wetmatigheid. De biologische evolutie beantwoordt aan wetten die betrekking hebben op de aanpassingsmogelijkheden van organismen, de maatschappelijke evolutie wordt daarentegen gestuurd door wetmatigheden die betrekking hebben op de mogelijkheden van mensen om in hun milieu in te grijpen. 'Natuurlijke selektie' is in dit laatste geval dan ook geen kwestie van al of niet geslaagde aanpassing, maar van al of niet effektief ingrijpen. De maatschappelijke evolutie 'selekteert' die eigenschappen, die mensen in staat stellen optimaal greep op hun eigen levensomstandigheden te krijgen. De biologische evolutie selekteert kenmerken als werktuigvervaardiging, sociale differentiatie en soortspecifieke kommunikatie. Deze kenmerken liggen ten grondslag aan alle menselijke levensaktiviteiten in welke maatschappijvorm dan ook. De maatschappelijke evolutie selekteert slechts uit de verschillende varianten van die levensaktiviteiten, en wel ten voordele van varianten die onder gegeven maatschappelijke verhoudingen mensen verzekeren van een optimale invloed op hun levensomstandigheden. Welke varianten dat zijn, hangt daarmee af van de aard van de maatschappelijke verhoudingen.

De maatschappelijke evolutie is evenwel geen massaal en eenvormig proces dat voor alle mensen evenveel kansen schept om van hun biologisch gegeven mogelijkheden om hun levensomstandigheden te beheersen gebruik te maken. Het selektieproces gaat gepaard met een aanzienlijke *scheefgroei* van zulke kansen. Die scheefgroei heeft haar ontstaansgrond in de sociale differentiatie in primitieve samenlevingsverbanden. Met name in de periode dat op jacht en het verzamelen van voedsel gebaseerde stammen overgingen naar agrarische produktie, ontstonden er sociale hiërarchieën, onder meer gebaseerd op de grootte van het verbouwde land. Die hiërarchieën zijn de voorlopers van de sociale stratifikatie op basis van het eigendom van de produktiemiddelen, een vorm van stratifikatie die tot op de huidige dag voortbestaat. Het in weinige handen gekoncentreerde eigendom van de produktiemiddelen is voor het grootste deel van de geschiedenis bepalend geweest voor de ongelijke kansen van mensen om hun mogelijkheden tot beheersing van hun levensvoorwaarden te benutten.[22]

Van de slavenhoudersmaatschappij tot de feodale en de kapitalistische maatschappijen is er ononderbroken sprake geweest van sociale klassen met verschillende posities in het maatschappelijk produktieproces. Deze sociale differentiatie dwingt tot een differentiatie in wat voor afzonderlijke individuen 'funktioneel' is. Afhankelijk van de sociale klasse waartoe individuen behoren, zijn het telkens weer andere funktionele psychische mechanismen die hen in staat stellen hun levensomstandigheden

---

22. Vergelijk U. Osterkamp, *Motivationsforschung 1*, a.w. paragraaf 3.3.5.

te beheersen. Holzkamp en Osterkamp hebben dit met name voor wat betreft de burgerlijk-kapitalistische samenleving laten zien, Holzkamp ten aanzien van waarnemingspsychologische mechanismen en Osterkamp ten aanzien van motivationele processen. De resultaten van die 'funktionele analysen' komen in de hoofdstukken 5 en 6 aan bod, reden waarom ik er hier niet verder op inga.

Op deze plaats wil ik echter een principiële moeilijkheid rond het funktionaliteitsbeginsel aanstippen. De analysen van Holzkamp en Osterkamp nopen tot het maken van een onderscheid waar ze zelf aan voorbijzien. In feite hanteren ze namelijk twee betekenissen van het funktionaliteitsbegrip. Naast de zojuist beschreven betekenis (funktioneel is wat bijdraagt aan de vergroting van de greep op de levensomstandigheden), gebruiken ze het funktionaliteitsbegrip soms ook om psychische mechanismen te verklaren die mensen niet zozeer *daadwerkelijk* een grotere greep op hun bestaan verschaffen, maar hen slechts de *overtuiging* geven dat dat zo is. We stuiten hier op de dimensie van de *ideologie*, dat wil zeggen de dimensie van de *voorstellingen* die mensen omtrent hun plaats in de werkelijkheid koesteren. In het werk van Holzkamp en Osterkamp ontbreekt echter een systematische theorie omtrent ideologische verschijnselen, hoewel ze in hun analysen wel voortdurend aan het ideologieprobleem raken. Ik zal dat met twee voorbeelden illustreren.

In zijn *Sinnliche Erkenntnis* beschrijft Holzkamp een aantal waarnemingsmechanismen die kenmerkend zijn voor leden van de arbeidende klassen. Hij beschouwt ze in het licht van wat voor deze mensen funktioneel is in de zin van 'uit de voeten kunnen in' en 'zich tevreden kunnen stellen met' de maatschappelijke positie waarin ze zich bevinden. Hij laat dat bijvoorbeeld zien aan wat in de traditionele waarnemingspsychologie 'organisatie-effekten' worden genoemd. Onder organisatie-effekten verstaat men het aanvullen van de gegevens die we via de zintuigen binnenkrijgen in de richting van afgerondheid, pregnantie, welgevormdheid en dergelijke. Deze waarnemingsmechanismen hebben in de loop van de biologische evolutie organismen zekere voordelen verschaft bij het zich oriënteren in hun natuurlijke omgeving. Ze helpen hen bij het sneller identificeren van voor hen levensbelangrijke zaken als voedsel, natuurlijke vijanden en dergelijke. In de loop van de maatschappelijke evolutie en in het bijzonder onder maatschappelijke omstandigheden die gekenmerkt worden door tegenstellingen tussen sociale klassen, werken zulke organisatieprincipes echter eerder waarnemingsfouten in de hand dan dat ze helpen vitale verbanden in de werkelijkheid te doorzien. Doordat ze zintuiglijke gegevens in de richting van pregnantie, afgerondheid enzovoort komplementeren, maken ze het moeilijker de tegenstrijdigheden die in zulke zintuiglijke informatie ligt opgesloten te achterhalen. Juist vanwege die werkelijkheidsverhullende werking van de organisatie-effekten, zijn ze voor degenen die uitgesloten zijn van de beheersing van het maatschappelijk leven, de arbeidende klassen dus, 'funktioneel': ze spiegelen hen een wereld voor waarin alles zijn plaats heeft en onzekerheden zijn uitgebannen. Zo verschaffen ze hen de overtuiging hun levensomstandigheden onder kontrole te hebben, ook al is dat in werkelijkheid niet zo.[23] Eenzelfde soort redenering bouwt Osterkamp op inzake motivationele processen. De natuurgeschiedenis heeft mensen uitgerust met wat Osterkamp 'produktieve behoeften' noemt.[24] Die behoeften stuwen het menselijk handelen in de richting van het beheersen van de eigen levensomstandigheden. Welke vorm die beheersing uiteindelijk aanneemt is evenwel afhankelijk van de positie die mensen in het maatschappelijk levensproces innemen. Osterkamp werkt dat bijvoorbeeld uit voor de middenklassen in de burgerlijk-kapitalistische samenleving. In vergelijkking met de hogere klassen ontbreekt het de leden der middenklassen aan mogelijkheden om daadwerkelijk het maatschappelijk gebeuren te beïnvloeden, maar in vergelijking met de arbeidende klassen beschikken zij tenminste nog over *individuele* mogelijkheden om op de maatschappelijke ladder te stijgen en zo de *illusie* van een sterkere greep op het maatschappelijk proces te verwerven. De motivationele kenmerken van de middenklassers hangen nauw samen met deze maatschappelijke tussenpositie. Identifikatie met de hogere klassen en superioriteitsgevoel tegenover de lagere leiden tot dwangmatigheid, neuroticisme, opportunisme en emotionele afhankelijkheid, kenmerken die gezien hun objektieve maatschappelijke positie voor middenklassers 'funktioneel' zijn.[25] Deze voorbeelden laten zien hoe de natuurlijke selektie gedurende de biologische evolutie mensen heeft uitgerust met psychische mechanismen waarvan de maatschappelijke funktionaliteit afhangt van de objektieve plaats die die mensen in het maatschappelijk levensproces innemen. Tegelijkertijd tonen deze voorbeelden dat, eveneens afhankelijk van die objektieve plaats, mensen mechanismen ontwikkelen die hen juist het zicht ontnemen op de mogelijkheden om daadwerkelijk invloed op hun levensomstandigheden uit te oefenen. In plaats daarvan verschaffen die mechanismen mensen de *illusie* dat zij vanuit hun maatschappelijke positie afdoende greep op hun bestaan hebben. De vraag is nu of deze mechanismen 'funktioneel' genoemd mogen worden. Holzkamp en Osterkamp blijven hierop het antwoord schuldig. Die vraag plaatst hen namelijk voor een lastig dilemma. Zouden ze de vraag bevestigend beantwoorden, dan ondergraven ze de waarde van het funktionaliteitsbeginsel als historisch verklaringsprincipe. Beantwoorden ze de vraag ont-

---

23. Zie K. Holzkamp, *Sinnliche Erkenntnis*, a.w., p. 264-294 en 309-336. Zie ook hoofdstuk 5 van dit boek.

24. Zie U. Holzkamp-Osterkamp, *Grundlagen der psychologischen Motivationsforschung, deel 2*, Frankfurt a.M. 1976, p. 17-26. Zie ook hoofdstuk 6 van dit boek.

25. Zie idem, p. 436-446. Zie ook hoofdstuk 7 van dit boek.

kennend, dan erkennen ze het bestaan van een niet onaanzienlijke klasse van verschijnselen, die niet met behulp van het universeel geachte funktionaliteitsbeginsel kan worden verklaard. In beide gevallen ondergraven ze aldus het centrale uitgangspunt van hun historische methode. Ik zal dat nader toelichten.

Wanneer we verschijnselen als de organisatie-effekten van de waarneming en neuroticistische motivatiestrukturen funktioneel noemen, dan kunnen we wel verklaren hoe dergelijke mechanismen tot stand komen, maar niet hoe ze in de loop van de geschiedenis worden overwonnen ten gunste van psychische mechanismen die niet slechts illusoir, maar ook daadwerkelijk de greep van mensen op hun bestaan vergroten. Maar juist deze vergroting, juist het doorzetten van de 'subjektieve faktor' in de geschiedenis, de relatieve toename van de 'subjektieve bepaling' in vergelijking met de 'objektieve bepaaldheid', is hetgeen volgens Holzkamp en Osterkamp de geschiedenis vooruitstuwt. Dit idee van historische vooruitgang is niet te rijmen met een funktionaliteitsbeginsel dat verklaart hoe mechanismen als de genoemde, die immers een verzwakking van de 'subjektieve faktor' betekenen, historisch zijn ontstaan en zich handhaven. Het gevolg is dat funktionaliteit niet langer als historisch verklaringsprincipe bruikbaar is omdat ze niet onderscheidt tussen versterking en verzwakking van de 'subjektieve faktor'. Historische vooruitgang blijft daardoor onverklaard; ze wordt een marxistisch geloofsdogma.

Wanneer men daarentegen stelt dat zaken als organisatie-effekten van de waarneming en neuroticisme *niet* funktioneel zijn, dan redt men weliswaar het funktionaliteitsbeginsel als verklaring voor het 'doorzetten van de "subjektieve faktor" in de geschiedenis', maar blijft men met de vraag zitten hoe allerlei niet-funktionele mechanismen kunnen ontstaan en in stand kunnen blijven. Holzkamp en Osterkamp neigen er hier en daar toe om dergelijke verschijnselen als dysfunktionele overblijfselen uit voorafgaande historische ontwikkelingsfasen te beschouwen[26], maar laten dan onverklaard hoe ze tegelijk zo massaal kunnen optreden en zo hardnekkig kunnen blijven voortbestaan. Om dat te verklaren kunnen ze niet meer teruggrijpen op het funktionaliteitsbeginsel, aangezien dat gereserveerd is voor het verklaren van historische *vooruitgang* en niet van historische *stilstand*.

Mijns inziens moeten er twee dingen gebeuren om uit dit dilemma te geraken. Enerzijds moet het idee van historische vooruitgang als *theoretisch* principe worden opgegeven, anderzijds moet de rol die ideologieën in historische veranderingsprocessen spelen nader worden uitgewerkt. Alleen wanneer aan deze voorwaarden is voldaan, kan het funktionaliteitsbeginsel als centraal verklaringsprincipe van de historische methode worden gehandhaafd.

26. Zie bijvoorbeeld U. Osterkamp, *Motivationsforschung 1*, a.w., p. 262-267.

Wat de eerste voorwaarde betreft: 'subjektieve bepaling' en 'objektieve bepaaldheid' kunnen als beschrijvende kategorieën van waarde blijven. Zij beschrijven in welke mate en met behulp van welke psychische mechanismen mensen hun levensomstandigheden beheersen. Het idee van historische vooruitgang, van versterking van de 'subjektieve faktor', kan daarnaast nog een rol blijven spelen als leidraad voor de *praktische toepassing* van de theorie. Wanneer het gaat om het formuleren van doelstellingen voor therapeutisch ingrijpen of van onderwijsdoelstellingen en dergelijke, is het wel degelijk zinvol en verdedigbaar om vergroting van de greep op het bestaan als richtsnoer te nemen. Het betekent dan in feite dat men doet wat Marx met zijn politiek-ekonomische theorie ook al deed. Diens analyse van de geschiedenis van maatschappijformaties verschafte hem immers zowel de handvaten voor een theorie over de kapitalistische produktiewijze, als de uitgangspunten voor een politiek program voor de revolutionaire verandering van de bestaande maatschappelijke verhoudingen.

De tweede voorwaarde om uit het dilemma te geraken is de ontwikkeling van een ideologietheorie. Zo'n theorie zal antwoord moeten geven op de vraag hoe mensen ertoe komen om de mogelijkheden tot daadwerkelijke invloed op hun bestaan te miskennen. De behandelde hypothese over de organisatie-effekten van de waarneming en die over de motivationele struktuur van de middenklassers zouden van zo'n theorie onderdeel kunnen uitmaken. Aanzetten tot zo'n ideologietheorie zijn er in de kritische psychologie dus best te vinden. Problematisch is echter vooral de bepaling van de *aard* van het ideologische. Holzkamp en Osterkamp meten wat we hier het ideologische noemen uitsluitend af aan de mate waarin mensen de werkelijkheid miskennen. Zoals ik hier heb betoogd, is het miskennen van de werkelijkheid wel degelijk ook 'funktioneel': mensen ontlenen er de overtuiging aan hun eigen bestaan onder kontrole te hebben. Bovendien speelt het *massaal* miskennen van de werkelijkheid, zoals dat bijvoorbeeld in wereldbeschouwelijke systemen het geval is (de wereldbeschouwing van een klasse, van een subkultuur, enzovoort), een substantiële rol in historische veranderingsprocessen. Wil men de psychologische kanten van historische veranderingsprocessen verklaren, dan lijkt een ideologietheorie die uitgaat van de historische funktionaliteit van ideologische mechanismen dus onontbeerlijk.

Zolang zo'n ideologietheorie in de kritische psychologie ontbreekt, blijft ze onmachtig tegenover reële historische processen. Onverklaard blijft dan hoe het mogelijk is dat een overweldigende meerderheid der mensen tegen hun maatschappelijke natuur in handelt, een natuur immers, die volgens Holzkamp en Osterkamp mensen tot daadwerkelijk ingrijpen in hun maatschappelijke levensomstandigheden beweegt. Zonder ideologietheorie blijft voor de kritische psychologie de massale miskenning van de werkelijkheid een irrationeel, want 'tegennatuurlijk' fenomeen, dat niet funktioneel-historisch verklaard kan worden. In principe moet de kritische psychologie echter in staat worden geacht zo'n theorie te ontwikkelen, zodat ze, wanneer ze ook het vooruitgangsgeloof uit haar theorie weet te bannen, haar historische verklaringskracht aanzienlijk kan vergroten.

Historische verklaringen is echter niet het enige wat de kritische psychologie met haar historische methode beoogt en wat haar een voordeel verschaft boven de ahistorisch werkende, traditionele psychologieën. Daarnaast ontleent de kritische psychologie aan de historische methode nog voordelen ten opzichte van de gangbare psychologie die liggen op het terrein van de theorievorming zelf. Over die voordelen handelt de nu volgende paragraaf.

De historische methode als kritische methode

Aangeboren of aangeleerd? In het vorige hoofdstuk werd er al op gewezen hoezeer psychologen over deze vraag met elkaar in konflikt zijn geraakt. Voorkeuren voor deze of gene van de konkurrerende theorieën bleken vooral op ideologische en maar nauwelijks op wetenschappelijke argumenten te rusten. Een bevredigend antwoord op de vraag ligt dan ook niet in het verschiet. Zelfs een naar maatstaven van de traditionele psychologie behoorlijk kritische onderzoeker, weet uiteindelijk niets beters aan te raden dan maar weer het laboratorium in te duiken.[27] In de ogen van kritisch-psychologen als Holzkamp is dit echter wel de meest heilloze weg die men kan bewandelen. In een in 1977 gepubliceerd artikel over de theoretische chaos in de traditionele psychologie laat Holzkamp zien dat het geëxperimenteer nu juist de oorzaak van het kwaad is en dus zeker niet als remedie daartegen kan worden gebruikt. De strekking van zijn betoog is dat niet het laboratorium maar de geschiedenis de belangrijkste vindplaats van oplossingen voor theoretische geschillen is.[28]

In de traditionele psychologie, zo konstateert Holzkamp, komt het maar al te vaak voor dat theorieën die voor hetzelfde gebied van verschijnselen elkaar uitsluitende verklaringen bieden, zich met evenveel kracht van argumenten op experimentele bevestigingen beroepen. Het laboratorium levert slechts zelden een duidelijk, maar zo goed als nooit een beslissend voordeel op voor een van de verschillende, elkaar bekonkurrerende theorieën. In termen waar we in dit hoofdstuk enigszins vertrouwd mee zijn geraakt: het laboratorium is in de 'evolutie' van de psychologie een nauwelijks werkzaam 'selektie'-instrument, het biedt theorieën geen duidelijke 'evolutionaire voordelen' boven andere, het helpt

27. Zie P. Vroon, *Intelligentie. Over het meten van een mythe en de politieke, sociale en onderwijskundige gevolgen*, Baarn 1980, p. 172.

28. Zie K. Holzkamp, 'Die Ueberwindung der wissenschaftlichen Beliebigkeit psychologischer Theorien durch die Kritische Psychologie', in: *Zeitschrift für Sozialpsychologie*, nr. 8, 1977, p. 1-22 en 78-97.

niet bij de beoordeling welke theorieën de beste 'overlevingskansen' hebben, laat staan bij de bepaling welke het beste 'maatschappelijk funktioneren'.

Holzkamp betoogt dan, dat dat ons ook eigenlijk helemaal niet hoeft te verwonderen. Experimenten werken namelijk volgens het 'alles-of-niets principe'.[29] Vereenvoudigd samengevat bedoelt Holzkamp daar het volgende mee: Een psychologische theorie beschrijft de werking van psychische processen, bijvoorbeeld hoe het aanleren van gedrag in z'n werk gaat of hoe aangeboren eigenschappen het gedrag sturen. Uit die theorie worden hypothesen afgeleid. In zo'n hypothese worden de voorwaarden beschreven waaronder het in de theorie bedoelde psychische proces in werking treedt en wordt aangegeven tot welk gedrag dat leidt. Wanneer we die hypothese experimenteel toetsen en de resultaten positief zijn, dan kan dat alleen maar betekenen dat het er in de werkelijkheid exakt, maar dan ook helemaal exakt zo aan toe gaat als de theorie het beschrijft. Een meer genuanceerde konklusie, bijvoorbeeld dat de theorie slechts een of ander deelaspekt van de werkelijkheid beschrijft, valt op basis van experimenten niet te trekken. Theorieën die met elkaar in tegenspraak zijn maar die tegelijkertijd wel kunnen bogen op een redelijke hoeveelheid experimentele suksessen — en dat is met de theorieën over het aangeboren of aangeleerd zijn van psychische eigenschappen het geval — blijven op zo'n manier onverzoenlijk naast elkaar bestaan. Experimenten kunnen door hun alles-of-niets karakter nooit enige toenadering tussen theorieën bewerkstelligen.

Toenadering is volgens Holzkamp alleen maar mogelijk wanneer psychologen erin slagen onderscheid te maken tussen meer of minder 'wezenlijke' psychische processen, hetgeen een doorbreking van het alles-of-niets principe vereist. Wanneer we iets over de relatieve waarde van verschillende theorieën willen zeggen, dan hebben we dus niets aan het experiment, maar moeten we een andere arbitragemethode zoeken. Die andere methode is de historische methode, haar 'wezenlijkheids'-kriterium is dat van de 'funktionele relevantie'. Zo krijgt bijvoorbeeld de vraag of een bepaald gedrag aangeleerd of aangeboren is langs de weg van de funktioneel-historische analyse een genuanceerd antwoord. Wanneer we naar de evolutie kijken, dan blijkt dat 'aanleren' zèlf een natuurhistorisch verworven eigenschap is, die bij verschillende organismen in verschillende gedaanten voorkomt. Afhankelijk van de omgeving is het van verschillend funktioneel belang welke eigenschappen aangeboren zijn en dus vastliggen, en welke aangeleerd zijn en dus aktieve aanpassing aan de omgeving mogelijk maken.[30] In feite is het vermogen om te leren dus een aangeboren eigenschap die in de gedaante waarin het zich

---

29. Zie idem, p. 9-11.

30. Zie U. Osterkamp, *Motivationsforschung 1*, a.w., p. 112 e.v.

in het dier-mens-overgangsgebied bij hominiden voordeed, evolutionaire voordelen moet hebben gehad. In de maatschappelijke geschiedenis is het aangeboren zijn van psychische eigenschappen echter van ondergeschikt belang. Funktioneel relevant is dan vooral welke kultureel gekodeerde gedragsvormen worden aangeleerd en hoe mensen in staat stellen in maatschappelijk verband hun levensvoorwaarden te beheersen. De vraag 'aangeboren of aangeleerd?' is slechts zinvol waar het de voorlopers van de menselijke soort betreft, maar boet haast volledig aan belang in wanneer het om maatschappelijk levende mensen gaat.[31]

Door haar kriterium van de funktionele relevantie ontpopt de historische methode zich als kritische methode. Het wordt nu immers mogelijk om bestaande psychologische theorieën 'hun plaats te wijzen'. De toepassing van het kriterium van de funktionele relevantie maakt het mogelijk te bepalen onder welke omstandigheden de psychische mechanismen zoals die in de verschillende psychologische theorieën beschreven worden werkzaam zijn en welke vitale funkties ze daarbij vervullen. In de loop van dit hoofdstuk zijn daar al enkele voorbeelden van gegeven.

Zo was er sprake van de theorie over de organisatie-effekten van de waarneming. Voor de voorlopers van de menselijke soort zijn dergelijke waarnemingsmechanismen funktioneel geweest; maatschappelijk funktioneren vereist echter andere mechanismen. Onder maatschappelijke omstandigheden zijn zulke organisatie-effekten eerder letaal dan vitaal: wanneer de waarneming van maatschappelijk levende mensen geheel door zulke organisatieprincipes gestuurd zou worden, zou geen mens kunnen overleven; hij of zij zou zaken die voor de instandhouding van het maatschappelijk leven van het grootste gewicht zijn systematisch verkeerd of onvolledig waarnemen. Ook werd er gesproken over motivationele processen die kenmerkend zijn voor de middenklassers in de burgerlijk-kapitalistische samenleving. Daaronder kwam ook neuroticisme voor, bedoeld in de freudiaanse zin. Freuds neurosentheorie is volgens Osterkamp dan ook beperkt geldig, en wel in het bijzonder voor leden van de middenklasse. Bij leden van de lagere sociale klassen zijn mechanismen werkzaam die gefrustreerde behoeften niet zozeer omzetten in neuroticisme, maar eerder in agressie, alkoholisme, kriminaliteit enzovoort. Tenslotte kwam in dit hoofdstuk het traditionele onderscheid tussen aangeboren en aangeleerd aan de orde. Ook dat onderscheid bleek bij nader inzien vooral funktioneel relevant waar het de natuurhistorische ontwikkeling betreft.

Dit zijn precies drie voorbeelden van de door Holzkamp onderscheiden drie manieren om bestaande psychologische theorieën op hun juiste plaats te zetten.[32] In de eerste plaats illustreert het laatste voorbeeld

---

31. Vergelijk hierover ook K. Holzkamp, 'Die Ueberwindung ...', a.w., p. 85-86.

32. Zie idem, p. 85-91.

hoe de kritische psychologie traditionele onderscheidingen tussen en klassifikaties van psychologische basisprocessen behandelt. Wat voor traditionele psychologen niet verder herleidbare vaststellingen zijn, zijn voor kritisch-psychologen fylogenetisch gegroeide differentiaties, die daarom uit een analyse van de natuur- en maatschappijgeschiedenis afgeleid dienen te worden. In de tweede plaats laat Osterkamps behandeling van Freuds neurosenleer zien hoe kritisch-psychologen theorieën met universele aanspraken als het ware 'terugfluiten' door de precieze reikwijdte van de veronderstelde processen nader vast te stellen. De derde manier behelst de bepaling van het 'specificiteitsniveau' waarop psychologische theorieën gelden, hetgeen geïllustreerd werd met Holzkamps behandeling van de theorie over de organisatie-effekten van de waarneming. Deze organisatie-effekten zijn, zo liet hij zien, geldig op het zogeheten 'organismische' specificiteitsniveau. Daarnaast zijn dan nog te onderscheiden het algemeen-maatschappelijke specificiteitsniveau en de lagere niveaus die gekarakteriseerd worden door de bijzondere maatschappijformaties en door de verschillende posities binnen die maatschappijformaties. De toewijzing van psychische mechanismen aan bijvoorbeeld het organismische specificiteitsniveau sluit natuurlijk niet uit dat ze ook op andere niveaus, bijvoorbeeld bij mensen in de burgerlijk-kapitalistische samenleving werkzaam kunnen zijn en daar zelfs funktionele waarde kunnen hebben (denk maar aan het voorbeeld van de organisatie-effekten). Die psychische mechanismen zijn dan echter voor die niveaus niet specifiek, dat wil zeggen dat er op die niveaus ook nog andere funktioneel relevante mechanismen werkzaam zijn, die op het organismische niveau *niet* voorkomen.

Zo ontpopt de historische methode zich als een belangrijk kritisch instrument, dat wil zeggen een instrument met een groot *kritisch vermogen*: het maakt onderscheidingen mogelijk die te enen male buiten het gezichtsveld van de traditionele psychologie vallen. De traditionele psychologie ontbeert een fylogenetisch kader. Daardoor kleeft aan haar theorievorming een grote mate van willekeur: ze ontwerpt kategorieën en treft onderscheidingen die niet dieper wortelen dan in de stoutmoedige fantasie van haar beoefenaars. De evolutionaire benadering van de kritische psychologie heeft het voordeel dat ze theoretische klassifikaties een empirisch fundament verleent en zo korrekties mogelijk maakt op eerder gemaakte onderscheidingen. Daardoor wordt volgens Holzkamp de kans aanzienlijk groter om op z'n minst een aantal van de uitzichtloze konkurrentieslagen tussen elkaar uitsluitende theorieën over dezelfde psychische verschijnselen te kunnen beslechten.[33]

Het kritische karakter van de historische methode houdt tevens in dat ze tot een *kritische verwerking* van de bestaande psychologische theorieën leidt. Je zou daarom kunnen zeggen dat de kritische psychologie

33. Vergelijk idem, p. 3-4.

haar theorieën voor een belangrijk deel bouwt uit de losse brokstukken van de traditionele psychologie. De historische methode levert het cement waarmee kritisch-psychologen uit de amorfe hoop bouwstenen van de traditionele psychologie een stevig theoretisch karkas metselen. Deze werkwijze belichaamt wat Holzkamp het 'principe van de eenheid van kritiek en verdere ontwikkeling' noemt: traditionele psychologische theorieën worden geenszins overboord gegooid, maar ingepast in het kategoriale raamwerk dat uit de historische analyse resulteert.

De kritische psychologie onderhoudt kortom nog velerlei betrekkingen met de traditionele psychologie. We hebben in dit hoofdstuk wel gezien dat kritisch-psychologen veel meer dan hun traditionele vakgenoten gebruik maken van inzichten uit andere wetenschappelijke disciplines, zoals de biologie, de sociologie, de marxistische geschiedwetenschap enzovoort. Die grensoverschrijdingen vinden echter telkens plaats op grond van verklaringsproblemen die zich voordoen ten aanzien van het specifiek psychologische onderzoeksobjekt: het psychisch funktioneren van individuen en in het bijzonder de ontwikkelingen daarin gedurende de individuele levensgeschiedenis. De psychologie zoals die historisch tot ontwikkeling is gekomen, is voor kritisch-psychologen daarom het primaire werkterrein; het komt er dan op aan 'om de historische gang van de psychologie "van binnenuit" reëel te veranderen (...). Daarom moet de materialistische wetenschap van het individu zich voorlopig bewust in de traditie van de "psychologie" plaatsen; haar verschijningsvorm als "kritische psychologie" zal op den duur dan wel worden ondermijnd en opgeheven, maar ze is "transitorisch noodzakelijk" omdat de strijd voor die "opheffing" — wil ze althans niet slechts "in het hoofd" beslecht worden maar in de werkelijke historische ontwikkeling van de wetenschap — niet op andere wijze effektief kan worden gevoerd.'[34]

Met deze opmerkingen sluit ik de algemene beschouwingen over de historische methode af. Het noodzakelijk abstrakte karakter van dit hoofdstuk zal bij de lezers mogelijk de nieuwsgierigheid hebben verhoogd om nu eens te zien wat het een en ander precies oplevert. De historische methode is het hart van de kritische psychologie, schreef ik in het vorige hoofdstuk. Met enkele grove sneden heb ik de globale anatomie van dat hart proberen bloot te leggen. De lezers zullen nu wel eens het gehele levende organisme van de kritische psychologie willen zien: haar theorieën, haar onderzoek en haar praktische toepassingen. De nu volgende hoofdstukken zijn precies dááraan gewijd.

---

34. K. Holzkamp, 'Zur kritisch-psychologischen Theorie der Subjektivität I', in: *Forum Kritische Psychologie*, nr. 4, 1979, p. 53.

5

Wim Meeuw, Quinten Raaijmakers
Waarnemen en denken

...so easy to look at, so hard to define...
(Dylan)[1]

1. Inleiding

In dit hoofdstuk behandelen we het waarnemingstheoretisch onderzoek van Holzkamp. Dit onderzoek beschouwen we als de eerste poging van de kritische psychologie om een eigen, konkreet-psychologische theorie te ontwikkelen. De uitvoerige studie van Holzkamp over de waarneming werd in 1973 gepubliceerd onder de titel *Sinnliche Erkenntnis. Historischer Ursprung und gesellschaftliche Funktion der Wahrnehmung.*[2] Zoals de titel al aangeeft, wordt hierin de funktioneel-historische methode toegepast op het psychologische objekt van de menselijke waarneming. Waarnemen wordt door Holzkamp opgevat als een min of meer zelfstandig levensproces waarin door de aktieve inzet van waarnemingszintuigen kennis van de buitenwereld wordt opgedaan. De natuurlijke oorsprong van de waarneming lokaliseert Holzkamp dan ook in die periode van de evolutie, waarin een nog ongedifferentieerde bestaanswijze overgaat in een levenswijze waarbij sprake is van heel primitieve, maar toch van andere levensaktiviteiten te onderscheiden waarnemingsaktiviteiten. Een dergelijke *natuurhistorische analyse* van waarnemingsaktiviteiten heeft bij Holzkamp een funktionalistisch karakter, want de ontwikkeling van deze nieuwe aktiviteiten wordt opgevat als een praktisch antwoord van de levende wereld op steeds veranderende eisen uit de natuurlijke omgeving. De verschillende ontwikkelingsstadia van de waarneming in de natuurgeschiedenis behandelen we in paragraaf 2.
De specifiek menselijke waarnemingskenmerken kunnen pas worden aangegeven wanneer duidelijk is welke eisen de typisch menselijke omgeving stelt. Het feit dat de wereld van mensen wordt gekenmerkt door het bestaan van arbeidsprodukten speelt hierin een hoofdrol; in Holzkamps marxisme-opvatting wordt arbeid immers opgevat als een specifiek menselijke levenswijze. In de *maatschappelijk-historische analyse* laat Holzkamp zien dat de menselijke waarneming zich onderscheidt door haar gerichtheid op betekenissen die in de arbeid tot stand komen.

1. Uit 'Sarah' van de elpee *Desire*, 1975.

2. K. Holzkamp, *Sinnliche Erkenntnis. Historischer Ursprung und gesellschaftliche Funktion der Wahrnehmung*, Frankfurt a. M. 1973.

In paragraaf 3 en 4 van dit hoofdstuk vatten we enkele resultaten van die analyse samen.
Vervolgens gaat Holzkamp na wat voor konsekwenties de oriëntatie op betekenissen heeft voor de *waarneming onder burgerlijke verhoudingen*. Hij stelt zich daarbij de vraag welke typische betekenissen in een burgerlijke maatschappij bestaan en hoe deze betekenissen door een konkreet *individu* kunnen worden waargenomen. Zijn antwoord op deze vraag behandelen we in paragraaf 5.
Bestaat wat wij waarnemen ook echt of is het slechts illusie? Dit is de vraag naar de *kennispretenties* van de menselijke waarneming. Holzkamp laat zien dat traditionele theorieën het kennen van de werkelijkheid slechts in beperkt opzicht kunnen thematiseren. Zelf formuleert hij een aanzet tot een theorie waarin het kennen van de werkelijkheid juist vooropstaat. Deze theorie vormt het onderwerp van paragraaf 6.
Gezien de komplexe redeneertrant van Holzkamp hebben we gekozen voor een vrij natuurgetrouwe weergave van zijn theorie; onze eigen kanttekeningen hebben we daarom voor de laatste paragraaf gereserveerd.
In het navolgende schema hebben we Holzkamps historische analyse van de waarneming samengevat. Horizontaal zijn de verschillende histo-

Schema van de historische

natuurhistorische ontwikkeling		maatschappelijk-historische ontwikkeling	
waarnemings- aktiviteit	waarnemings- vermogen	waarnemings- aktiviteit	waarnemings- vermogen
gebonden aan primaire levens- aktiviteiten en afhankelijk van de innerlijke gesteld- heid van het organisme	ongedifferentieer- de en algemene sensibiliteit gedifferentieerde sensibiliteit (tem- peratuur, licht, zwaartekracht)	gebonden aan konkrete arbeids- ervaring	waarneming van objektbetekenis- sen (zakelijke en persoonlijke) waarneming van betekenisstruk- turen
verzelfstandigde oriënterende akti- viteiten	sensibiliteit voor figuraal-kwalita- tieve eigenschap- pen van objekten (kleur, vorm) waarneming van figuraal-kwalita- tieve eigenschap- pen van objekten	onafhankelijk van konkrete arbeids- ervaring	waarneming van symbolische objektbetekenis- sen

waarneming als relatief autonome biologische funktie ----------

rische perioden aangegeven die Holzkamp in de ontwikkeling van de
waarneming onderscheidt. De opeenvolgende perioden worden ook in
opeenvolgende paragrafen behandeld. In de meest rechtse kolom staan
de konklusies vermeld die Holzkamp uit zijn analyse trekt. Deze konklusies hebben betrekking op de verschillende kenmogelijkheden die
met de menselijke waarneming moeten worden geassocieerd. Vertikaal
wordt steeds de ontwikkeling van de waarnemingsfunktie binnen een
bepaalde historische periode gckarakteriseerd aan de hand van de specifieke waarnemingsaktiviteiten en de daaruit voortkomende specifieke
waarnemingsvermogens. Dit schema kan gebruikt worden als geheugensteun bij het lezen van dit hoofdstuk.

2. De natuurhistorische analyse van de waarneming

Het natuurlijke leven kan opgevat worden als de voortdurende verandering van natuurlijke stoffen. Dat kan op twee niveaus gebeuren: op
anorganisch en op organisch niveau. Op anorganisch niveau verloopt dit
veranderingsproces symmetrisch: de veranderingen komen tot stand

ontwikkeling van de waarneming

waarneming in de burgerlijke maatschappij			waarneming als kenprakrijk	
waarnemings- aktiviteit	waarnemings- vermogen			
zintuiglijk gebonden	waarneming van waarde (als natuurlijk zintuiglijke eigenschap) interpersoonlijke waarneming in termen van prestatievermogen en sympathie	oriënterend kennen	aanschouwelijk denken (waarneming op basis van figuraalkwalitatieve, uiterlijke eigenschappen; niet-abstrakt) probleemoplossend denken (waarneming op basis van symbolische en logische regels/betenissen; abstrakt, eenzijdig en ahistorisch)	
'bemiddeld'	waarneming van waarde (als maatpelijke eigenschap)	begrijpend kennen	waarneming op basis van verhoudingen, abstrakt, meerzijdig en historisch	

---------- waarneming als relatief autonome maatschappelijke funktie zonder dat er van enige aktiviteit van de grondstofelementen sprake is. Wanneer onder bepaalde voorwaarden ijzer met zuurstof wordt gekonfronteerd, ontstaat ijzeroxide, zonder dat we kunnen zeggen dat deze reaktie uitging van het ijzer of van de zuurstof. Bij organische processen is de struktuur daarentegen asymmetrisch: veranderingen komen hier slechts tot stand door de (re)aktiviteit van het organisme. Dit asymmetrische proces wordt aangeduid met de term 'stofwisseling'. We kunnen dus stellen dat het stofwisselingsproces wordt gekenmerkt door de *aktiviteit* van het organisme.

Prikkelbaarheid en sensibiliteit
De meest algemene eigenschap van organismen is hun *prikkelbaarheid*: het vermogen van het organisme om op prikkels van buitenaf te reageren. Bij een organisme dat geprikkeld wordt, levert de prikkel uit de omgeving zelf tegelijkertijd de energie voor de reaktie van het organisme. Zo levert bijvoorbeeld voedingsstof tegelijkertijd de energie voor de konsumerende aktiviteit van het organisme. Hierbij kan men denken aan de automatische reakties van mikro-organismen in het water op koncentraties van bepaalde chemische stoffen die voor hun konsumptie van belang zijn.
Prikkelbaarheid moet worden onderscheiden van *sensibiliteit*. Sensibiliteit is de gevoeligheid voor bepaalde prikkels zonder dat daar direkt een konsumerende aktiviteit op volgt. Een kikvors reageert bijvoorbeeld op het geluid van een zich voortbewegend insekt. De opname van dit geluid heeft echter zelf geen direkte voedingswaarde voor de kikvors, maar het stimuleert de kikvors wel een zodanige positie in te nemen, dat het insekt hem niet ontsnapt.[3] De sensibiliteit vervult dus een soort signaalfunktie ten opzichte van de primaire levensaktiviteit.[4] We spreken in dit geval van de oriëntatiefunktie van de sensibiliteit.
De ontwikkeling van de sensibliteit uit de prikkelbaarheid kan begrepen worden als het effekt van de overgang van een homogene en diffuse omgeving naar een *heterogene* omgeving. De omgeving bestaat dan uit twee soorten stimuli. De ene soort is van direkte invloed op de levenskwaliteit van het organisme, bijvoorbeeld voedselprikkels of gevaarprikkels. De andere soort stimuli heeft meer de funktie het organisme aktief te maken en deze aktiviteit te sturen. Zo'n heterogene omgeving omvat dan ook prikkels of objekten die niet direkt van invloed zijn op de konsumerende aktiviteit, maar die wel belangrijke informatie bevatten over de toegankelijkheid van levensnoodzakelijke voedingsstoffen. De sensibiliteit heeft zich in de loop van evolutie kunnen doorzetten omdat

---

3. Zie A.N. Leont'ev, *Probleme der Entwicklung des Psychischen*, Frankfurt a. M. 1973; geciteerd in: K. Holzkamp, *Sinnliche Erkenntnis*, a.w., p. 71.

4. In de behavioristische leertheorie wordt dit geluid van het insekt een 'diskriminatieve stimulus' genoemd.

ze die objektieve informatie ook op een of andere wijze adekwaat representeerde, dus omdat ze een zekere kennis van de eigenschappen van die heterogene omgeving bemiddelde. De sensibiliteit moet daarom opgevat worden als voorloper van het zintuiglijke kennen en daarmee ook van het menselijke kennen.

De sensibiliteit maakt het mogelijk dat in het stofwisselingsproces naast de puur konsumerende aktiviteiten ook meer oriënterende aktiviteiten worden vertoond. In de evolutie zien we een steeds verdergaande *differentiatie van oriëntatiefunkties* op basis van deze aktiviteiten. Deze differentiatie was funktioneel voor de overlevingskansen van de soort omdat ze een adekwate reaktie betekende op de steeds gedifferentieerdere eisen die een heterogene omgeving stelde. Ook hier geldt weer dat de nieuwe oriëntatiefunkties een adekwate weerspiegeling leverden van de heterogene eigenschappen van de omgeving. Immers, als dat niet het geval zou zijn geweest, dan zouden die funkties zich in de evolutie niet hebben kunnen doorzetten.

De differentiatie van oriëntatiefunkties geeft ook een differentiatie van reaktiepatronen te zien, die weer na verloop van tijd resulteren in gedifferentieerde receptor-systemen die de plaats van de globale sensibiliteit innemen. De verschillende receptor-systemen van een organisme (bijvoorbeeld de sensibiliteit voor temperatuur, licht, zwaartekracht enzovoort) zijn met elkaar verbonden. Deze verbindingen ontwikkelen zich zelf weer tot specifieke organen (zenuwcentra), die op hun beurt weer worden gekoördineerd in een apart orgaan (het centrale zenuwstelsel). Net zoals de oorspronkelijke sensibliteit zijn ook de meer gedifferentieerde receptieve funkties het resultaat van en gericht op de primaire levensprocessen.

Kennen
Doel van de natuurhistorische analyse is na te gaan hoe zich de zintuiglijke oriëntatiefunktie ontwikkelt in de richting van het *kennen* van objekten en andere organismen. Dit impliceert het identificeren in de omgeving van onderscheiden eenheden met relatief konstante eigenschappen. Bij de algemene prikkelbaarheid hoeven we een dergelijke kennis niet te veronderstellen. De reaktie van het organisme is hier louter een effekt van de energie die de voedselprikkel toevoert. De reaktie van het organisme ('dissimilatie') komt hier overeen met de konsumptieve aktiviteit ('assimilatie').

Ook in de vroegere fylogenetische stadia van de sensibiliteit is nog geen sprake van een bemiddeling tussen prikkel en respons. Het stimulusbereik is hier slechts uitgebreid tot prikkels die geen direkte voedingswaarde bezitten. De dissimilatieve reaktie op deze prikkels is in die gevallen geen assimilatieve aktiviteit. Desondanks mogen we veronderstellen dat deze eenvoudige dissimilatieve reakties een direkt effekt zijn van prikkels van buitenaf.

Een stap verder in de ontwikkeling is de sensibiliteit voor *figuraal-kwali-*

77

tatieve eigenschappen (zoals kleur, vorm, grootte enzovoort). In het onderzoek hiernaar bekijkt men in hoeverre een bepaalde eigenschap een stereotypische reaktie bij een bepaald organisme te zien geeft. Wanneer dat het geval is, mag men konkluderen dat het organisme de desbetreffende eigenschap recipieert.

Zo heeft men inktvissen het verschil kunnen leren tussen geel en blauw licht. Het gele licht werd steeds aangeboden onder begeleiding van lichte tikjes met een glasstaafje. Het blauwe licht verscheen steeds zonder deze 'straf'. Na verloop van tijd vertoonden de inktvissen vluchtneigingen wanneer enkel het gele licht werd aangeboden. Bij het blauwe licht bleef een dergelijke reaktie achterwege.[5] Ook bij andere en lagere organismen wordt eenzelfde stereotypisch reaktiepatroon op figuraal-kwalitatieve prikkels aangetroffen. Kenmerkend voor deze reakties is dat de receptie van de prikkels nog afhankelijk is van de fysiologische gesteldheid van het organisme. De prikkels worden bijvoorbeeld slechts waargenomen voor zover het organisme voedsel nodig heeft. Als het dier geen honger heeft, reageert het niet op deze prikkels en ziet het ze ook niet. Het tijdstip waarop elk individueel dier honger heeft, verschilt per dier. Daarom kunnen we de afhankelijkheid van de waarnemingsfunktie van de individuele gesteldheid van het organisme opvatten als de eerste fylogenetische vorm van wat we op menselijk niveau persoonlijkheidsverschillen noemen.

Van de diskriminatie of waarneming van figuraal-kwalitatieve eigenschappen spreken we eigenlijk pas wanneer deze eigenschappen *als zodanig* worden gerecipieerd, dus wanneer de waarneming *onafhankelijk* van de innerlijke gesteldheid van het organisme geschiedt. Dat vereist een waarnemingsapparaat dat relatief onafhankelijk van de primaire behoeften en aktiviteiten funktioneert.[6]

---

5. Zie K. Holzkamp, *Sinnliche Erkenntnis*, a.w., p. 71.

6. Een voorbeeld waarbij de oriëntatiefunktie nog nauw verweven is met de primaire levensaktiviteit is het 'trial and error'-leren waaraan in de psychologie veel onderzoek is gewijd. Uit dit onderzoek blijkt dat lagere diersoorten die in hun primaire aktiviteiten belemmerd worden, tenslotte na veel heen-en-weer proberen de hindernis uit de weg leren gaan. Wanneer de hindernis echter weggenomen wordt, blijven de dieren dezelfde omweg maken. Pas heel geleidelijk aan keert de oorspronkelijke, direkte levensaktiviteit weer terug.

Ook bij hogere diersoorten komt dit 'trial and error'-gedrag nog wel voor. Maar we zien hier ook gevallen waarbij de direkte levensaktiviteit onmiddellijk hernomen wordt wanneer de hindernis eenmaal is weggenomen. In zulke gevallen moeten het doel van de primaire levensaktiviteit (bijvoorbeeld een voedselbron) en de hindernis als dingen op zich onderscheiden kunnen worden, dat wil zeggen in hun objektieve eigenschappen waargenomen kunnen worden. Dan is er sprake van een objekt-betrokken oriëntatie die onafhankelijk van de primaire levensaktiviteit funktioneert. In behavioristische theorieën wordt het 'trial and error'-leren tot de dominante menselijke leerwijze verklaard. Het mag dan ook geen wonder heten dat in deze theorieën de bemiddelende kennisfunkties van het menselijk waarnemingsvermogen worden genegeerd.

Om de ontwikkeling van zo'n apparaat te kunnen volgen kan niet worden volstaan met de analyse van de receptor-funkties; ook de *motorische* funkties vervullen een belangrijke rol in deze ontwikkeling. De meest algemene motorische funktie die bijdraagt aan de oriëntering is de *lokomotie* of gewoon: plaatsverandering. Slechts door zich te bewegen kan het organisme een idee krijgen van de perspektiviteit van objekten in de ruimte. En alleen bij de waarneming van perspektiviteit kan ook sprake zijn van de waarneming van grootte en vorm als konstante eigenschappen van een bepaald objekt.
Natuurlijk is de waarneming van grootte en vorm niet alleen afhankelijk van de lokomotie. Andere motorische funkties die aan deze oriëntatie bijdragen zijn bijvoorbeeld de akkommodatie van de ooglenzen en de koördinatie van de oogbewegingen. In dit verband is nog een bijzondere motorische funktie vermeldenswaard, namelijk het vermogen van het organisme om zich specifiek te richten of te koncentreren op een objekt. Een voorbeeld hiervan is de zogenaamde 'oriëntatiereflex', waarin de prikkeldrempels van de receptor-systemen worden verlaagd. Men kan hier spreken van organismische voorvormen van de menselijke 'aandacht' en 'set'.

In deze paragraaf hebben we de ontwikkeling geschetst van het eenvoudigste reaktievermogen, de prikkelbaarheid, naar de waarneming van objektieve eigenschappen van de omgeving, zoals haar figuraal-kwalitatieve eigenschappen, met andere woorden: de ontwikkeling naar een specifiek psychisch apparaat dat een bemiddelende kenfunktie vervult tussen de omgeving en het organisme.
De heterogeniteit van de omgeving maakt een gedifferentieerd reaktiepatroon van de kant van het organisme noodzakelijk. Uit de adekwate vormen hiervan ontwikkelt zich een gedifferentieerd receptor-systeem en een motorisch apparaat, die ook onafhankelijk van de fysiologische gesteldheid van het organisme funktioneren. Met een dergelijk waarnemingsvermogen (het vermogen tot representatie van werkelijk bestaande eigenschappen van de omgeving) kunnen op organismisch niveau reeds beperkte kenfunkties worden vervuld.
Aldus legt de natuurhistorische analyse de biologische voorwaarden voor het menselijk bewustzijn bloot. In de nu volgende maatschappelijk-historische analyse wordt de ontwikkeling van dit menselijk bewustzijn gevolgd.

3. De maatschappelijk-historische analyse van de waarneming

Terwijl in de natuurhistorische analyse de biologische basiskenmerken van de waarnemingsfunktie worden opgespoord, gaat het in de maatschappelijk-historische analyse om de algemene en specifiek-menselijke kenmerken van de waarneming, dus om die kenmerken van de mense-

lijke waarneming die, althans modaal gezien, *bij alle mensen* voorkomen en die tegelijkertijd alleen *bij mensen* worden aangetroffen.
Specifiek voor de menselijke soort is haar maatschappelijke bestaanswijze. Deze bestaanswijze wordt in stand gehouden en verder ontwikkeld op basis van maatschappelijke arbeid. In de analyse staan daarom die waarnemingskenmerken centraal, zonder welke geen enkele vorm van maatschappelijke arbeid mogelijk is. Het gaat met andere woorden om kenmerken die funktioneel zijn voor het maatschappelijke levensbehoud. Om die kenmerken te kunnen identificeren moeten we terug tot de vroegste vormen van maatschappelijke arbeid en nagaan welke nieuwe eisen deze oervorm van maatschappelijk leven aan de waarnemingsfunktie stelde. Deze eisen zijn specifiek voor de menselijke soort en verwijzen naar specifiek menselijke kenmerken van de waarneming.

Objektbetekenissen
Het centrale kenmerk dat mensen van andere levende wezens onderscheidt is hun vermogen tot *systematische werktuigvervaardiging*. Met opzet voegen we hier het woordje 'systematisch' toe, want ook bij verschillende hoogontwikkelde apensoorten worden reeds vormen van werktuiggebruik en werktuigvervaardiging aangetroffen. Daar betreft het echter steeds vormen van ad hoc-werktuigvervaardiging: het werktuig wordt gebruikt ter verkrijging van een hier-en-nu gegeven vrucht of buit; daarna wordt het weer weggegooid. De werktuigvervaardiging wordt pas 'systematisch' wanneer ze is gericht op toekomstig èn gemeenschappelijk gebruik. Vooral de vervaardiging met het oog op toekomstig gebruik is hierin essentieel. Pas dan wordt het werktuig een middel tot het realiseren van een *algemeen* doel; in plaats van een werktuig ter verkrijging van een konkreet gegeven vrucht wordt nu een werktuig gemaakt ter verkrijging van vruchten in het algemeen. Dan zijn ook de voorwaarden aanwezig voor het bewaren van werktuigen, voor het gebruik door anderen dan de maker en voor het verbeteren van het werktuig, dat wil zeggen: de voorwaarden voor de maatschappelijke vervaardiging en het maatschappelijke gebruik van werktuigen.[7]
De beslissende verandering naar een menselijke oriëntatie-aktiviteit

---

7. Een zeer bekend voorbeeld van werktuiggebruik door dieren is het hanteren van rietjes door chimpansees voor het verkrijgen van bepaalde boominsekten. Deze insekten leven verscholen in diepe spleten van bomen. Met behulp van de rietjes kunnen chimpansees ze toch bereiken. Dit riet groeit overal in de direkte omgeving van de bomen waarin zich de insekten bevinden. Daarom ontbreekt hier de natuurlijke ontwikkelingsnoodzakelijkheid voor een gemeenschappelijke en voor toekomstig gebruik bestemde werktuigvervaardiging en ontbreekt tevens de noodzaak voor een verdergaande ontwikkeling van het waarnemingsvermogen. Het hanteren van de rietjes is dus een typisch voorbeeld van ad hoc-werktuiggebruik, ook al komt het vrij vaak en tamelijk algemeen voor.

moet gezocht worden in deze overgang van ad hoc-werktuigvervaardiging naar werktuigvervaardiging voor toekomstig gebruik. Wil een werktuig onafhankelijk van de maker ervan en onafhankelijk van zijn konkrete vervaardigingsproces, kortom: algemeen gebruikt kunnen worden, dan moet zijn algemene gebruiksdoeleinde (of gebruikswaarde) ook aan het voorwerp zelf af te lezen zijn. Ik moet aan een bijl zelf kunnen zien waarvoor hij dient. Dan kan ik hem toch gebruiken, ook al is de bijl een jaar eerder vervaardigd en de maker ervan intussen ver van mij vandaan. In de werktuigen moeten dus de algemene gebruiksdoeleinden als zintuiglijk waarneembare eigenschappen aanwezig zijn.

Dat betekent dat in het arbeidsproces niet alleen een konkrete stof in zomaar een andere stof wordt veranderd, maar dat in die verandering tot een werktuig ook een gebruiksdoeleinde of *betekenis* in de vorm van dat werktuig zichtbaar wordt gemaakt. Dit stoffelijk-zichtbaar maken van betekenissen wordt *objektivering* genoemd. We kunnen dus stellen dat in de arbeidsprodukten niet alleen de objektieve eigenschappen van de stoffelijke wereld tot uitdrukking komen, maar ook de objektiveringen van menselijke doeleinden of betekenissen. Wanneer we bepaalde grondstoffen in een bijl veranderen, dan hebben we niet alleen grondstoffen omgevormd maar ook onze bedoeling daarmee ('dit is om hout mee te hakken') voor anderen zichtbaar en tastbaar gemaakt. Deze betekenis van een ding ('om hout mee te hakken') behoort tot zijn objektieve eigenschappen; zij is het objektieve resultaat van de arbeidsaktiviteit. We spreken van de *objekt-betekenis* van het ding.

We zijn nu zo ver dat we de overgang van organismische oriëntatie naar menselijke waarneming als volgt kunnen omschrijven: *menselijke waarneming is de oriëntatie op objektbetekenissen.* Bij mensen is de omgeving niet zomaar een figuraal-kwalitatieve stimulussituatie maar een betekenisvolle omgeving; de figuraal-kwalitatieve eigenschappen zijn daarin kenmerken van betekenissen geworden.

Een adekwate waarneming van objektbetekenissen is *funktioneel* voor het maatschappelijk levensbehoud van mensen. Alleen wanneer de verschillende leden van een gemeenschap weten waarvoor bepaalde werktuigen dienen, kunnen ze deze werktuigen ook zelf hanteren. De mensen moeten in staat zijn tot de waarneming van de algemene gebruiksdoeleinden die in de werktuigen besloten liggen, ook wanneer ze niet zelf aktief aan de vervaardiging van deze werktuigen hebben deelgenomen.

Doordat werktuigen zelf weer worden ingezet als arbeidsmiddelen ter vervaardiging van nieuwe werktuigen, bestaat de omgeving van mensen in steeds sneller toenemende mate uit produkten van mensenhand. Vanuit het oogpunt van de waarneming betekent dit een uitbreiding van het betekenisgehalte van de omgeving. Maar al die verschillende betekenissen in de omgeving staan niet los van elkaar. Veel voorwerpen zijn door hun funkties in het produktieproces direkt met elkaar verbonden. Andere voorwerpen verwijzen indirekt naar nog onbewerkte aspekten van de omgeving. Op basis van deze feitelijke relaties tussen de dingen kunnen de onderscheiden objektbetekenissen samenvloeien en opgaan in *betekenisstrukturen* waarin deze relaties worden uitgedrukt. (Zo zijn bijvoorbeeld hamer en spijker in de aktiviteit van het hameren direkt met elkaar verbonden.) Deze betekenisstrukturen vormen de meest algemene momenten in de specifiek menselijke oriëntatiewijze.

Symbolische objektbetekenissen
We hebben tot nu toe de menselijke arbeid gekarakteriseerd als de systematische werktuigvervaardiging, waarbij algemene gebruiksdoeleinden in de zingtuiglijk-zichtbare vorm van werktuigen worden geobjektiveerd. Voor de waarneming impliceert dit een oriëntatie op deze algemene gebruiksdoeleinden of objektbetekenissen.

Daarmee zijn we voorbijgegaan aan een tweede centrale kenmerk van de menselijke arbeid. Als arbeid de objektivering van algemene doeleinden is, veronderstelt dit de aanwezigheid van menselijke doeleinden in het arbeidsproces. Arbeid is dus de realisatie van een algemeen gebruiksdoel dat reeds van tevoren op enigerlei wijze in de voorstelling van de mensen bestond. Dit voorstellen van het arbeidsresultaat wordt *gebruikswaarde-anticipatie* genoemd. We kunnen zeggen dat in de arbeid geanticipeerd wordt op een nog te realiseren gebruikswaarde.

Gebruikswaarde-anticipaties zijn voorstellingen van bepaalde vervaardigings- of toepassingsmogelijkheden van werktuigen. Anders gezegd: gebruikswaarde-anticipaties zijn voorstellingen van de eigenschappen van de omgeving waarvan een werktuig gemaakt moet worden of waarop een werktuig van toepassing moet zijn. *Gebruikswaarde-anticipaties omvatten dus elementen van kennis over de menselijke leefwereld.*

Nu komt kennis van de omgeving niet zomaar willekeurig tot stand, maar in eerste instantie via het arbeidsproces zelf. De in het arbeidsproces toegepaste werktuigen bezitten bepaalde invariante eigenschappen. Een bijl is bijvoorbeeld altijd hard en scherp. Door het hanteren van een werktuig worden ook bepaalde invariante eigenschappen van de omgeving zichtbaar. De omgeving is bijvoorbeeld al dan niet geschikt om met een bijl te bewerken. De eigenschappen van een werktuig verwijzen dus naar eigenschappen van de omgeving. Door middel van de arbeidsaktiviteit worden deze eigenschappen zichtbaar in de objektbetekenis van het werktuig. Objektbetekenissen verwijzen dus, net als gebruikswaarde-anticipaties, naar eigenschappen van de omgeving. Middels de arbeid zijn objektbetekenissen en gebruikswaarde-anticipaties met elkaar verbonden. Doordat in de arbeid eigenschappen van de omgeving (objektbetekenissen) zichtbaar worden gemaakt, kunnen gebruikswaarde-anticipaties ook voorstellingen daarvan zijn.

De gebruikswaarde-anticipaties zijn in de oervormen van menselijke arbeid nog nauw verbonden met de arbeidsaktiviteit. Bij een toenemende en gedifferentieerde produktie van werktuigen is echter de *verzelfstandigde* doorgave van gebruikswaarde-anticipaties vereist. Als bijlen eenmaal systematisch worden geproduceerd door bepaalde leden van een gemeenschap, dan moeten het vervaardigingsprocedé en de toepassingsmogelijkheden van bijlen doorgegeven kunnen worden aan de andere leden van de gemeenschap, óók wanneer dezen zelf geen deel hebben gehad aan de produktie van bijlen. Met andere woorden: de gebruikswaarde-anticipaties moeten onafhankelijk van de arbeidsaktiviteit overgedragen kunnen worden. Daarom ontwikkelen zich uit de objektbetekenissen langzamerhand symbolische representaties van deze betekenissen. Deze symbolische representaties worden aangeduid als *symbolische objektbetekenissen*, omdat het objektbetekenissen zijn in symbolische vorm. We duiden ze ook aan als 'abstrakt', omdat symbolen los van de arbeidsaktiviteit doorgegeven kunnen worden.

Mensen leren de betekenis van werktuigen en daarmee de betekenis van de wereld door het gebruik van symbolen steeds abstrakter waar te nemen. De betekenis die een bijl heeft wordt niet meer enkel begrepen door de bijl te hanteren, maar door haar symbolische representatie waar te nemen. In het begin zijn deze symbolische representaties nog eenvoudige afbeeldingen van voorwerpen; langzamerhand gaan die over in het tekenschrift, om tenslotte in de geschreven taal uit te monden. Het woordje 'bijl' representeert dan symbolisch de objektieve eigenschappen of objektbetekenissen van een bijl. De objektbetekenissen zijn zelf het produkt van arbeid. Het is dus niet zo dat door het symbool 'bijl' het reële voorwerp 'bijl' pas betekenis krijgt. Het symbool is hier niet meer dan de abstrakte weergave van de betekenis die de bijl al feitelijk heeft. Wanneer de symbooltaal eenmaal een vaste plaats in het maatschappelijk levensproces heeft ingenomen, is de waarneming van objekten steeds geassocieerd met de waarneming van begrippen. Menselijke waarneming is dan de waarneming van *algemene* zintuiglijke eigenschappen (met betrekking tot het symboolbegrip 'bijl' eigenschappen als 'scherpte', 'zwaarte' enzovoort) in een *bijzonder* voorwerp (namelijk deze konkrete houten steel met een scherp geslepen stalen element eraan).

De symbolen die wij kennen zijn echter niet louter representaties van de meest algemene eigenschappen van objekten. Uit de symbolen ontwikkelen zich tevens zelfstandige *symboolwerelden* waarin de symbolen volgens eigen regels aan elkaar gerelateerd zijn. We spreken van de regels van de kunst, de regels van de taal en de regels van de wetenschap. Als we het *denken* opvatten als de zelfstandige toepassing van symboolbegrippen, dan is duidelijk dat de waarneming van symbolen een voorwaarde is voor het denkvermogen. We zeggen dan dat de ontwikkeling van het denken wordt bemiddeld door het symbolische. Enerzijds ontstaan symbolen als differentiaties van de waarnemingsfunktie op basis van de eisen van maatschappelijke produktie; anderzijds zijn ze voorwaarde voor de ontwikkeling van het denkvermogen, waarmee nieuwe impulsen aan het produktieproces worden verschaft.

Het gebruik van symbolen maakt het mogelijk dat menselijke ervaringen en kennis worden doorgegeven. Daardoor worden deze ervaringen en kennis in principe op elk moment en voor elke persoon toegankelijk. Ik kan dan de eigenschappen van de wereld leren kennen, zonder dat ze in mijn direkte, zintuiglijk waarneembare omgeving aanwezig zijn. Daarmee zijn ook de voorwaarden voor een historisch bewustzijn aanwezig, want alleen in de vorm van symbolen kunnen verschillende historische fasen met elkaar vergeleken worden.

We zijn in deze paragraaf uitgegaan van de maatschappelijke arbeid als drager van de typisch menselijke of maatschappelijk-historische ontwikkeling. Uit de eisen van de maatschappelijke arbeid hebben we de specifiek menselijke waarnemingsfunktie kunnen afleiden als de oriëntatie op objektbetekenissen. De toenemende komplexiteit van de organisatie van de arbeid maakt een verzelfstandigde doorgave van betekenissen noodzakelijk. Dat kan met behulp van symboolbetekenissen.
Daarmee hebben we de logische noodzaak voor de ontwikkeling van symboolbetekenissen aangegeven. Maar we hebben nog niet de voorwaarden onderzocht waaronder symboolbetekenissen ook werkelijk tot stand kunnen komen. Deze voorwaarden moeten worden gesitueerd in de kommunikatieve verhoudingen. Met dit verhoudingen-aspect hebben we tot nu toe gemakshalve geen rekening gehouden. In de volgende paragraaf wordt de maatschappelijk-historische ontwikkeling van de menselijke waarnemingsfunktie juist vanuit dit verhoudingen-aspect geanalyseerd.

4. De maatschappelijk-historische analyse van de menselijke kommunikatie

De wereld waar organismen door omringd worden bestaat van meet af aan ook uit andere organismen. De oriëntatie op de wereld is dus niet alleen een oriëntatie op de eigenschappen van dingen, maar ook op die van andere levende wezens. De oriënterende aktiviteit die gericht is op de eigenschappen van andere organismen, heet *kommunikatie*.
Voor de kommunikatie gelden dezelfde biologische voorwaarden als voor de waarneming in het algemeen. Bij de behandeling van die voorwaarden stelden we dat de systematische en gemeenschappelijke werktuigvervaardiging het punt was, waarop de natuurhistorische ontwikkeling in een maatschappijhistorische ontwikkeling omslaat. Voor de menselijke waarneming betekende deze omslag de overgang naar oriëntatie op betekenissen. We gaan nu onderzoeken welke konsekwenties een oriëntatie op betekenissen heeft voor de waarneming van andere mensen. Deze konsekwenties zullen afgeleid moeten worden uit de eisen die de systematische en gemeenschappelijke produktie van werktuigen aan de kommunikatie tussen mensen stelt. Het feit dat arbeid — ook in haar meest oorspronkelijke vorm — steeds *samenwerking* impliceert, komt nu dan ook centraal te staan.

Samenwerking en koöperatie
Wat de meest algemene kenmerken van de samenwerking zijn, kan misschien het best worden aangegeven aan de hand van het voorbeeld van de *jager* en de *drijver*.[8] Hoewel de drijver mogelijk geïnspireerd wordt door zijn behoefte aan voedsel en kleding, heeft zijn werk toch geen direkt effekt op de bevrediging van deze behoeften. De drijver volstaat met het opjagen van de kudde in de richting waar zich de jagers bevinden. Je zou kunnen zeggen dat in de handelingen van de drijver doel (voedsel en kleding) en motief (opsporen en opdrijven van de kudde) van elkaar gescheiden zijn. Uit deze scheiding tussen doel en motief van de arbeidsaktiviteit laat zich een drietal algemene kenmerken van een dergelijke samenwerkingsvorm afleiden. In de eerste plaats is er sprake van een *gekoördineerde delegatie van deelaktiviteiten*. Ieder verricht een eigen aktiviteit, die wordt gekoördineerd in het gemeenschappelijke einddoel. De jager doodt het dier en delegeert het opdrijven ervan aan de drijver. Gezamenlijk leveren deze aktiviteiten voldoende buit op. Dit impliceert een tweede algemeen kenmerk: de konkrete aktiviteit van een met anderen samenwerkend individu is *gericht op tussendoelen*. Het opdrijven van de kudde is ten opzichte van het buitmaken van voedsel slechts een tussendoel. Uit deze gerichtheid op tussendoelen kan een derde algemeen kenmerk worden afgeleid: het met anderen samenwerkende individu moet bij zijn inspanningen kunnen anticiperen op de onderlinge *verdeling* van het uiteindelijke resultaat van de samenwerking. De drijver doet zijn werk alleen wanneer hij weet dat de buit zal worden verdeeld en dat hij zijn portie krijgt.
Toch kunnen we nog niet zeggen dat we hier met een *specifiek menselijke* samenwerkingsvorm van doen hebben. Specifiek menselijk was de systematische werktuigvervaardiging, dat wil zeggen: de objektivering van algemene doelen in materiële arbeidsprodukten. Terwijl in het voorbeeld van de jager en de drijver nog sprake is van een direkte betrokkenheid op konsumptieve doelen (de buit), wordt de menselijke arbeidsaktiviteit gekenmerkt door betrokkenheid op het gemeenschappelijk vervaardigen en gebruiken van werktuigen. De buit wordt weliswaar gemeenschappelijk vergaard, maar zij leent zich niet voor blijvend gemeenschappelijk gebruik: je kunt een stuk vlees slechts één keer eten. Van gemeenschappelijk gebruik kan pas sprake zijn wanneer in het arbeidsprodukt een gemeenschappelijk gebruiksdoel wordt belichaamd.
De betrokkenheid op het materiële produkt is dus het meest kenmerkend voor samenwerking tussen mensen. Dit produkt belichaamt een algemeen gebruiksdoel en verwijst als zodanig naar het gebruik ervan door anderen. In die zin vertegenwoordigt het produkt een samenwerkingsmogelijkheid: door dit produkt te hanteren treed ik in een samenwerkingsverhouding met de maker ervan en met eerdere en toekomstige

---

8. Zie K. Holzkamp, *Sinnliche Erkenntnis*, a.w., p. 130-131.

gebruikers. Daarom is het ook fout de menselijke samenwerking volledig te identificeren met een proces tussen konkrete individuen, dus met hier-en-nu samenwerkingsvormen. In plaats van samenwerking spreken we daarom van *koöperatie*. Koöperatie is de specifiek menselijke samenwerking die niet direkt afhankelijk is van de zintuiglijke aanwezigheid van andere personen.

Persoonlijke objektbetekenissen
Welke eisen stelt de samenwerking aan de oriëntatie op andere mensen? Belangrijke voorwaarden kunnen reeds worden afgeleid uit de drie eerder genoemde, algemene kenmerken van de samenwerking: gekoördineerde delegatie van deelaktiviteiten, gerichtheid op tussendoelen en herverdeling van het arbeidsprodukt. Wil men zich op een dergelijke samenwerking adekwaat kunnen oriënteren, dan betekent dit een zeker begrip van de samenhang tussen de eigen deelaktiviteit en die van anderen. Die samenhang kan slechts worden waargenomen in het gemeenschappelijke doel.
Samenwerking impliceert dus de oriëntatie op een gemeenschappelijk doel. De specifiek menselijke samenwerking hebben we getypeerd als koöperatie, die vanuit het materiële produkt gestruktureerd wordt. De oriëntatie op andere mensen zal dan ook door die betrokkenheid op het arbeidsresultaat worden gekenmerkt. Een dergelijke specifiek menselijke en interpersoonlijke oriëntatiewijze is de oriëntatie op *persoonlijke objektbetekenissen*.
Persoonlijke objektbetekenissen zijn zintuiglijk waarneembare eigenschappen van andere personen. Het gaat daarbij niet om willekeurige eigenschappen van anderen, maar om eigenschappen die in hun arbeidsaktiviteit tot uitdrukking komen en die in hoge mate bepaald worden door de algemene gebruiksdoeleinden (objektbetekenissen) van het arbeidsprodukt. De adekwate waarneming van funkties en werkzaamheden van andere mensen veronderstelt dus de adekwate waarneming van de eigenschappen van het produkt. We zullen deze eigenschappen van het produkt voortaan aanduiden als de *zakelijke* objektbetekenissen, ter onderscheiding van de persoonlijke.
Ik kan de handelingen van iemand die een bijl maakt of gebruikt pas begrijpen wanneer ik weet wat de betekenis van die bijl is. Persoonlijke objektbetekenissen hangen dus nauw samen met zakelijke objektbetekenissen. Daarom is de interpersoonlijke waarneming ook meer dan een strikt sociale relatie: ze verwijst naar algemene maatschappelijke verhoudingen, omdat ze wordt bemiddeld door de betekenis van produkten van maatschappelijke arbeid.
In het begin zijn persoonlijke objektbetekenissen nog direkt gekoppeld aan de konkrete arbeidshandelingen van de ander. Wanneer die ander echter bij herhaling dezelfde handelingen verricht en wanneer dus ook de persoonlijke objektbetekenis van de ander steeds terugkeert, dan dichten we die ander op den duur het *vermogen* toe om die konkrete

handelingen te verrichten. Dat vermogen kunnen we op een gegeven moment ook gaan waarnemen wanneer de desbetreffende persoon die handeling niet uitvoert. Persoonlijke objektbetekenissen komen dan los te staan van de konkrete arbeidsaktiviteit. Interpersoonlijke waarneming krijgt dan meer het karakter van het waarnemen van het potentiële arbeidsvermogen van de ander: we spreken van de *waarneming van disposities en vaardigheden* van de ander.
Net als de objektbetekenissen in het algemeen kunnen ook persoonlijke objektbetekenissen in symbolische vorm worden weergegeven. Dan is de waarneming van *posities* en *funkties* mogelijk, ook wanneer die niet feitelijk worden gerealiseerd. Een dergelijke waarneming is tenslotte weer de voorwaarde voor een meer stabiele organisatie van het arbeidsproces.

Het feit dat arbeid ook altijd samenwerking impliceert, heeft tot konsekwentie dat de specifiek menselijke kommunikatie gericht is op persoonlijke objektbetekenissen. In de persoonlijke objektbetekenissen worden iemands produktieve vermogens weerspiegeld.
De samenwerkingsverhoudingen waaronder de maatschappelijke arbeid plaatsvindt ondergaan echter in de loop van de geschiedenis fundamentele veranderingen. In de volgende paragraaf zullen we daarom onderzoeken hoe de waarnemingsfunktie is gestruktureerd onder de specifieke verhoudingen van de burgerlijke maatschappij. Dan zijn we ook zo ver dat we kunnen analyseren hoe het waarnemingsproces bij konkrete individuen is gestruktureerd.

5. Individuele waarneming in de burgerlijke maatschappij

In zijn algemeenheid kan de menselijke waarneming omschreven worden als het kennen van objektbetekenissen. In de burgerlijke maatschappij neemt de menselijke waarneming een specifieke vorm aan: zij kent een historische specificiteit. Slechts door de studie van het individuele proces van *toeëigening* van objektbetekenissen die specifiek zijn voor de burgerlijke maatschappij, kan inzicht in deze historisch specifieke vorm van waarnemen worden verkregen.
Biologische voorwaarden en processen van toeëigening leiden in de individuele ontwikkeling tot specifiek menselijke waarneming. Welke precies de biologische voorwaarden voor die individuele ontwikkeling zijn, zal nog nader moeten worden bestudeerd middels natuurhistorisch onderzoek. Wel kunnen we in ieder geval zeggen dat pasgeborenen beschikken over organismische oriëntatievermogens; zij zijn in staat de figuraal-kwalitatieve kenmerken van hun omgeving te kennen. Dat betekent dat zij ook over het vermogen beschikken om zich min of meer aktief op de omgeving te oriënteren zonder dat er direkt sprake is van konsumptie of spanningsreduktie.

Toeëigening
Alvorens het proces van individuele toeëigening te behandelen is het nuttig de kritisch-psychologische theorie van de waarneming nog eens scherp te omlijnen. We doen dit door haar af te zetten tegen traditionele psychologische waarnemingstheorieën. Deze theorieën kenmerken zich vaak door *formalisme* en/of *biologisme*.

Het formalisme van deze theorieën komt naar voren in de wijze waarop waar te nemen objekten worden voorgesteld: steeds in termen van stimuluspatroon, stimulusstruktuur, Gestalt en dergelijke. Het typisch menselijke van de waarneming wordt zo ontkend. Mensen nemen immes niet in de eerste plaats stimuluspatronen waar, maar objektbetekenissen. Zaken en personen zijn voor mensen in eerste instantie van belang om de *betekenis* die zij hebben voor hun levensbehoud. Daar is de waarneming vooral op gericht. Door de menselijke waarneming formalistisch te bestuderen, door af te zien van haar oriëntatie op betekenismomenten, kan men dus het specifiek menselijke ervan niet op het spoor komen en reduceert men haar tot organismische oriëntatie: het kennen van figuraal-kwalitatieve eigenschappen.

Biologisme vinden we terug in bijvoorbeeld de waarnemingstheorieën van Freud en Hull. In deze theorieën wordt een mechanisch verband verondersteld tussen enerzijds motorische en zintuiglijke funkties en anderzijds primaire driften van het individu. Motoriek en zintuigen worden in werking gesteld omdat een bepaalde drift bevredigd moet worden, met andere woorden: ze zijn de passieve mechanismen van driftbevrediging. Elke relatief zelfstandige funktie van de waarneming, bijvoorbeeld oriëntatie zonder direkte konsumptie, wordt ontkend, terwijl deze uit natuurhistorisch onderzoek toch als belangrijk gegeven naar voren komt. Dit impliceert ook dat de mens alleen wordt gezien als een passief effekt van biologische 'needs'. Met andere woorden: het wordt onmogelijk de mens te zien als wezen dat in kan grijpen in de omgeving.

In de traditionele psychologie zelf is overigens op de onhoudbaarheid van dergelijke mechanistische denkbeelden gewezen. Denk bijvoorbeeld aan het onderzoek waaruit blijkt dat voor dieren nieuwe indrukken als zodanig reïnforcement-waarde hebben.[9] Ook de theorie van Maslow[10] onderscheidt, naast de primaire motivaties, daarvan onafhankelijke hogere motieven ('growth-motivation' en 'deficiency motivation').

De menselijke waarneming is dus in de kritisch-psychologische konceptie gericht op een betekenisvolle omgeving. Ook is zij min of meer zelfstandig en aktief op de omgeving georiënteerd. Deze kenmerken komen in de ontwikkeling van de waarneming bij individuen, het proces van

---

9. Zie de paragraaf over 'stimulus complexity' in: N. Dember, *The Psychology of Perception*, New York 1960, p. 352-361.

10. Vgl. A.H. Maslow, *Motivatie en persoonlijkheid*, Rotterdam 1972, p. 83-112.

toeëigening van objektbetekenissen, tot uiting. De toeëigening moet dan ook scherp worden onderscheiden van biologische aanpassing. Bij biologische aanpassing *veranderen* de eigenschappen van het individu en passen ze zich aan de omgeving aan. In het proces van toeëigening *produceert* ieder individu telkens opnieuw het historisch bereikte ontwikkelingsniveau van eigenschappen en vaardigheden. Het objektiveert deze als het ware in zichzelf.[11]
Hoe ziet het proces van toeëigening er nu konkreet uit? Het kenmerkt zich door een nauwe samenhang tussen motorisch handelen en waarneming. Door met de dingen te 'handelen' leert het kind de objektieve kenmerken ervan kennen èn ontwikkelt het de waarneming ervan. Kenmerkend voor deze ontwikkeling is dat figuraal-kwalitatieve eigenschappen en objektbetekenissen in steeds nauwere relatie tot elkaar worden waargenomen. Op haar beurt stuurt deze waarneming het motorische handelen weer. Zo ontwikkelen zich funktionele systemen die de disposities vormen voor een steeds adekwatere waarneming. Via het handelen leert het kind dus objektbetekenissen kennen; deze zijn op hun beurt weer voorwaarde voor het kennen van symboolbetekenissen. De toeëigening kan zo gekenmerkt worden als een proces van *interiorisatie*: van motorische aktiviteit, via het kennen van objektieve kenmerken naar psychische representatie.
Van wezenlijk belang in de toeëigening is de steun die het kind krijgt van de volwassene.[12] De relatie tussen volwassene en kind is praktisch van meet af aan door objekten bemiddeld. Via die relatie leert het kind zich te oriënteren op zakelijke en persoonlijke objektbetekenissen.

Waarnemend kennen in de burgerlijke maatschappij
Na de beschrijving van de ontwikkeling van de individuele waarneming in het algemeen kan nu specifieker ingegaan worden op de *waarneming in de burgerlijke maatschappij*. Kenmerkend voor de burgerlijke maatschappij is dat zij een warenproducerende samenleving is. Dit feit vindt zijn neerslag in (de ontwikkeling van) de waarneming. Om aan te geven hoe dit gebeurt, is het noodzakelijk eerst de warenanalyse van Marx[13] te behandelen.
Produkten van menselijke arbeid hebben een ruilwaarde en een gebruikswaarde. De gebruikswaarde verwijst naar het konkrete nut van een produkt: bijvoorbeeld met een pen kun je schrijven, op een stoel kun je zitten. De ruilwaarde is de waarde van een produkt in verge-

---

11. Zie verder voor het begrip toeëigening: W. Meeus, Q. Raaijmakers, R. Rijkschroeff, 'Kritische psychologie: wetenschappelijk humanisme', in: *Psychologie en maatschappij*, nr. 8, juni 1979, p. 42-43.

12. Vgl. hoofdstuk 7 van dit boek.

13. Vgl. K. Marx, *Das Kapital I, Marx Engels Werke, deel 23*, Berlijn 1972, p. 49-99.

lijking met andere produkten en is gebaseerd op de hoeveelheid arbeidstijd die erin gestoken is. Er is een kenmerkend verschil tussen ruilwaarde en gebruikswaarde. De gebruikswaarde kan direkt zintuiglijk worden waargenomen. Er zijn aan een waar echter geen figuraal-kwalitatieve kenmerken te onderscheiden waaraan af te lezen is hoeveel arbeidstijd nodig was voor de produktie ervan. Om de ruilwaarde van een waar te kennen, is het nodig om de maatschappelijke verhoudingen te begrijpen die als het ware achter deze ruilwaarde verscholen liggen. De tijd die nodig is om een bepaalde waar te produceren is namelijk afhankelijk van de ontwikkelingsstand van de produktiekrachten en van de produktieverhoudingen.

Gebruikswaarde is dus wel zintuiglijk waarneembaar, ruilwaarde niet. Gebruikswaarde en ruilwaarde verwijzen dus eigenlijk naar *verschillende kenvormen*. Kenmerkend voor de waarneming in de burgerlijke maatschappij is echter dat gebruikswaarde en ruilwaarde aan elkaar gekoppeld worden. De ruilwaarde van een waar wordt afgeleid uit de zintuiglijk waarneembare kenmerken ervan. Zo wordt de prijs van een auto in de waarneming gekoppeld aan zijn snelheid, lak en grootte. De fout die hier wordt gemaakt is dat men ervan uitgaat dat alle zaken zintuiglijk gekend zouden kunnen worden. Andere kenvormen worden niet mogelijk geacht. De evidentie van deze fout blijkt wel uit het feit dat in een ander geval even veel moet worden betaald voor een langzamere, anders gelakte en kleinere auto.[14]

Het gevolg van deze waarnemingsfout is dat de (ruil)waardekenmerken van de objekten als inherent-natuurlijke eigenschap ervan worden gezien. De prijs van de dingen is 'natuurlijk' gezien de kwaliteiten die ze bezitten. Met de ruilwaarde (prijs) van de dingen worden de mensen voortdurend gekonfronteerd. Het is een centraal betekenismoment. Bovengenoemde fout is dus als het ware struktureel in (de ontwikkeling van) de waarneming aanwezig.

De dimensie 'geld hebben', 'vermogend zijn', vormt de persoonlijke objektbetekenis die parallel loopt met de zakelijke objektbetekenis 'prijs'. Ook in dit geval wordt vermogend-zijn direkt gekoppeld aan de eigenschappen van het vermogende individu. Iemand heeft veel geld omdat hij intelligent, slim of doortastend is.[15] De maatschappelijke determinanten van persoonlijke rijkdom verdwijnen hier uit het zicht.

---

14. Holzkamp heeft in het zogenaamde 'Widerspruchsexperiment' een methode ontwikkeld om dergelijke fouten in de waarneming aan te tonen. Vgl. K. Holzkamp, *Sinnliche Erkenntnis*, a.w., p. 214-217.

15. In dit geval is er sprake van interne attributie. De oorzaak van de rijkdom ligt in de persoon. Interne attributie is nogal dominant in onze kultuur. Men spreekt in dit verband ook wel van de fundamentele attributiefout (bij onjuiste interne attributie). Vgl. H.H. Kelley, 'Attribution Theory in Social Psychology', in: D. Levine (red.), *Nebraska Symposium on Motivation*, vol. 15, Lincoln 1967, p. 192-238. Vgl. ook K. Holzkamp, *Sinnliche Erkenntnis*, a.w., p. 230-231.

Rijkdom is in de burgerlijke maatschappij een centraal persoonlijk betekenismoment.[16] Het kleurt het totaal van persoonlijke objektbetekenissen.

Persoonswaarneming
Meer typerend nog dan de warenproduktie is het feit dat de maatschappelijke verhoudingen in de burgerlijke maatschappij een klassekarakter bezitten. De maatschappelijke praktijk is door en door gekenmerkt door de klassentegenstelling tussen arbeid en kapitaal. Bij de analyse van de waarneming in de burgerlijke maatschappij zal dus de meeste nadruk moeten worden gelegd op de *tussenmenselijke verhoudingen*, kortom op de dimensies van de *interpersoonlijke waarneming* in de kapitalistische maatschappij. Waarnemingsdimensies worden gedefinieerd als algemene kategorieën aan de hand waarvan verschillen tussen personen en zaken worden waargenomen.
Centraal voor elk maatschappelijk levensbehoud is de materiële produktie. De interaktie en kommunikatie in de materiële produktie zijn wezenlijk en bepalen de andere processen van interaktie en kommunikatie. De situatie van de loonarbeider is het meest typerend voor de materiële produktie in de burgerlijke maatschappij. De grondpatronen van de tussenmenselijke verhoudingen in onze maatschappij worden dus gevormd door de interaktie en kommunikatie van de loonarbeider. Hieruit moet dan de dimensiestruktuur van de interpersoonlijke waarneming worden afgeleid.
In de *produktie* staat in de interpersoonlijke waarneming het *prestatievermogen* centraal. Met behulp van deze dimensie worden de bijdragen van de afzonderlijke individuen aan de gemeenschappelijke produktie gemeten. In het kapitalisme echter is aan de arbeiders het gemeenschappelijke produkt ontnomen, zij hebben geen zicht op het eindresultaat van hun arbeid. Daarom ook kunnen ze de eigen en andermans bijdragen niet vaststellen. Dit betekent dat de arbeiders ter bepaling van het prestatievermogen de dimensie overnemen die de kapitalist terzake hanteert: de mate waarin de arbeider (ruil)waarde kan produceren. Dit is funktioneel voor hun levensbehoud. De kapitalist bepaalt immers of de arbeider zijn arbeidskracht kan verkopen of niet. Ook bij hun onderlinge beoordeling hanteren de arbeiders dus deze dimensie.
De onderlinge waarneming van de arbeiders wordt dan ook gekenmerkt door ambivalentie. Enerzijds vergelijken ze elkaars prestatievermogen vanuit een konkurrentiepositie. Ze zijn immers konkurrent van elkaar als het gaat om het verkrijgen van een betere positie of het behouden van hun arbeidsplaats. Anderzijds staan ze in het arbeidsproces in koö-

---

16. Holzkamp stelt dat de dimensie 'geld hebben' kan worden beschouwd als een centrale eigenschap in de zin van Asch. Vgl. S.E. Asch, 'Forming Impressions of Personality', in: *Journal of Abnormal and Social Psychology*, vol. 41, 1946, p. 258-290.

peratieve relatie tot elkaar. Naarmate dus de vaardigheden van iemand groter zijn, zal dit van koöperatief standpunt uit positief worden beoordeeld: de persoon kan een grotere bijdrage leveren aan de samenwerking. Vanuit de konkurrentiepositie zal dit negatief worden beoordeeld: hoe meer vaardigheden iemand heeft, des te sterker is diens konkurrentiepositie.[17]

Ook de privésfeer kent een typische waarnemingsdimensie. Om deze te omschrijven is het nodig (opnieuw) in te gaan op de verhouding produktie-privésfeer. Zowel in de produktie als in de privésfeer verkeren mensen in een isolement. In de produktie zijn arbeiders betrokken bij het proces van maatschappelijk nuttige arbeid, zij zijn evenwel geïsoleerd van (de zeggenschap over) het arbeidsprodukt en het arbeidsproces. In de vrije tijd is het omgekeerde het geval. Arbeiders kunnen dan vrij over hun arbeidskracht beschikken, maar zij zijn geïsoleerd van het arbeidsproces: zij kunnen geen maatschappelijk nuttige arbeid verrichten. Vandaar de klassieke, maar onvertaalbare uitspraak van Marx: 'Der Arbeiter fühlt sich daher erst ausser der Arbeit bei sich und in der Arbeit ausser sich.'[18]

Het geïsoleerd zijn van maatschappelijk nuttige arbeid in de privésfeer heeft twee effekten. In de eerste plaats verdwijnt de onderlinge konkurrentie. In de privésfeer hoeven geen prestaties geleverd te worden. De waarneming is dus niet op het prestatievermogen gericht. Tegelijkertijd zijn er evenwel geen *produktieve* koöperatie en sociale relaties mogelijk. Het gevolg hiervan is dat de waarneming zich richt op de 'pure mens' en op 'pure relaties'. De reden waarom mensen relaties met elkaar aangaan zijn puur persoonlijke kenmerken en eigenschappen.[19]

Dergelijke verhoudingen zijn te omschrijven als *sympathierelaties*. Echte kriteria bestaan er niet voor sympathierelaties. Deze kriteria kunnen immers slechts gedefinieerd worden vanuit de koöperatie. Het enige kri-

---

17. In feite formuleert Holzkamp hier een kritisch-psychologische theorie van sociale vergelijking. Vgl. K. Holzkamp, *Sinnliche Erkenntnis*, a.w., p. 240-247.

18. K. Marx, *Ökonomisch-philosophische Manuskripte, Marx Engels Werke, Ergänzungsband I*, Berlijn 1968, p. 514.

19. Holzkamps karakterisering van de privésfeer is wat al te nadrukkelijk geënt op de positie van de loonarbeider in de produktiesfeer. Moderne theorieën van de politieke ekonomie en van de huishoudelijke arbeid en van het gezin als maatschappelijk reproduktie-apparaat geven een heel wat genuanceerder beeld van de positie van man en vrouw in de privésfeer. Hier wreekt zich het ontbreken van een kritisch-psychologische theorie van de reproduktie. We geven hier Holzkamps analyse toch onverkort weer, omdat het opgevat kan worden als *een voorbeeld* van hoe de verhouding tussen fundamentele waarnemingsdimensies en maatschappelijke voorwaarden gedacht kan worden. Het betekent niet dat wij van mening zijn dat alle fundamentele waarnemingsdimensies uit de direkt aanwezige maatschappelijke voorwaarden afgeleid zouden kunnen worden. Zie hiervoor ook ons kommentaar op het historische karakter van Holzkamps analyse in paragraaf 7 van dit hoofdstuk.

terium voor sympathierelaties is in feite wederkerigheid: 'ik vind jou aardig, omdat jij mij aardig vindt'. Het gevolg van het ontbreken van een echt kriterium voor sympathierelaties is dan ook dat ze zeer onzeker zijn. Op elk moment kunnen ze door elke partner ontbonden worden. Tot zover is de analyse van de interpersoonlijke waarneming nog van zeer algemene aard. Slechts de waarnemingsdimensies die dominant zijn voor produktie en privésfeer zijn weergegeven. De analyse kan verdiept worden door na te gaan hoe de dimensies prestatievermogen en sympathie zich in de verschillende levenssferen tot elkaar verhouden. Zo is bijvoorbeeld in de privésfeer ook de dimensie van het prestatievermogen van belang. Toekomstige partners beoordelen elkaar op het vermogen waren te verkrijgen. Tegelijkertijd speelt ook de sympathiedimensie. Deze dimensies zijn objektief in tegenspraak met elkaar. Bij de dimensie prestatievermogen beoordeel je iemand op zijn potentie waren te produceren. Deze beoordeling kan positief of negatief uitvallen, zij heeft dus een voorwaardelijk karakter. Kenmerkend voor de beoordeling op de sympathiedimensie is de onvoorwaardelijkheid ervan. Een ander wordt gewaardeerd omdat 'hij is zoals hij is'. Hoe wordt deze tegenspraak in de waarneming opgelost? In het gezin gebeurt dat bijvoorbeeld op twee manieren. In het ene geval koestert men elkaar in onvoorwaardelijke liefde[20], in het andere geval geeft men elke pretentie van liefde en geluk op en beschouwt men de gezinsrelatie als puur instrumenteel.

De beide waarnemingsdimensies zijn nogal negatief gekleurd. In beide komt als meest opvallende kenmerk het menselijke isolement naar voren. Bij het prestatievermogen isoleert de konkurrentie de mensen, bij de sympathiedimensie zijn de mensen geïsoleerd van de koöperatie. Dit isolement kan doorbroken worden door politieke strijd op basis van gemeenschappelijke belangen. In deze koöperatie kunnen ook nieuwe 'positieve' waarnemingsdimensies worden ontdekt. Deze nieuwe dimensies kunnen de redeloosheid en zinloosheid van de interaktie in de burgerlijke maatschappij laten zien.

Individuele verschillen
Naast de algemene dimensies zijn ook individuele verschillen in *waarnemingskompetentie* van belang. De individuele waarnemingskompetenties worden afgemeten op de algemene waarnemingsdimensies. Verschillen in waarnemingskompetentie verwijzen naar de verschillende individuele kwalifikaties die mensen nodig hebben voor hun levensbehoud. Individuele verschillen in de waarneming (dat wil zeggen de verschillende kwalifikaties) zijn niet natuurlijk gegeven, maar zijn het effekt van verschillen in toeëigeningsprocessen. Deze verschillen worden bepaald

---

20. Hoe deze ideologie het gezinsleven kan belemmeren en lamleggen wordt beschreven in het eerste kritisch-psychologische werk over gezinstherapie: O. Dreier, *Familiäres Sein und Familiäres Bewusstsein*, Frankfurt a. M. 1980.

door de verschillen in betekenisstrukturen die men toeëigent. Op hun beurt worden deze verschillen weer bepaald door de verschillende, klassespecifieke posities die individuen maatschappelijk gezien innemen. 'Positie' moet hierbij in ekologische zin worden begrepen en verwijst naar de ruimtelijk-gebonden plaats van een individu in het produktieproces en in de woonsituatie. Met een ekologische positie korrespondeert een specifieke ervaringswereld en daarmee een specifieke waarnemingskompetentie; met andere woorden: zo'n positie definieert een individualiteitsvorm.[21] Dat de waarneming door de ekologische positie wordt bepaald, blijkt treffend uit bijvoorbeeld de volgende onderzoeksresultaten.[22] Wevers die met zwarte stof werken zijn in staat dozijnen kleuren zwart te onderscheiden, terwijl gewone mensen er maar drie of vier kunnen zien. Wijnproevers kunnen zeer fijne nuanceverschillen in smaak waarnemen, terwijl gewone konsumenten er maar enkele kunnen onderscheiden.

Nader onderzoek naar individuele verschillen in de waarneming zal moeten starten met een gedetailleerde analyse van klassespecifieke ekologieën. Zo kunnen kwaliteiten, beperkingen en eenzijdigheden van de verschillende individuele waarnemingskompetenties in kaart worden gebracht. Dit onderzoek zal het fundament moeten zijn voor het kritischpsychologische alternatief voor de traditionele psychologische opvattingen over individuele verschillen. Traditioneel worden individuele kenmerken immers nog maar al te vaak als inherent aan het individu beschouwd.[23]

In deze paragraaf zijn we ingegaan op de individuele ontwikkeling van de waarneming in de burgerlijke maatschappij. Deze ontwikkeling moet worden opgevat als een aktief proces van toeëigening van betekenissen. Het individu reproduceert het historisch bereikte ontwikkelingsniveau van vaardigheden. Typisch voor de waarneming in de burgerlijke maatschappij is dat twee kwalitatief verschillende kenvormen niet uit elkaar worden gehouden: zintuiglijke en niet-zintuiglijke waarneming. Dit leidt ertoe dat maatschappelijke kenmerken van objekten als natuurlijke eigenschappen verschijnen. Vervolgens kwam de interpersoonlijke waarneming aan de orde. Uit de klassenverhoudingen in het kapitalisme werden voor de produktie en de privésfeer respektievelijk de waarnemings-

---

21. Alhoewel Holzkamp in *Sinnliche Erkenntnis* de term 'individualiteitsvorm' nergens gebruikt, legt hij in een paragraaf over individuele verschillen het konceptuele fundament ervoor. Het begrip wordt verder behandeld in het volgende hoofdstuk van dit boek.

22. Zie K. Holzkamp, *Sinnliche Erkenntnis*, a.w., p. 273.

23. Ook in de traditionele psychologie is de interne attributie dominant. Zie noot 15.

dimensies prestatievermogen en sympathie afgeleid. Tenslotte werd het probleem van de individuele verschillen in de waarneming behandeld. In eerste instantie worden deze bepaald door de arbeidsdeling en de verschillende klasseposities van de individuen.

6. Waarnemen, denken, kennen

Waarneming moet altijd begrepen worden als zintuiglijk kennen. Dat betekent dat onderzoek naar de waarneming ook altijd onderzoek is naar het menselijk kennen. Daarom is het nu noodzakelijk om in te gaan op de vraag hoe mensen überhaupt tot kennen komen en welke funktie de waarneming daarbij vervult.
Als zintuiglijk kennen is de waarneming gebonden aan een stoffelijk objekt en een stoffelijk aanwezige waarnemer. Zowel de kenmerken van de waarnemer als van het waargenomen objekt bepalen en beperken het waarnemingsproces zonder dat de waarnemer daar kontrole over heeft. Zo is de fysiologische toestand van de waarnemer van invloed op de adekwaatheid van de waarneming, evenals bijvoorbeeld de positie van het waargenomen objekt. We kunnen zeggen dat ook onder optimale kondities dit soort beperkingen min of meer een rol spelen; de waarneming is altijd slechts bij benadering adekwaat. We noemen dit de 'semi-erratiek' of ook wel de 'semi-erratische funktie' van de waarneming.

Aanschouwelijk denken: oriënterend kennen
Gezien deze semi-erratiek kan men zich afvragen wanneer en hoe de waarneming tot bruikbare kennis van de omgeving leidt. Volgens de traditionele waarnemingspsychologie en met name de Gestaltpsychologie kan de semi-erratiek gekompenseerd worden door de *organisatie van het waarnemingsveld*. In de waarneming is een aantal organisatieprincipes werkzaam. Deze organisatieprincipes maken het waargenomene zo kenbaar dat een verdere aktiviteit ten opzichte daarvan mogelijk wordt.
Alvorens nader in te gaan op deze organisatieprincipes, is het nodig een fundamenteel theoretisch punt te bespreken. Het is onjuist om zoals de Gestaltpsychologie doet het kennen van de werkelijkheid gelijk te stellen aan de organisatie van het waarnemingsveld. In de Gestaltpsychologie wordt de werkelijkheid als diffuus en ongeorganiseerd opgevat. In de waarneming wordt dan via de organisatieprincipes de realiteit tot een interpreteerbaar geheel gekonstrueerd. De werkelijkheid lijkt zo een produkt van een subjekt. Het zal duidelijk zijn dat voor de kritische psychologie als materialistische wetenschap dit uitgangspunt niet akseptabel is. Het stelt immers dat de waarneming de werkelijkheid bepaalt, terwijl vanuit een materialistisch gezichtspunt juist de werkelijkheid als bepalend moet worden gezien. In de ogen van kritisch-psychologen vertegenwoordigen die organisatieprincipes een bepaalde vorm van waar-

nemend kennen in de burgerlijke maatschappij, maar zijn ze niet kenmerkend voor het kennen van de werkelijkheid in het algemeen.
Alvorens nader in te gaan op de theoretische betekenis van de organisatieprincipes geven we er twee weer. Het gaat in beide gevallen om de oververduidelijking van een figuur ten opzichte van de achtergrond. Het eerste voorbeeld hiervan is het principe van de *nabijheid*: in de waarneming worden die elementen samengevoegd, als figuur gezien, waartussen de kleinste afstand bestaat. In figuur 1 ziet men onder a vertikale lijnen en geen horizontale omdat de punten in vertikale richting dichter bij elkaar liggen dan in horizontale richting. Het tweede voorbeeld is het principe van de *kompletering*. De figuur onder b wordt als cirkel gezien, ook al ontbreekt er een klein gedeelte. In beide gevallen wordt door de waarneming in de stimuluskonfiguratie een ordening aangebracht. Deze ordening overstijgt de informatie die in de stimuli ligt opgesloten; er is dus sprake van *'overinterpretatie'* van het prikkelveld.

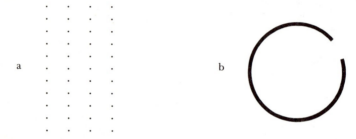

Figuur 1. De organisatieprincipes nabijheid (a) en kompletering (b)

Een theoretische analyse van de organisatieprincipes dient bij de natuurhistorie te starten. In zijn algemeenheid kan worden gesteld dat de organisatieprincipes bij dieren reeds voorkomen en dienen ter kompensatie van de semi-erratiek. Zij maken een duidelijke oriëntatie op de objekten mogelijk en sturen zo de lokomotie van de dieren.
Bij deze oriëntatie kunnen twee fouten worden gemaakt. We spreken van een vitale fout als het organisme objekten of kenmerken niet ziet die er wel zijn. Er is sprake van een niet-vitale waarnemingsfout als zaken wel worden waargenomen die er niet zijn. In dit laatste geval is er sprake van overinterpretatie van de werkelijkheid. Het is duidelijk dat vitale fouten veel riskanter zijn dan niet-vitale. In de loop van de fylogenese is daarom het aantal vitale fouten verminderd, terwijl de niet-vitale fouten in aantal zijn toegenomen. De overinterpretatie is uitgeselekteerd en daarmee de organisatieprincipes waardoor van het zichtbare naar het niet-zichtbare wordt geëxtrapoleerd.[24]

---

24. De extrapolatie kan op twee manieren geschieden: enerzijds door in een prikkelfiguratie een patroon waar te nemen, anderzijds door van de zichtbare kenmerken van een objekt naar de niet-zichtbare kenmerken te extrapoleren.

Overinterpretatie via organisatieprincipes heeft twee kenmerken. Ten eerste is de waarneming globaal en homogeen. Kenmerken die niet in overeenstemming zijn met de globale struktuur van het waargenomene worden niet gezien. Dit betekent ook dat slechts globale en oppervlakkige strukturen worden waargenomen. Ten tweede komt de overinterprtatie in de loop van de fylogenese steeds nauwkeuriger in het verlengde van het zintuiglijk waarneembare te liggen. De zintuiglijke ervaring wordt via de organisatieprincipes dus slechts in beperkte mate overstegen. Verborgen kenmerken of oorzaken die niet zintuiglijk kunnen worden waargenomen, kunnen met behulp van de organisatieprincipes niet worden gekend.

Met deze gegevens is het mogelijk de betekenis van de organisatieprincipes voor de waarneming in de burgerlijke maatschappij te analyseren. De organisatieprincipes zijn funktioneel voor de menselijke waarneming als deze zich op betekenissen richt die uitputtend in figuraal-kwalitatieve kenmerken zijn weergegeven. Kenmerkend voor de burgerlijke maatschappij is echter dat dat met (objekt)betekenissen niet het geval is. Men kan objektbetekenissen niet direkt afleiden uit figuraal-kwalitatieve kenmerken. Dat hebben we bijvoorbeeld in de vorige paragraaf gezien bij de objektbetekenis ruilwaarde.

Op meer algemeen niveau kan worden gesteld dat de door organisatieprincipes gestruktureerde waarneming een beperkt karakter heeft. Zij leidt slechts tot het kennen van de direkt zichtbare kenmerken en is daarmee een oppervlakkig soort kennen dat maar in een beperkt aantal gevallen adekwaat is. Het is alleen adekwaat wanneer de betekenis van een objekt volledig wordt uitgedrukt in direkt zichtbare kenmerken. Bij de meeste objekten is dit echter niet het geval. In een dergelijk geval leiden de organisatieprincipes dus tot een *niet-kennen*. Dit is nog extra problematisch omdat de organisatieprincipes automatisch de waarneming struktureren en leiden tot een direkte ervaring van de werkelijkheid. Tenzij waarnemers zich bewust rekenschap geven van de werkzaamheid van de organisatieprincipes, wordt het hun onmogelijk te twijfelen aan de werkelijkheidswaarde van hun waarneming.

Er is nog een derde reden waarom de organisatieprincipes leiden tot een onjuiste waarneming. Zoals hierboven is aangetoond geven ze aanleiding tot een oververduidelijking van de dingen. Dit leidt er enerzijds toe dat objekten op zich zeer duidelijk worden waargenomen, anderzijds dat deze nadrukkelijk van elkaar worden geïsoleerd. Doordat de waarneming de nadruk legt op één objekt en dat als het ware naar voren haalt, wordt noodgedwongen de verhouding waarin dat objekt tot andere staat verwaarloosd. *Oververduidelijking* heeft dus als keerzijde dat de objekten *geïsoleerd* van andere objekten worden gezien.

Het is haast overbodig te stellen dat dit dysfunktioneel is voor de waarneming in de burgerlijke maatschappij. Daar is het juist wezenlijk dat de verhoudingen tussen de dingen adekwaat worden waargenomen (zie paragraaf 3 over betekenisstrukturen). Dit kan worden geïllustreerd aan de hand van de beroemde Müller-Lyer illusie (figuur 2).

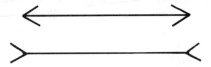

Figuur 2. Müller-Lyer illusie; beide lijnstukken zijn metrisch even lang

De beperking van de organisatieprincipes blijkt hier overduidelijk. Het is namelijk onmogelijk om in de direkte waarneming het illusiekarakter van deze figuur te ontdekken. De organisatieprincipes leiden tot een duidelijke waarneming: het onderste lijnstuk is langer dan het bovenste. Slechts door de geïsoleerde waarneming van deze illusie te overstijgen, kunnen we haar ontmaskeren. De enige manier om dat te doen is haar te zien in relatie tot een ander objekt: een meetinstrument. Door de twee lijnstukken te meten, kunnen we de illusie overwinnen.

Konkluderend kan worden gesteld dat de organisatieprincipes in de natuurhistorische ontwikkeling funktioneel waren, maar dat deze funktionaliteit voor het waarnemend kennen in de burgerlijke maatschappij in dysfunktionaliteit is omgeslagen. De organisatieprincipes geven slechts aanleiding tot het kennen van de zintuiglijke oppervlakte: oriënterend kennen. Het kennen van de burgerlijke maatschappij vereist echter juist het overstijgen hiervan.

Omdat puur zintuiglijk kennen niet leidt tot kennis van de burgerlijke maatschappij, is er een kenvorm nodig die los komt van het zintuiglijk gegevene. Anders gezegd: het is nodig los te komen van het *aanschouwelijk denken*. Aanschouwelijk denken is een denkwijze die het patroon van de waarneming volgt. Het richt zich op het direkt zichtbare en laat zich door de organisatieprincipes leiden. De beperkingen van het aanschouwelijk denken kunnen worden gedemonstreerd aan de hand van de *kognitieve konsistentietheorieën*.[25]

Deze theorieën zijn min of meer afgeleid uit de Gestaltpsychologie. Zij zijn met name in de sociale psychologie van groot belang geworden. De meest bekende van deze theorieën is de kognitieve dissonantietheorie van Festinger. Het basispostulaat van de konsistentietheorieën is dat mensen naar kognitief evenwicht streven. Zij zullen proberen hun kognities met elkaar in overeenstemming te houden of te brengen.

Ook de konsistentietheorieën kunnen niet verklaren hoe mensen tot het kennen van de werkelijkheid komen. Eerder is het omgekeerde het ge-

---

25. De belangrijkste kognitieve konsistentietheorieën zijn de balanstheorie van Heider, de 'congruity'-theorie van Osgood en Tannenbaum en de kognitieve dissonantietheorie van Festinger. Zie voor een beknopt overzicht: L.S. Wrightsman, *Social Psychology in the Seventies*, Belmont 1972, p. 303-306.

val: de konsistentietheorieën handelen over de voorwaarden waaronder in het denken *de werkelijkheid vervalst wordt*.[26] Dit kan treffend aangetoond worden aan de hand van een van de beroemdste onderzoeksparadigma's van de kognitieve dissonantietheorie: dat van de *'forced compliance'*.[27] Kenmerkend voor 'forced compliance'-experimenten is dat de proefpersoon gedwongen wordt om een opdracht uit te voeren die evident onprettig is.[28] In het algemeen kent men twee experimentele kondities. In de eerste wordt er grote druk op de proefpersoon uitgeoefend om de opdracht uit te voeren, in de tweede (praktisch) geen. Na het experiment blijkt dan dat de proefpersonen uit konditie 2 van mening zijn veranderd over de opdracht. Nu vinden ze deze wel prettig. De proefpersonen uit konditie 1 blijven de opdracht vervelend vinden.

De gegevens worden als volgt geïnterpreteerd. De proefpersonen uit konditie 1 kunnen de opdracht vervelend blijven vinden, omdat ze deze onder duidelijk externe dwang hebben uitgevoerd. Over een dergelijke rationalisatie voor hun gedrag beschikken de proefpersonen in konditie 2 niet; zij waren 'vrij' in het al dan niet uitvoeren van de opdracht. Zij kunnen hun gedrag alleen verdedigen door van mening over de opdracht te veranderen, deze als prettig te gaan ervaren. Dit gebeurt dan ook.

Door de aanhangers van de kognitieve dissonantietheorie worden deze resultaten als steun voor hun theorie opgevat. Zij interpreteren het experimentele proces als volgt. Aanvankelijk zitten de proefpersonen in konditie 2 met twee strijdige kognities: een positief zelfbeeld en het uitgevoerd hebben van een vervelende taak. Door de taak prettig te gaan vinden, brengen zij deze laatste kognitie in overeenstemming met hun positieve zelfbeeld. Wat hier in feite gebeurt, is dat zij de werkelijkheid vervalsen. De opgave die zij moesten vervullen was immers objektief vervelend. De reden daarvoor is dat hun begrip van de experimentele situatie in het aanschouwelijk denken blijft steken. Zij nemen de voorstelling van de experimentele situatie zoals de experimentatoren deze geven onkritisch over. Zij komen niet verder dan een oppervlakkig inzicht in de experimentele situatie, namelijk dat zij vrij zijn de vervelende taak al dan niet uit te voeren. Feitelijk bestaat deze vrijheid niet, want ze krijgen van de onderzoeker de *opdracht* tot de taak. Het idee echter dat zij in vrijheid handelen, dwingt hen ertoe hun handelen dan maar positief

---

26. Vgl. M. Irle, 'Verteidigung einer Theorie durch Expansion', in: *Zeitschrift für Sozialpsychologie*, jrg. 1, 1970, p. 83-88.

27. Vgl. L. Festinger, *A Theory of Cognitive Dissonance*, Stanford 1957, vooral de hoofdstukken 4 en 5; vgl. ook L. Festinger, J.M. Carlsmith, 'Cognitive Consequences of Forced Compliance', in: *Journal of Abnormal and Social Psychology*, vol. 58, 1959, p. 203-210.

28. In het experiment van Festinger en Carlsmith moest de proefpersoon de volgende proefpersoon bedriegen door te vertellen dat meewerken aan het onderzoek prettig is, terwijl het omgekeerde het geval was.

te gaan waarderen. Daardoor zien zij niet dat de onderzoeker op hen een truuk toepast. Deze dwingt hen iets te doen en suggereert dat ze in vrijheid kunnen handelen. Het effekt van deze suggestie is dat de proefpersonen een vervelende opgave in eer en geweten uitvoeren.[29] Wat uiteindelijk met het 'forced compliance'-paradigma wordt aangetoond is dat de illusie van vrijheid mensen ertoe kan brengen de werkelijkheid te vervalsen, het onjuiste goed te praten.

Probleemoplossend denken: oriënterend kennen
Het aanschouwelijk denken zal nooit overstegen worden als men waarnemen en denken op dezelfde manier probeert te verklaren (wat bijvoorbeeld de Gestaltpsychologie doet). Een eerste stap in de goede richting moet dus het onderzoek naar de verschillen en overeenkomsten tussen waarnemen en denken zijn. Piaget is te beschouwen als een van de meest prominente onderzoekers op dit gebied. Kenmerkend voor het denken noemt hij de *symbolische representatie*. Het denkproces voltrekt zich los van de direkte aanwezigheid van zintuiglijke objekten. Het meest beslissende kenmerk van het (logisch) denken is volgens hem het vermogen tot *reversibele operaties*.
Reversibele operaties laten zich het best uitleggen aan de hand van een voorbeeld. Stel je hebt twee glazen water. Deze glazen hebben hetzelfde volume maar een verschillende vorm. Het ene glas is hoog en smal, het andere breed en laag. Er is sprake van een reversibele operatie als de waarnemer kan zien dat in beide glazen evenveel water zit. Dit noemt Piaget *invariantie* of *konservatie*. Voorwaarde voor de waarneming van invariantie is *decentratie*: de waarnemer laat zich door meer dan één aspekt van het waargenomene leiden. Het volume van de twee glazen wordt als gelijk gezien op grond van de volgende *kompensatieredenering*[30] : het feit dat glas 1 hoger is dan glas 2 wordt gekompenseerd door het gegeven dat glas 2 breder is dan glas 1.
Reversibele operaties zijn een voorwaarde voor het *operationele* denken. In het *pre-operationele* stadium is het denken van het kind nog irreversibel. Het kind is niet tot decentratie in staat, maar *centreert* de waarneming op het dominante kenmerk van een objekt. Zo zal het bij de vergelijking tussen de beide glazen steeds zeggen dat in het lange en smalle glas meer water zit dan in het brede en lage. Dit omdat het kind zich laat leiden door het dominante kenmerk: de hoogte van het glas.

---

29. In het 'forced compliance'-onderzoek wordt de 'aanspreking tot subjekt' waar Althusser het over heeft, experimenteel gerealiseerd. Vgl. L. Althusser, 'Ideologie en ideologiese staatsapparaten', in: *Te elfder ure*, nr. 24, 1978, p. 91.

30. Vgl. J. Piaget, G. Voyat, 'Recherche sur l'identité d'un corps et développement et sur celle du mouvement transitif', in: J. Piaget, H. Cinclair, Vingh. Bang (red.), *Epistémologie et Psychologie de l'Identité*, Etudes d'Epistémologie Génétique, deel XXIV, Parijs 1968, p. 72-73.

Het kind wordt in de waarneming als het ware misleid door het dominante kenmerk.
Piaget heeft met zijn konceptie wezenlijke aspekten van de kenfunktie van het denken aangegeven. De symbolische representatie betekent dat het denken los komt van het zintuiglijk gegevene, dus ook van de zintuiglijke evidenties zoals de organisatieprincipes uit de Gestaltpsychologie. Dit wordt nog duidelijker aan de hand van de reversibele operaties. Kenmerkend voor het reversibele denken is immers dat twee objekten op één kenmerk (in ons voorbeeld het volume) als gelijk kunnen worden waargenomen, terwijl ze er uiterlijk volstrekt verschillend uitzien. Reversibel denken is vanuit de organisatieprincipes dan ook niet te verklaren. Waarneming volgens deze principes wordt gekenmerkt door centratie. De waarneming richt zich op het dominante (komplex van) kenmerk(en) en struktureert aan de hand daarvan het waarnemingsveld.
Naast positieve waardering blijft op Piagets konceptie fundamentele kritiek van toepassing. Hij ziet het reversibele denken te veel als doel op zich. Reversibele operaties moeten echter worden beschouwd als middel tot het kennen van de werkelijkheid. Zij vormen een noodzakelijke maar geen voldoende voorwaarde daarvoor. De vraag wanneer en hoe reversibele operaties tot kennis leiden wordt door Piaget min of meer verwaarloosd.
In het onderzoek naar het *probleem-oplossen* ('problem-solving') wordt deze vraag wel expliciet gesteld. Positief aan het onderzoek naar het probleem-oplossen is daarnaast dat de aandacht wordt gericht op processen en strategieën in het denken. Problematisch wordt echter ook deze konceptie als het probleem-oplossend denken gelijk gesteld wordt aan het menselijk denken (kennen) in het algemeen.
Kenmerkend voor het onderzoek naar het probleem-oplossend denken is dat de proefpersoon een denkprobleem als opgave krijgt. Daarbij wordt echter de vraag naar het waarom van juist dit probleem niet gesteld. Het kader waarin het probleem gesteld wordt komt evenmin aan de orde. Hetzelfde geldt voor de oplossing; de betekenis daarvan in breder verband wordt niet duidelijk (gemaakt). Het oplossen van het probleem lijkt zo een puur individuele opgave. Daardoor ook lijkt het probleem verdwenen nadat het is opgelost. Een tweede kenmerk van het onderzoek naar het probleem-oplossen is dat de aangeboden problemen alleen maar in het denken kunnen worden opgelost. Dit betekent dat de neiging groot wordt het sukses van het denken aan het denken zelf, aan de denkoplossing af te meten. Op die manier worden tegenspraken niet als werkelijk opgevat maar als problemen die middels logisch denken kunnen worden opgelost.
Op beide kenmerken van het onderzoek naar probleem-oplossend denken is fundamentele kritiek mogelijk. Voor wat het eerste kenmerk betreft: de konceptie van het probleem-oplossend denken neemt kritiekloos de dominante denkwijze van het leven van alledag in onze maatschappij over. Kenmerkend voor deze denkwijze is dat een probleem

dat in het bestaan van een individu opduikt ook als puur individueel wordt gezien. Dit betekent dat het individu in principe in staat wordt geacht zelf het probleem op te kunnen lossen. Het probleem wordt als op zichzelf staand beschouwd en er wordt naar een direkte oplossing ervan gestreefd. Na de oplossing is het probleem verdwenen. Als het individu hierin niet slaagt, ligt de fout bij het individu zelf. Deze manier van probleem-oplossen is te typeren als *utilitaristische praxis*. Door een dergelijke benadering wordt het onmogelijk – èn overbodig – het probleem in een bepaalde samenhang te zien. De probleem-oplosser komt niet tot het inzicht dat een probleem een meer struktureel of algemeen karakter heeft, niet direkt op een wezenlijke manier is op te lossen en om een algemene en kollektieve aanpak vraagt. Het begrip van het probleem blijft beperkt. Het individu blijft steken in een oppervlakkige kennis van een geïsoleerd probleem, wat (mogelijk) tot gevolg heeft dat het van het ene 'op zichzelf staande' probleem in het andere 'op zichzelf staande' probleem terechtkomt.

De kritiek met betrekking tot het tweede kenmerk richt zich op de funktie van het denken en de verhouding daarvan tot de werkelijkheid. Door de suksesvolheid van het denken aan het denken zelf af te meten, verliest men uit het oog dat het een representatie van de werkelijkheid is. Dit gebeurt noodgedwongen als men een kenobjekt geïsoleerd probeert te begrijpen. Dan is niet langer het objekt in zijn werkelijke samenhang kriterium voor het kennen. Men moet dus een ander kriterium daarvoor vinden en zoekt dat in de logika. Zodra bepaalde logische denkoperaties op het objekt zijn toegepast wordt verondersteld dat er adekwate kennis over is bereikt.

Welke konklusies kunnen nu worden getrokken met betrekking tot de konceptie van Piaget en die van het probleem-oplossend denken? Piaget heeft als verdienste dat hij twee wezenlijke momenten van het denken als kenfunktie laat zien: symbolische representatie en reversibele operaties. Daardoor komt het denken los van de bevangenheid in de zintuiglijke waarnemingsevidentie waar het door de Gestaltpsychologie aan wordt gekluisterd. De beperking van Piaget is dat hij de verhouding denken-kennen niet thematiseert. Daardoor is het gevaar groot dat het operationele denken aan kennen gelijk wordt gesteld. Het onderzoek naar het probleem-oplossen heeft eveneens als verdienste dat denkstrategieën worden bestudeerd. Hier is echter problematisch dat het alleen om het oplossen van geïsoleerde problemen gaat. Een echt begrip van problemen wordt niet ontwikkeld. Eveneens blijft problematisch dat het denken als zodanig verabsoluteerd wordt.

Begrijpend kennen

Het oriënterend kennen, dat wil zeggen zowel aanschouwelijk als probleem-oplossend denken, kan worden overwonnen door begrijpend kennen. Hoe verschilt begrijpend kennen van oriënterend kennen en waarom levert het adekwatere kennis op? Om deze vragen te beantwoorden behandelen we deze verschillen eerst op algemeen-theoretisch niveau om vervolgens in te gaan op het denken en kennen in methodische zin. Zoals hierboven is beschreven komt het oriënterend kennen niet verder dan een oppervlakkig begrip van op zichzelf staande objekten. Dit begrip heeft alleen een funktie voor een utilitaristische praxis: het individu wil geen verdergaand begrip van een probleem ontwikkelen dan nodig is om het direkt op te lossen. In het begrijpend kennen komt men tot een adekwater begrip door er de historische gewordenheid en veranderbaarheid van het kenobjekt bij te betrekken. Met dit verschil hangt een verschil in opvatting samen over het denken en het denksubjekt. In het oriënterend kennen zijn het denken en het denksubjekt autonoom. De werkelijkheid is ongeordend en het individu legt er een interpretatie aan op. Deze interpretatie heeft een beperkt karakter gezien de utilitaristische praxis van het individu.

Bij het begrijpend kennen wordt het denken zowel inhoudelijk als procesmatig bepaald geacht door de werkelijkheid zelf. Dit impliceert een andere opvatting over het denksubjekt. Behalve dat het individu het subjekt van het denken en kennen is, vertegenwoordigt het ook een moment van de te kennen maatschappelijke werkelijkheid. Dit betekent dat het kennen van de werkelijkheid ook zelfkennis is. Dit geeft een groot verschil met het oriënterend kennen aan. Daar is de werkelijkheid als het ware een konstruktie van het denksubjekt en kan het individu zichzelf niet als moment ervan zien. Daarom levert het oriënterend kennen van de werkelijkheid nooit zelfkennis op.

Deze tegenstelling komt ook naar voren in het begrijpen van menselijke relaties. In het oriënterend kennen verschijnen mensen als van elkaar geïsoleerd. Zij staan geheel alleen voor de opgave hun leven gestalte te geven. De maatschappij lijkt de resultante van natuurlijke individuele behoeften die al dan niet gekoördineerd worden. In het begrijpend kennen komen individuen daarentegen hun maatschappelijkheid op het spoor. Gezien het feit dat zij in een maatschappij leven, zijn zij objektief op anderen aangewezen voor hun levensbehoud en hebben zij dezelfde behoeften en belangen.

Zoals in het begin van de paragraaf over probleem-oplossend denken werd gesteld, is het alleen mogelijk tot het kennen van de werkelijkheid te komen als waarnemen en denken zorgvuldig in verhouding tot elkaar worden geplaatst. Deze verhouding moet als volgt worden opgevat. De waarneming is een moment van het denkend kennen. Het waargenomene is uitgangspunt èn resultaat van het denken. In het denken wordt het waargenomene als uitgangspunt genomen en worden de wezenlijke kenmerken ervan blootgelegd. Als resultaat van het denken is daarna het waargenomene begrijpend waar te nemen. Zintuiglijke waarneming is aldus voorwaarde voor het begrijpend kennen, evenals ze dat ook voor het oriënterend kennen is. Het aanschouwelijk denken, het probleemoplossend denken en het begrijpend kennen kunnen als steeds adekwatere niveaus van het kennen van de werkelijkheid worden opgevat. De

103

kwalitatieve sprong van deels kennen en deels miskennen enerzijds naar adekwaat kennen anderzijds wordt gemaakt bij de overgang van het hoogste ontwikkelingsniveau van oriënterend kennen naar begrijpend kennen. Daarom gaan we nu wat dieper in op de verschillen tussen de hoogste vorm van oriënterend kennen (het probleem-oplossend denken) en het begrijpend kennen.

Grofweg betreffen deze verschillen de wijzen van abstraktie en klassificeren en het oplossen van denktegenspraken. In eerste instantie heeft de abstraktie in het probleem-oplossend denken een positieve betekenis: het denken komt daardoor vrij van de waarnemingsevidentie van de organisatieprincipes. Abstraktie betekent in het probleem-oplossend denken echter ook dat het objekt of probleem uit zijn werkelijke samenhang naar voren wordt gehaald en geïsoleerd. Het kenobjekt wordt als op zichzelf staand begrepen. Bij dit geïsoleerde denken hanteert het probleem-oplossen dan nog een soort of-of-principe. Het probleem-oplossend denken is als utilitaristische praxis immers steeds op het vinden van één konkrete oplossing of interpretatie gericht. Dit impliceert dat kenmerken die hiermee strijdig zijn uit het denken worden geëlimineerd. Wat dit betreft is het probleemoplossend denken *eenzijdig*. Abstraktie en eenzijdigheid gaan hand in hand.

Ook het begrijpend kennen hanteert de abstraktie. Het kenobjekt wordt daarbij echter niet uit zijn samenhang losgemaakt. Wel worden de verschillende bepalingen van het objekt naar voren gehaald en afzonderlijk onderzocht. De resultaten daarvan worden vervolgens weer in het kader van hun reële samenhang geplaatst, dat wil zeggen dat de reële relaties van de bepalingen tot elkaar worden aangegeven. In deze zin is begrijpend kennen *meerzijdig*. Abstraktie en eenzijdig denken worden dus bewust gehanteerd.[31] Het begrijpend kennen vervalt niet in het of-of-denken zoals dat bij het probleem-oplossen het geval is. Abstraktie betekent hier niet automatisch eenzijdig denken. Begrijpend kennen is meerzijdig denken: de verschillende bepalingen van het kenobjekt worden in hun onderlinge samenhang gezien, zoals deze zich historisch heeft ontwikkeld.

De historische analyse is een wezenlijke voorwaarde voor begrijpend kennen. Het gaat hierbij in feite om een *logisch-historische analyse*. Een voorbeeld kan dit verduidelijken. Men kan appels en peren op verschillende manieren klassificeren. Dit is afhankelijk van de kenmerken waar

---

31. Wat dit betreft impliceert het begrijpend kennen Marx' methode van het 'opstijgen van het abstrakte naar het konkrete'. Uitgangspunt van het kennen is het konkreet waargenomene (het 'voorgestelde konkrete'). Via de abstraktie worden de wezenlijke momenten ervan in hun historische gewordenheid afgeleid, zodat het konkrete in zijn wezenlijke bepalingen kan worden begrepen (het 'mentale konkrete'). Vgl. K. Marx, *Einleitung zur Kritik der Politischen Ökonomie, Marx Engels Werke, deel 13*, Berlijn 1974, p. 613-645.

men bij de klassifikatie op let. Zo kunnen appels en peren geklassificiceerd worden als vrucht of als steeldrager. Alleen een historische analyse kan duidelijk maken welke klassifikatie juist is, namelijk door na te gaan hoe appels en peren historisch gezien ontstaan zijn als differentiaties van een gemeenschappelijke voorvorm. Uit deze analyse blijkt dan dat appels en peren differentiatieprodukten zijn van een bepaalde oervrucht. Zo kan vastgesteld worden dat het vrucht-zijn een wezenlijker kenmerk van appels en peren is dan het feit dat ze een steel dragen. Dit maakt opnieuw een verschil tussen probleem-oplossend denken en begrijpend kennen duidelijk. In het probleem-oplossend denken kan men nooit tot een gefundeerde beslissing komen welke van de twee klassifikaties de juiste is. Een historische analyse ontbreekt immers.

In oriënterend en begrijpend kennen wordt ook verschillend omgegaan met *tegenspraken in het denken*. Zoals hierboven meerdere malen werd aangegeven, wordt in het oriënterend kennen het denken als autonoom gezien: het denken ordent en konstrueert de werkelijkheid. Kriterium voor het kennen van de werkelijkheid is niet de werkelijkheid zelf, maar het logisch denken. Zodra er dus een tegenspraak in het denken naar voren komt wordt deze niet beschouwd als een tegenspraak in de werkelijkheid, maar in het logisch denken zelf. Het oriënterend kennen kent alleen maar logische tegenspraken. Gezien het of-of-denken wordt de tegenspraak *altijd* opgelost door een pool ervan uit het denken te elimineren.

In het begrijpend kennen worden tegenspraken in het denken niet geëlimineerd. Logische tegenspraken moeten worden gezien als reële tegenspraken die om begrijpend kennen vragen. Dat bereikt men wanneer men de *reële* tegenspraak op een logische manier begrijpt. Bepalend voor het kennen van de tegenspraak is dus de werkelijkheid zelf. Het logische denken is daarvoor een noodzakelijke maar niet voldoende voorwaarde. In tegenstelling tot het oriënterend kennen betekent dit dat een tegenspraak niet per definitie wordt geëlimineerd. Als een tegenspraak reëel bestaat, wordt deze in het denken gerepresenteerd. Het begrijpend kennen is niet zoals het oriënterend kennen *blind voor tegenspraken*.

Oriënterend kennen en begrijpend kennen hebben ook verschillende konsekwenties voor het handelen. Zoals boven al werd aangestipt, is het *oriënterend kennen* te beschouwen als moment van een *utilitaristische praxis*. Problemen worden geïsoleerd begrepen en individualistisch opgelost. Het *begrijpend kennen* is in tegenstelling hiermee moment van een *kritische praxis*. Begrijpend kennen laat altijd zien dat mensen in eerste instantie maatschappelijk zijn, dat wil zeggen objektief met elkaar verbonden en op elkaar aangewezen. Problemen worden dan ook altijd in een algemeen-maatschappelijk perspektief gezien. Dit betekent dat afzonderlijke individuen 'hun' problemen (meestal) niet alleen en ook niet direkt kunnen oplossen. Een fundamentele aanpak wordt vereist en die is alleen mogelijk op basis van solidariteit en strijd op langere termijn.

We hebben in deze paragraaf de superioriteit van het begrijpend kennen ten opzichte van het oriënterend kennen laten zien. We vatten de verschillen tussen beide kenvormen nog eens in stellingen samen. Steeds wordt eerst het kenmerk van het oriënterend kennen weergegeven.
Op algemeen theoretisch niveau staan de volgende stellingen tegenover elkaar: (1.) het denksubjekt en de werkelijkheid hebben een uiterlijke relatie tot elkaar *versus* kennis van de werkelijkheid is zelfkennis; (2.) mensen zijn in wezen individuele wezens *versus* mensen zijn wezenlijk maatschappelijk. Op het niveau van de methode van denken en kennen staan tegenover elkaar: (1.) abstraktie leidt noodgedwongen tot eenzijdig en geïsoleerd denken *versus* abstraktie is een moment van meerzijdig denken in samenhangen; (2.) objekten kunnen op verschillende wijzen worden geklassificeerd *versus* wezenlijke klassifikaties zijn op te sporen aan de hand van historische processen van differentiatie; (3.) tegenspraken in het denken zijn per definitie logische tegenspraken die in het denken kunnen en moeten worden opgelost *versus* tegenspraken in het denken verwijzen naar werkelijke tegenstellingen die op logische wijze zijn gerepresenteerd.

7. Kommentaar

In ons kommentaar beperken we ons tot enkele aantekeningen bij de algemene lijn in Holzkamps theoretische werk over de waarneming.[32] In feite heeft Holzkamp in aansluiting op het werk van de Russische kultuurhistorische school[33] een nieuw objekt in de psychologie ingevoerd. In plaats van het klassieke begrip 'gedrag' hanteert hij voor het organismische niveau het begrip *'aktiviteit'*, van waaruit zich op menselijk niveau het *'doelbewuste handelen'* ontwikkelt. De menselijke levensaktiviteit omvat in deze opvatting zowel een materieel als een ideëel of voorstellingsmoment.
Het ideële moment (de waarneming) ontstaat uit de materiële aktiviteit, maar wanneer het zich eenmaal heeft verzelfstandigd in een psychisch apparaat (in casu het waarnemingsvermogen) kan het ook *aktief* worden

---

32. Bij een vollediger kommentaar op Holzkamps analyse zouden zeker twee zaken extra aandacht verdienen: (1.) de konsekwenties van een beperkte toepassing van literatuurbronnen voor zijn natuurhistorische analyse, en (2.) de uiterst verhelderende wijze waarop Holzkamp laat zien hoe in de opzet van experimenteel-psychologisch onderzoek de theoretische vooronderstellingen van de burgerlijke psychologie als het ware zijn gerealiseerd.

33. Holzkamp steunt met name op het werk van de Russische psycholoog Leont'ev. Een goede Nederlandstalige introduktie in het begrip 'aktiviteit' vindt men in A.N. Leont'ev, 'Aktiviteit als psychologisch probleem', in: *Pedagogische Studiën*, jrg. 57, nr. 7/8, 1980, p. 322-343.

ingezet, waardoor het ten opzichte van de materiële aktiviteit een zekere sturingsfunktie vervult.[34]
Met deze definitie van het objekt van de psychologie is een beslissende eerste stap gezet in de ontwikkeling van een eigen psychologie. Een eerste konsekwentie is dat de scheiding tussen bewustzijnsaktiviteiten en materiële aktiviteiten wordt opgeheven. Daardoor vormt de kritische psychologie een reëel alternatief voor het orthodoxe behaviorisme, dat alleen de materiële aktiviteit van mensen in beschouwing neemt en bewustzijnsaktiviteiten uitsluit. Maar de definitie betekent ook aan aanvulling op de bewustzijns- en kognitivistische psychologie, waarin vrijwel uitsluitend de nadruk op psychische processen ligt zonder dat er een relatie wordt gelegd met maatschappelijke en materiële voorwaarden.
Een tweede konsekwentie is vooral ook voor het begrijpen van de waarnemingsfunktie van belang. Omdat de aktiviteit respektievelijk het doelbewuste handelen centraal wordt gesteld, kan de historische ontwikkeling niet meer opgevat worden als een uit zichzelf mechanisch verlopend proces, maar slechts als een proces dat gekenmerkt wordt door de aktiviteit van levende wezens. Voor de menselijke historische ontwikkeling brengt die aktiviteit met zich mee dat de wereld in toenemende mate arbeidsprodukten omvat.
Holzkamp laat zien dat de menselijke wereld daarom niet meer louter als een figuraal-kwalitatieve en dus neutrale stimuluskonfiguratie kan worden opgevat (zoals de stimulus-response psychologie doet). Juist omdat de wereld ook als produkt van menselijk handelen bestaat, heeft ze objektief reeds betekenis voor de mensen. Betekenissen zijn dus niet enkel het resultaat van een individueel zingevingsproces (zoals fenomenologisch en kognitivistisch georiënteerde psychologieën veronderstellen). Betekenissen zijn juist het resultaat van een konkreet-materieel produktieproces waarin het menselijk handelen, hoezeer ook van tevoren gepland, te maken krijgt met de weerbarstigheid van het materiaal en met ekologische en maatschappelijke omstandigheden. De oriëntatie op deze door het menselijk handelen geproduceerde betekenissen, vormt voor Holzkamp het hoofdbestanddeel van de menselijke waarnemingsfunktie.
Betekenissen zijn het resultaat van de materiële handelwijze van mensen. De gebruikswaarde-eigenschappen van een voorwerp kunnen pas gekend worden door en in het gebruik ervan. Historisch gezien gaat dus de konkreet-materiële ervaring vooraf aan de weerspiegeling of kennis van die betekenis. Holzkamp laat zien hoe een min of meer systematische ervaring de mogelijkheid biedt tot symbolische representatie van bete-

---

34. Natuurlijk ontwikkelen zich uit de materiële aktiviteit ook nog andere psychische funkties dan de waarneming. We gaan hier niet verder in op het punt dat men bij Holzkamp toch de indruk krijgt dat hij het specifiek menselijke funktioneren beperkt tot een specifiek menselijke waarnemings- en denkwijze.

kenissen. Daardoor kunnen betekenissen onafhankelijk van de konkreet-materiële ervaring doorgegeven worden. De konkrete ervaring of direkte omgang met het arbeidsvoorwerp is dan geen voorwaarde meer voor de waarneming van zijn betekenis. Je zou kunnen zeggen dat de herhaalde omgang met het reële arbeidsvoorwerp door de omgang met zijn ideële, symbolische representatie wordt verkort. Kennis van de eigenschappen van het voorwerp en daarmee van de wereld is het resultaat.

Een onduidelijkheid in Holzkamps analyse is de vraag in hoeverre dit historische verloop van de kennisontwikkeling op individueel niveau gereproduceerd wordt. Is in de individuele toeëigening de *konkreet-materiële omgang* met voorwerpen en mensen de voorwaarde voor het kennen van de wereld en voor de symbolische representatie van haar eigenschappen?[35] Het werk van Piaget en de resultaten uit de Russische leerpsychologie geven alle aanleiding om in ieder geval in de vroegkinderlijke ontwikkeling van begrippen en denkoperaties zo'n sociaal-sensomotorische ervaringsfase te veronderstellen. De vraag is echter of ook in de individuele ontwikkeling alle kennis teruggevoerd kan worden tot een al dan niet gegeneraliseerde praktische ervaring met arbeidsprodukten. Hoe moeten we anders het bestaan van inzichten verklaren die op geen enkele wijze beantwoorden aan de huidige ontwikkelingsstand van de produktie? Men kan daarbij bijvoorbeeld denken aan het voortbestaan van allerlei mythologische denkvormen, ook onder laat-kapitalistische en burgerlijke verhoudingen.

Een tweede, meer kritische kanttekening moet gemaakt worden bij de wijze waarop Holzkamp de historische analyse van de menselijke waarnemingsfunktie gestalte geeft. Nadat Holzkamp in de natuurhistorische analyse de ontwikkeling van de waarnemingsfunktie heeft gevolgd, gaat hij in de maatschappelijk-historische analyse over tot de typering van de meest algemene kenmerken van de specifiek menselijke levenswijze, die dan tegelijkertijd de kenmerken zijn waardoor de menselijke levenswijze zich van de organismische onderscheidt. De kern van die specifieke levenswijze wordt gevormd door de systematische werktuigvervaardiging. Uit deze levenswijze leidt Holzkamp vervolgens de algemene kenmerken van de specifiek menselijke waarnemingswijze af: de oriëntatie op objektbetekenissen.

Maar daarmee zijn we beland op een punt in de maatschappelijk-historische analyse waarop er bij Holzkamp nauwelijks meer sprake is van een èchte historische analyse. Van de oervormen van de systematische werktuigvervaardiging maakt Holzkamp een direkte sprong naar de kapitalistische produktiewijze in de burgerlijke maatschappij. En van het meest algemene kenmerk van de specifiek menselijke waarneming (de oriëntatie op objektbetekenissen) wordt een sprong gemaakt naar de waarnemingsdimensies in de burgerlijke maatschappij; deze waarne-

---

35. Zie K. Holzkamp, *Sinnliche Erkenntnis*, a.w., p. 175-202.

mingsdimensies worden *direkt* afgeleid uit de vereisten van de kapitalistische produktiewijze.
Deze ahistorische sprong leidt bij Holzkamp tot een zekere ekonomistische denkwijze. Holzkamp verwaarloost de *ontwikkeling* van oermaatschappijen op basis van de systematische werktuigvervaardiging via maatschappijen waarin sprake is van gekompliceerde produktiewijzen naar de burgerlijke maatschappij met haar kapitalistische produktiewijze. Pas het begrijpen van deze historische ontwikkeling van verschillende produktiewijzen maakt het mogelijk om de ontwikkeling van de verschillende waarnemingswijzen en denkvormen te volgen, *van waaruit* zich uiteindelijk de typisch burgerlijke waarnemingswijzen en denkvormen hebben ontwikkeld. Dan kan blijken dat juist vanwege de verzelfstandiging van het waarnemingsapparaat vroegere denk- en waarnemingswijzen onder bepaalde voorwaarden vrijwel ongeschonden zijn blijven voortbestaan. Een dergelijke aanvulling op Holzkamps historische analyse zou zijn typologie van waarnemingsdimensies in de burgerlijke maatschappij verregaand kunnen nuanceren, hetgeen inmiddels ook vanuit de kritische psychologie wordt erkend. Zo is Ute Osterkamps analyse van de motivatie — zie het volgende hoofdstuk — al in veel sterkere mate een poging om de psychische funktioneringswijzen van mensen te verbinden met de ontwikkelings*dynamiek* van materiële produktiewijzen.

6

Jaap van der Stel, Jacques Zeelen
Emotie en motivatie

In dit hoofdstuk behandelen we de kritisch-psychologische konceptie van emotionele en motivationele processen. Die konceptie is vervat in de eerste twee delen van de studie *Grundlagen der psychologischen Motivationsforschung* van de hand van Ute Holzkamp-Osterkamp.[1]
Die studie is als volgt opgebouwd. In het eerste deel worden de vraagstelling en de methode van het onderzoek uiteengezet en de natuurhistorische basis van de motivatie en het bijzondere van het menselijke maatschappelijke leven ten opzichte van het sociale leven van dieren behandeld. Vervolgens gaat Osterkamp in het tweede deel dieper in op het specifieke van het emotioneel-motivationele aspect van de menselijke levensaktiviteit en verduidelijkt zij haar opvatting aan de hand van kritieken op de theorieën van onder anderen Rubinštejn, Leont'ev en Sève. Meer dan de helft van dit tweede deel wordt echter ingenomen door een uiteenzetting over de psychoanalyse, een theorie die zij met behulp van kritisch-psychologische begrippen probeert te herinterpreteren. In het geplande derde deel (dat waarschijnlijk pas in 1982 verschijnt) is Osterkamp van plan op basis van de eerste twee delen een diskussie aan te gaan met traditionele motivatietheorieën, zoals de veldtheorie van Lewin, de humanistische psychologie en de theorie van de prestatie-motivatie.
In dit hoofdstuk vatten we de belangrijkste onderdelen van Osterkamps studie samen. Eerst bespreken we de natuurhistorische oorsprong van de motivatie. Daarna gaan we in op het verschil tussen het sociaal verkeer bij dieren en het maatschappelijk verkeer bij mensen. Vervolgens behandelen we een aantal begrippen die voor een analyse van de menselijke motivatie onontbeerlijk zijn: maatschappelijke verhoudingen, klassentegenstellingen, individualiteitsvormen, zinnelijk-vitale en produktieve behoeften. Pas dan komen we toe aan waar het allemaal om begonnen is: het motivatieprobleem in de burgerlijke maatschappij. We besluiten ons verhaal met een aantal samenvattende opmerkingen en enkele kritische kanttekeningen.
Het zal duidelijk zijn dat we in dit hoofdstuk de nogal kompakte stof niet in al zijn facetten uiteen kunnen zetten. Onze angst voor onvolle-

1. U. Holzkamp-Osterkamp, *Grundlagen der psychologischen Motivationsforschung*, 2 delen, Frankfurt a. M. 1975 en 1976.

digheid opzij zettend hebben we verschillende gedeelten van Osterkamps uiteenzettingen onbesproken en een aantal begrippen zelfs gewoon weggelaten. We menen dat dit de toegankelijkheid van het materiaal vergroot. Voor de beoordeling van de juisheid van onze selektie kunnen we slechts verwijzen naar de oorspronkelijke teksten van Osterkamp.
Osterkamp begint haar studie met een uiteenzetting over het belang van het motivatieprobleem. Motivatie is niet zomaar een objekt voor wetenschappelijk onderzoek. Zij is dat omdat in het 'buitenwetenschappelijke verkeer' dit objekt reeds tot een probleem is gemaakt en er al allerlei aspekten aan zijn onderscheiden. De stelling van Osterkamp in dit verband is dat het motivatieprobleem ontstaan is in het direkte produktieproces en dat de behandeling ervan in andere maatschappelijke sektoren (socialisatie, onderwijs, hulpverlening) hiervan afhankelijk is.
Deze afhankelijkheid blijkt bijvoorbeeld uit de voorbereidingsfunkties die socialisatie-instellingen ten aanzien van het kapitalistische produktieproces vervullen. Deze voorbereiding betreft niet alleen de kwalifikaties voor het produktieproces, maar ook de houdingen, normen en waarden die nodig zijn om binnen de kapitalistische produktieverhoudingen te kunnen funktioneren. Het onderzoek naar de menselijke motivatie omvat voor Osterkamp daarom ook een analyse van het ontstaan en de verdere ontwikkeling van het motivatieprobleem in de burgerlijke produktiewijze. Zij vat daartoe de sociale geschiedenis van de arbeidswetenschap samen, dat wil zeggen de ontwikkeling van het 'taylorisme en de 'human-relations beweging', en de opkomst van de 'humanisering van de arbeid'.
Het doel van alle strategieën van het kapitaal jegens de loonarbeid is volgens Osterkamp de arbeiders er vrijwillig toe te brengen hun arbeidsprestatie te intensiveren. Het gaat er anders gezegd om de diskrepantie tussen het eigenlijke prestatievermogen van de arbeiders en hun feitelijk verrichte prestaties te overbruggen. Het sukses van die strategieën blijkt echter zowel afhankelijk van de objektieve produktievoorwaarden als van de krachtsverhouding tussen kapitaal en arbeidersbeweging.
De analyse van Osterkamp wijst verder uit dat alle stromingen binnen de arbeidswetenschap impliciete vooronderstellingen over de 'natuur' van de arbeider en diens motivatie bevatten. Het taylorisme gaat bijvoorbeeld uit van de opvatting dat de reduktie van de arbeider tot louter uitvoerende en 'bewusteloze' automaat en tot 'homo economicus' het beste beantwoordt aan de 'natuur' van de arbeider. In de human-relations beweging wordt de arbeider heel anders, en wel als een 'gevoelsmens' opgevat die van de kant van het management emotionele aandacht nodig heeft. De stroming van de 'humanisering van de arbeid' tenslotte baseert zich op de humanistische visie op de natuur van de arbeider. Zij gaat ervan uit dat zelfverwerkelijking het belangrijkste motief is om te arbeiden.
Hoewel de vraag naar het wezenlijke van de menselijke natuur volgens Osterkamp door de traditionele motivatietheorieën niet juist wordt be-

111

antwoord, is het toch van belang deze vraag te blijven stellen. Wanneer ze niet gesteld en beantwoord wordt, dan vervalt men in de funktionalistische en behavioristische veronderstelling dat de mens zich onbeperkt kan aanpassen aan willekeurig welke maatschappelijke verhoudingen dan ook. Osterkamp is van mening dat de onmenselijkheid van bepaalde maatschappelijke verhoudingen alleen dan onderzocht en bekritiseerd kan worden, wanneer men over een konkreet begrip van de menselijke natuur beschikt. Pas dan kan vastgesteld worden dat onder bepaalde maatschappelijke voorwaarden de ontplooiing van de natuurlijke mogelijkheden van mensen wordt onderdrukt of beperkt.

Dit uitgangspunt vinden we terug in Osterkamps methodische aanpak. De methodische procedures bij het onderzoek naar de kenmerken van de menselijke motivatie ontleent Osterkamp aan de 'driestap' van Holzkamp, overigens niet zonder enkele aanvullende wijzigingen.[2] Ze gaat als volgt te werk. De eerste stap bestaat uit een analyse van de natuurlijke ontstaansgeschiedenis van de motivatie. In de tweede stap wordt onderzocht waarin het menselijke maatschappelijke leven van het dierlijke sociale leven verschilt. Op basis van de resultaten daarvan wordt dan in de derde stap een analyse gemaakt van de bijzonderheden van de menselijke emotioneel-motivationele processen. Deze stappen komen ook in deze samenvatting achtereenvolgens aan de orde.

De natuurhistorische oorsprong van de motivatie

In deze paragraaf bespreken we een aantal analysen en begrippen die de natuurhistorische achtergrond van de motivatie betreffen. Osterkamp gaat in haar studie zeer uitvoerig in op diverse resultaten van ethologisch onderzoek. Met name voor deze paragraaf geldt dan ook dat we slechts die onderdelen hebben geselekteerd, die voor een goed begrip van de volgende paragrafen van belang zijn.

Wil men de voorvormen van de verschillende aspekten van de menselijke levensaktiviteit natuurhistorisch onderzoeken dan zal men volgens Osterkamp gebruik moeten maken van de evolutietheorie van Darwin. Basisprincipes van deze theorie zijn de erfelijke variabiliteit van organismen door kombinatie en mutatie, de produktie van een nakomelingen-

---

2. Die wijzigingen betreffen vooral het feit dat Holzkamp bij zijn maatschappelijkhistorische analyse van de waarneming de eigen wetmatigheid van de maatschappelijke ontwikkeling buiten beschouwing laat en slechts de algemene kenmerken van de menselijke waarneming analyseert. Osterkamp probeert dit bij haar eigen analyse te ondervangen; zie U. Osterkamp, *Motivationsforschung 1*, a.w., p. 192-198. Een wezenlijke aanvulling op dit punt levert Osterkamp door het begrip 'maatschappelijke denkvorm' in te voeren om het maatschappelijke aspect van kognitieve processen inzichtelijk te maken. Ze maakt echter bij haar analyse van de menselijke motivatie van dit begrip nauwelijks gebruik.

overschot in een bepaalde populatie en de reduktie van dat overschot door selektiemechanismen. Die mechanismen bestaan uit de verhoging van de voortplantingswaarschijnlijkheid van die dieren die het beste aan de levensomstandigheden zijn aangepast. Dat betekent dat, wil men iets van die selektiemechanismen begrijpen, men kennis moet hebben van de objektieve levensomstandigheden. De biologische uitrusting en de gedragskenmerken van levende wezens moeten volgens Osterkamp daarom gezien worden als 'funktionele weerspiegelingen' van de objektieve levensomstandigheden. Anders gezegd: de kans om te overleven is groter naarmate organismen beschikken over kenmerken en eigenschappen die in de betreffende levensomstandigheden te gebruiken zijn, oftewel: die kenmerken van de omgeving bevatten, 'weerspiegelen'.

Aldus argumenterend stelt Osterkamp dat de evolutionaire ontwikkeling van de soort op kausale wijze geïnterpreteerd moet worden; dat wil zeggen: varianten van een bepaalde soort hebben niet een betere aanpassing tot *doel*, maar zijn het *effekt* van een betere aanpassing en daarmee het *gevolg* van de noodzaak om te overleven.

Overigens impliceert dit nog geen mechanistische opvatting van de evolutionaire ontwikkeling. Die ontwikkeling wordt gekenmerkt door ongelijktijdigheden en verschillende ontwikkelingstempo's, zodat het heel goed mogelijk is dat verschillende ontwikkelingsstadia tegelijkertijd bestaan en dat terugval in vorige stadia optreedt. Dergelijke faseverschuivingen zullen telkens in samenhang met de specifieke levensvoorwaarden moeten worden onderzocht.

Een centraal begrip bij de verklaring van de ontwikkeling van de soort is 'biologische ontwikkelingsnoodzakelijkheid'. Daarmee geeft Osterkamp aan dat het erom gaat te onderzoeken welke voorwaarden noodzakelijk zijn om tot een hoger niveau van ontwikkeling te komen. Biologische ontwikkelingsnoodzakelijkheid verwijst dus niet naar iets dat in het dier zelf zit en per se verder ontwikkeld moet worden, maar drukt juist het biologische effekt uit van de noodzaak tot overleven. Wanneer de noodzakelijke ontwikkelingsvoorwaarden ontbreken, stagneert de ontwikkeling van de soort en dreigt deze uit te sterven. Zijn de ontwikkelingsvoorwaarden wel aanwezig, dan leidt dat echter niet automatisch tot een hogere ontwikkeling. Hogere ontwikkeling is ook nog afhankelijk van een reeks minder wezenlijke voorwaarden, die alleen door middel van empirisch onderzoek kunnen worden vastgesteld.

Wat dat laatste betreft maakt Osterkamp in belangrijke mate gebruik van het ethologisch onderzoek van Konrad Lorenz en anderen. Deze ethologen proberen door de gedragswijzen van in het heden levende dieren te onderzoeken, een bijdrage te leveren aan de kennis over de verschillende fylogenetische ontwikkelingsniveaus. Methodisch gaan ze voornamelijk te werk door observatie van dieren in hun soortspecifieke milieu. Daarnaast is er het ethologisch experiment, waardoor exakte kausale analysen mogelijk worden. De waarde van deze experimenten hangt echter voor een belangrijk deel af van de mate waarin het natuur-

lijke milieu aanwezig blijft, zodat variaties in bepaalde aspekten onderzocht kunnen worden.
Bij haar analyse van de organismische levensaktiviteit onderscheidt Osterkamp vier onderling samenhangende aspekten. Deze aspekten zijn respektievelijk het motorische, het receptorische, het energetische en het emotioneel-motivationele aspekt. In de nu volgende uiteenzetting beperken we ons tot een korte samenvatting van Osterkamps analyse van het laatste aspekt.
Osterkamp vat emotionaliteit op als de kwalitatieve zijde van de levensaktiviteit. Emoties zijn waarderingsprocessen waardoor kognities met handelingen verbonden worden. Deze processen zijn biologisch funktioneel, dat wil zeggen: ze hangen nauw samen met de noodzaak het leven van het individuele dier en van de soort als geheel in stand te houden. Kognities (bijvoorbeeld de waarneming van bepaalde gevaren) leiden uit zichzelf niet tot handelingen (bijvoorbeeld weglopen). De noodzaak voor het organisme om te handelen komt veeleer pas voort uit de emotionele waardering van de objektieve realiteit in samenhang met de totale gemoedstoestand van het dier. Deze waardering is uiteindelijk bepalend voor de bereidheid van het organisme de omgeving handelend tegemoet te treden. Waar hangt nu deze emotionele waardering van af en wat is haar natuurhistorische grondslag?
De biologische basis voor de emotionaliteit wordt volgens Osterkamp gevormd door de zogenaamde kwantitatieve energetische processen van opwinding en aktivering van het organisme. Emotionaliteit ontstaat wanneer het energetische evenwicht verstoord wordt. Ze komt voor het eerst in de ontwikkeling van de soort voor wanneer het dier gekonfronteerd wordt met bepaalde tekorten in zijn behoeftebevrediging. Deze tekorten, bijvoorbeeld tekorten aan voedsel, water, zuurstof of warmte, leiden tot een positieve of negatieve waardering van de waargenomen levensomstandigheden: het dier 'beoordeelt' of deze tekorten door de omgeving aangevuld kunnen worden of dat er bijvoorbeeld andere gebieden moeten worden opgezocht.
Die emotionele waardering bevat in het begin nauwelijks kognitieve elementen, maar wordt gedomineerd door lust- en onlustprincipes. Pas later in de ontwikkeling van de soort krijgen de emoties kwalitatief bijzondere kenmerken, zodat het organisme bijvoorbeeld gebrek aan voedsel anders waardeert dan gebrek aan zuurstof.
De verdere ontwikkeling van de emotionaliteit wordt gekenmerkt door een steeds verdergaande verzelfstandiging van de behoeften. Allerlei handelingen om bijvoorbeeld de voedselbehoefte te bevredigen leiden niet steeds tot direkte bevrediging maar vaak slechts tot de voorbereiding daarvan. Het dier wordt steeds afhankelijker van deze handelingen, die daarmee zelf het karakter van een behoefte krijgen.
Aan deze nieuwe vormen van behoefte liggen volgens Osterkamp de zogeheten 'aktiespecifieke energieën' ten grondslag. Ze neemt dit begrip over van Lorenz. Deze had op basis van observaties gekonstateerd dat

aan elke instinkthandeling een aktiespecifieke energie toebehoort, die haar eigen opladingsritme kent. Instinkthandelingen, bijvoorbeeld parings- en nestbouwgedrag en het verzorgen van jongen, treden relatief onafhankelijk van allerlei uiterlijke omstandigheden en op biologisch zinvolle tijdstippen op. Dit betekent dat er, gevoed door aktiespecifieke energie, noodzakelijke handelingen worden verricht zonder dat het dier de noodzaak ervan akuut ondervindt. Deze instinkthandelingen hebben de funktie levensbedreigende situaties te voorkomen of adekwate bescherming te bieden. Ze treden allengs meer op de voorgrond en vervangen de gedragingen die louter voortkomen uit aktuele behoeften. Ze ontwikkelen zich in de loop van de fylogenese in allerlei varianten en op kwalitatief steeds hogere niveaus.

De ontwikkeling van instinkthandelingen leidt langzamerhand tot het ontstaan van een vermogen tot leren. Het dier gaat verschillende objekten voor zijn handelingen onderscheiden en voorkeuren voor bepaalde objekten ontwikkelen. Kenmerkend voor dergelijk 'voorkeursgedrag' is dat het organisme de bekwaamheid verwerft om de behoeftebevrediging bij bepaalde objekten op te schorten ten gunste van niet direkt aanwezige objekten waarvan meer bevrediging wordt verwacht. Zo zal het bepaalde soorten voedsel negeren omdat het geleerd heeft dat andere soorten meer bevrediging opleveren.

Met de ontwikkeling van het voorkeursgedrag is een emotionele kwaliteit bereikt die als een eerste vorm van motivatie kan worden beschouwd. Het bijzondere van dit gemotiveerde handelen is dat het gedrag van het dier niet louter meer afhankelijk is van fysiologische behoeften en uiterlijke omstandigheden. Er wordt als het ware iets tussen beide elementen in geschoven. Individuele ervaringen van het dier met mogelijke objekten voor bevrediging worden nu een belangrijke faktor in de emotionele waardering van situaties waarin gehandeld moet worden. Het dier krijgt daardoor een bepaalde speelruimte bij zijn aktiviteiten om behoeften te bevredigen en daarmee in aanleg al een zekere kontrole over de eigen behoeften.

Doordat het dier steeds geoefender met verschillende objekten in zijn omgeving omgaat, krijgen deze objekten voor het dier bepaalde gebruikskenmerken. Het ontdekken van die verschillende gebruiksmogelijkheden vormt langzamerhand een zelfstandige behoefte, die Osterkamp de 'behoefte aan nieuwsgierigheids- en exploratiegedrag' noemt. In de loop van de fylogenese leidt dat tot een gestage uitbreiding van de handelings- en ervaringsmogelijkheden en daarmee tot een snelle toename van het aantal situaties, objekten en handelingen die voor het dier emotioneel betekenisvol zijn. Die uitbreiding van mogelijkheden tot leren moet ervoor zorgen dat het dier aan de toenemende openheid van zijn levensomstandigheden het hoofd kan bieden.

Wanneer men de verschillende hogere diersoorten onder dit gezichtspunt beschouwt, dan ziet men volgens Osterkamp dat de behoefte aan nieuwsgierigheids- en exploratiegedrag steeds meer de vorm aanneemt van een verzelfstandigde *behoefte aan omgevingskontrole*. Deze behoefte aan kontrole is de specifieke gedaante waarin de biologische noodzaak om te overleven bij hogere diersoorten optreedt. Bij deze soorten leidt gebrek aan omgevingskontrole tot grotere bestaansonzekerheid waardoor allerlei emotionele spanningen optreden. Wanneer in bepaalde situaties de emotionele opwinding toeneemt, kan er een gerichte mobilisatie van energieën ontstaan, die Osterkamp als 'inspanningsbereidheid' omschrijft. Die kan ertoe leiden dat het dier probeert via nieuwe kontrolehandelingen alsnog de moeilijkheden van de situatie te overwinnen.

Wanneer het dier echter niet in staat is handelend op te treden, krijgt de negatieve waardering van de situatie steeds meer het kenmerk van angst. Angst is dus het gevolg van een sterke behoefte de omgeving te kontroleren, terwijl het dier daar feitelijk niet toe in staat is.

Samenvattend kunnen we stellen dat in de loop van de evolutie de hogere vormen van dierlijk gedrag in toenemende mate gestuurd worden door de behoefte aan omgevingskontrole. Deze behoefte ligt ten grondslag aan de emotionele waardering van nieuwe situaties in de omgeving en reguleert het energetisch proces waardoor handelingen worden gemotiveerd die het dier in staat moeten stellen die nieuwe situaties het hoofd te bieden.

Menselijke maatschappelijkheid versus sociaal verkeer bij dieren

Nadat we in de vorige paragraaf een globaal overzicht hebben gegeven van de natuurhistorische voorlopers van de menselijke motivatie, zullen we nu ingaan op de onderscheidende kenmerken van het maatschappelijke leven. Vaak wordt gezegd dat het verschil tussen mens en dier vooral te maken heeft met bewustzijn, kennis of taal. Hoe deze zaken zich tot elkaar verhouden, hoe ze zich historisch ontwikkeld hebben en in welk verband ze staan met het gedrag van diersoorten die aan de menselijke soort voorafgingen, blijft echter meestal onbesproken. Wil men echter het handelen, de motivatie en de gedrevenheid van maatschappelijk levende mensen begrijpen, dan zal men zich toch eerst een idee moeten vormen van de algemene kenmerken van het menszijn en van de verschillen met het dierlijke bestaan.

Wanneer we naar het menselijke maatschappelijke leven kijken, dan kunnen we allereerst vaststellen dat dit niet uit de lucht is komen vallen, noch uit zichzelf te verklaren is, maar reeds voorlopers moet hebben gekend in de biologische uitrusting en het gedrag van hogere diersoorten. In de loop van de fylogenese zijn bij verschillende diersoorten sociale betrekkingen ontstaan. Die betrekkingen kwamen niet alleen voort uit de voortplantingsfunktie, maar hingen vooral ook samen met de noodzaak het leven veilig te stellen. Dit laatste werd zelfs langzamerhand de belangrijkste motor van de hogere ontwikkeling van sociale strukturen.

De meest elementaire vorm van sociaal verkeer heeft te maken met de fysieke afstand tussen dieren. De grootte van de optimale afstand tussen dieren varieert van soort tot soort. Zo spreekt men bijvoorbeeld van 'kontaktdieren' (wilde zwijnen, knaagdieren, vele apen en halfapen). Dieren neigen ertoe om een voor het leven schadelijke dichtheid te vermijden en een optimale doorsnee-afstand ten opzichte van elkaar te bewaren. Een bekende organisatievorm van het afstand houden is het zogenaamde 'territoriumgedrag'. Bij de vorming van een territorium wordt een bepaald terrein in bezit genomen en tegen binnendringende soortgenoten verdedigd, waardoor het dier meer kontrole over zijn omgeving kan uitoefenen.

Deze en andere vormen liggen ten grondslag aan de verschillende sociale interaktiestrukturen tussen dieren. Een primitieve vorm van interaktie is de interaktie 'door optelling', oftewel: 'samen zijn we sterker' (bescherming, beschutting en de groep als warmtebron). De evolutionaire ontwikkeling komt op een hoger niveau wanneer er niet meer louter van optelling sprake is, maar ook allerlei betrekkingen tussen dieren onderling ontstaan, bijvoorbeeld wanneer bij paring de partner niet meer te verwisselen is voor een ander (zoals bij kreeften reeds het geval is). Bij zoogdieren bereikt deze eerste vorm van individuatie zijn hoogste niveau. Hogere zoogdieren struktureren immers hun sociale leven verregaand door aangeleerde individuele betrekkingen, zoals rangenstrijd, leiderschapsposities en dominantieverhoudingen. Leiderschap vormt daarbij het belangrijkste organisatieprincipe.

Toch zijn er tussen hogere dieren niet alleen hiërarchische betrekkingen, maar is er ook sprake van meer gelijkwaardige relaties in de vorm van vriendschappen, die soms best een tijd kunnen duren. De ontwikkeling van deze betrekkingen en de daarbij behorende vaardigheden gaat hand in hand met de fylogenetische vorming van beveiligings- en ondersteuningsfunkties. De elementairste vorm van beschutting en steun van jonge dieren is de familieband. Ondersteunend gedrag is bijvoorbeeld broedverzorgingsgedrag (nestbouw, broeden, voederen, enzovoort). De opvoeding van jongen neemt in betekenis toe naarmate de fase van de jeugd langer duurt. De opvoeders zorgen voor sociale beveiliging door een vrije ruimte af te bakenen waarbinnen de jonge dieren zonder gevaar nieuwsgierigheids- en exploratiegedrag kunnen oefenen. Wanneer de integratie van de familie in het sociale verband sterker is, wordt de beschutting in het kader van de opvoeding ook vaak door andere groepsleden overgenomen. De opvoedingsmogelijkheden worden in toenemende mate afhankelijk van de sociale integratie, dat wil zeggen: hoe langer de jeugd van dieren duurt, des te eerder zal bij sociale isolatie verkommering en zelfs de dood optreden. De fylogenetische ontwikkeling van de sociale beveiliging en ondersteuning wordt dus een steeds belangrijker moment in de overleving van de soort.

De ontwikkeling van beschermingsfunkties richt zich in eerste instantie op het in stand houden en beschermen van het individuele leven en pas in tweede instantie op het voortplantingsgedrag in het stadium van de volwassenheid. Dit heeft te maken met het feit dat paringsgedrag nauwelijks individueel leren vooronderstelt. In het algemeen kan gesteld worden dat volgens Osterkamp het vermogen van dieren om sociale relaties aan te gaan een steeds belangrijker voorwaarde om te overleven is geworden en dat daarbij leermomenten een steeds belangrijkere rol zijn gaan spelen.

Ook de verschillen tussen individuele dieren nemen toe naarmate het sociale verkeer 'drukker' wordt. Vaak is het achterblijven van individuele dieren niet alleen op biologische inferioriteit terug te voeren, maar ook op belemmeringen in de ontwikkeling van sociale vaardigheden. Het vermogen tot sociaal verkeer, de 'sociabiliteit', vormt een steeds relevantere individuele eigenschap van dieren. Deze vaardigheid is dan ook een voorwaarde om binnen het sociale verband geaksepteerd te worden. Wanneer dit niet het geval is, volgt uitstoting met als gevolg een geringe overlevingskans.

De sociale interaktie tussen dieren kan dus niet langer als een kommunikatieproces worden opgevat, maar heeft alles te maken met de overlegingskansen van het sociale verband en van de soort. Bij het individuele dier vindt een verzelfstandiging van de behoefte aan sociale interaktie plaats. Deze behoefte moet voor wat de hogere diersoorten betreft als een aanvullend aspekt van de in de vorige paragraaf genoemde behoefte aan omgevingskontrole worden opgevat.

Wat zijn nu de belangrijkste elementen die de breuk karakteriseren tussen de natuurhistorische ontwikkeling van het sociale verkeer bij dieren en de maatschappelijk-historische ontwikkeling van het menselijk verkeer? Centraal in de overgang van dier naar mens staat de vervaardiging van werktuigen. De maatschappelijk geplande produktie van werktuigen is de meest oorspronkelijke vorm van arbeid. Door arbeid grijpen mensen in de natuur in en produceren zij hun eigen bestaansvoorwaarden. Voor zover het milieu door arbeid geproduceerd of voortdurend veranderd wordt, onderscheidt het zich wezenlijk van het dierlijke milieu. Door arbeid produceren mensen zaken die hun individualiteit bevestigen en realiseren. Die zaken (gebruiksvoorwerpen en dergelijke) kunnen beschouwd worden als objektiveringen van de mensen zelf. Hun kennis en vaardigheden worden erin 'opgeborgen'. Deze vaardigheden en kennis worden weer door andere mensen en door volgende generaties eigen gemaakt. Ze profiteren ervan door in de omgang met die zaken hun eigen kennis en vaardigheden verder te ontwikkelen. Dit proces noemen we 'toeëigening'. Het in zaken objektiveren van kennis en vaardigheden aan de ene kant en het toeëigenen daarvan aan de andere kant zijn twee kenmerken van hetzelfde proces: de maatschappelijke arbeid.

Door middel van arbeid maken mensen dus dingen waarin kennis, ervaring en andere betekenissen worden geobjektiveerd. In de toeëigening worden deze ervaringen niet passief overgenomen, maar juist aktief, door ermee om te gaan. Dit aktief ingrijpen wordt aangeduid met de term 'aktiviteit' (Duits: 'Tätigkeit'), de basiskategorie van de kultuur-

historische psychologie uit de Sovjet-Unie. Het begrip 'aktiviteit' omvat de specifiek menselijke vorm van levensaktiviteit en moet onderscheiden worden van het begrip 'gedrag', dat duidt op de aanpassingsaktiviteit van organismen in het algemeen.
Een vraag die nu opduikt is die naar de relatie tussen aktiviteit en arbeid. Begripsmatig gezien is volgens Osterkamp het aktiviteitsbegrip het meeromvattende begrip, omdat er iedere objektiverende, dus specifiek menselijke aktiviteit mee wordt bedoeld. Aktiviteit wordt steeds dan tot arbeid wanneer individuele mensen middels hun aktiviteit een bijdrage leveren aan de produktie en reproduktie van het maatschappelijke leven. Om dit toch wel abstrakte begrippenstelsel kort te sluiten, zou je kunnen zeggen dat alle arbeid ook aktiviteit is, maar aktiviteit niet altijd samenvalt met arbeid.
Via arbeid bereikt de mens een nieuwe en kwalitatief hogere vorm van omgevingskontrole. Arbeid is niet slechts op één enkel doel gericht, zoals dat bij het gedrag van hogere diersoorten het geval is, maar de verschillende gebruikseigenschappen van de te produceren zaken worden ruim van tevoren in het bewustzijn 'weerspiegeld'. Bij de produktieve verandering van de wereld gaat het nieuwsgierigheids- en exploratiegedrag over in een praktisch onderzoek van oorzaak en gevolg. De mens begint de wetten van de natuur voor zijn arbeidsaktiviteit nuttig te maken.
Een belangrijk aspect van dit produktief ingrijpen is het feit dat het nooit louter een individuele bezigheid is. Arbeidsprodukten zijn het resultaat van menselijke samenwerking en zijn steeds voor maatschappelijk gebruik bestemd. Allerlei vormen van sociaal verkeer bij hogere diersoorten nemen in de kontext van maatschappelijke arbeid een kwalitatief volstrekt ander karakter aan, hoewel een aantal van die vormen niet volledig verdwijnen. Bijvoorbeeld de eerder genoemde dominantieverhoudingen spelen ook binnen de maatschappelijke betrekkingen tussen mensen een rol, zij het dat ze in andere sociale organisatievormen zijn ingebed. Een ander voorbeeld is het koöperatieve aspect van sociale betrekkingen tussen mensen. Hoewel de oorspronkelijke biologische funktieverdeling zich niet meer verder ontwikkelt en slechts van andere vormen wordt voorzien, nemen in de historische ontwikkeling de nieuwe sociale koöperatieve betrekkingen maar heel geleidelijk de plaats van de biologisch gedetermineerde betrekkingen in.
Nog een laatste opmerking over het samenwerkingsproces. Aangezien maatschappelijke arbeid altijd koöperatie inhoudt, wordt de aktiviteit van de individuele mens niet slechts door de betekenissen van de geproduceerde of te produceren zaken gestuurd, maar ook door die van de aktiviteiten van andere mensen. Dit betekent dat de individuele toeëigening van betekenissen steeds ook het begrijpen van de betekenissen die anderen aan dingen verlenen vooronderstelt. Toeëigening leidt dus tot een feitelijke en ook steeds meer bewuste vervlechting van het eigen leven met dat van andere leden van de maatschappij.

In dit verband is het van belang nog even in te gaan op het onderscheid tussen de bewuste levensaktiviteit van mensen en de eerste vormen van bewuste handelingen bij hogere diersoorten. De nieuwe kwaliteit van de bewuste menselijke levensaktiviteit is gelegen in het feit dat het doel van de ingreep in de omgeving onafhankelijk van de aktuele handelingssituatie begrepen kan worden. Bewuste levensaktiviteit is niet louter de beheersing van een aktuele situatie door anticipatie op één enkel doel, maar veeleer een kwestie van plannen, van vooruitzien op toekomstige situaties en van voorbereiding op de kontrole daarvan. Tenslotte krijgt het bewuste karakter van de menselijke levensaktiviteit een belangrijk nieuw element door het steeds gedifferentieerder worden van de symboolbetekenissen. Door representatie middels symbolen, onder andere die van de taal, doen mensen ervaringen niet alleen in de praktijk op, maar verwerken ze hun eigen ervaringen en die van anderen ook los van de aktuele situatie. Ervaring wordt zo tot bewust weten, waardoor mensen hun levensomstandigheden bewuster en beter kunnen kontroleren en veranderen.

Maatschappelijke verhoudingen, klassentegenstellingen, individualiteitsvormen

In de vorige paragraaf beschreven we de belangrijkste algemene kenmerken van het menselijke maatschappelijke leven. Het spreekt voor zich dat deze kenmerken altijd in een bepaalde vorm optreden, in een bepaalde tijd, in een bepaalde maatschappijformatie, enzovoort. In deze paragraaf zullen we daar wat nader op ingaan, waarbij we echter afzien van een gedetailleerde beschrijving van de verschillende maatschappijformaties.
We merkten reeds op dat het specifieke van de menselijke arbeid gelegen is in het doelgericht veranderen en verbeteren van de omgeving. In de ontwikkeling van dit gezamenlijke ingrijpen in de omgeving zijn verschillende vormen van maatschappelijk produceren ontstaan (verschillende 'produktieverhoudingen') en werden er steeds betere en efficiëntere produktiemethoden ('produktiekrachten') ontwikkeld.
Een van de eerste vormen is die van de op jacht en verzamelen van voedsel gebaseerde maatschappijen. Deze vorm van maatschappelijk leven valt voor een deel nog binnen het overgangsgebied van dier naar mens. Langzamerhand werden nieuwe jachtmethoden en werktuigen ontwikkeld. Dat leverde meer produkten op, waardoor het distributieprobleem ontstond (wie krijgt wat en hoeveel). Ook ontstonden de eerste vormen van arbeidsdeling (in eerste instantie tussen de seksen). Op het moment dat de jacht werd aangevuld met primitieve vormen van akkerbouw, deed zich naast de problemen van arbeidsdeling en distributie ook het probleem van het privé-eigendom van grond en werktuigen voor. Het privé-eigendom van produktiemiddelen vormt de kern van de klassen-

tegenstellingen die alle erop volgende maatschappijformaties kenmerken.
Een van de meest brute vormen van een klassenmaatschappij is de slavenhoudersmaatschappij. Maar ook in de feodale maatschappij zien we een scherpe uitbuitingsverhouding in de relatie tussen lijfeigene en heer. In de burgerlijke maatschappij lijkt via de slogan 'vrijheid en gelijkheid' een einde te zijn gekomen aan de uitbuiting van de ene klasse door de andere. Dit is echter slechts schijn. De zogenaamde 'vrije' loonarbeider is totaal afhankelijk van de behoeften van het kapitaal en de grilligheden van de ekonomische ontwikkeling. Zo heeft in de burgerlijke maatschappij de klassentegenstelling de vorm aangenomen van de tegenstelling tussen loonarbeid en kapitaal.
Hoewel er ook in de burgerlijke maatschappij sprake is van uitbuiting, verschilt de produktiewijze principieel van alle andere maatschappijformaties. Het ontstaan van de kapitalistische warenproduktie dreef de mensen uit hun feodale agrarische verhoudingen en schiep de klasse van loonarbeiders. Langs deze weg werd de uitbuiting radikaal verscherpt. De geweldige ontwikkeling van de produktiekrachten zorgde weliswaar voor een enorme ontwikkeling van de menselijke vaardigheden, maar de afzonderlijke individuen profiteerden daar slechts op een beperkte wijze van. Die verdere ontwikkeling van de produktiekrachten raakte bovendien in tegenspraak met de heersende kapitalistische verhoudingen. De noodzaak van maatschappijverandering in de richting van een socialistische maatschappij deed zich daardoor steeds nadrukkelijker voor. Op grond daarvan konkludeert Osterkamp dat de klassepositie van de loonarbeiders in het kapitalisme niet slechts gekenmerkt wordt door de werkelijkheid van de uitbuiting, maar ook door de objektieve mogelijkheid de uitbuitingsverhoudingen door politieke strijd te overwinnen.
Hoe zit het nu met het individuele menselijke ontwikkelingsproces? Individuele ontwikkeling betekent volgens Osterkamp in de eerste plaats individuele vermaatschappelijking. Wat moeten we daaronder verstaan?
Mensen eigenen zich in de loop van hun individuele ontwikkeling de maatschappelijk opgehoopte kennis van eerdere generaties toe. Ook hun eigen ervaringen en kennis, omgezet in produkten van arbeid, verdwijnen niet met hun dood, maar vormen een blijvende bijdrage aan de maatschappelijke vooruitgang. Osterkamp noemt dit proces van individuele vermaatschappelijking tegelijkertijd ook een proces van 'vermenselijking' van het individu. Dan duikt de vraag op wat we onder 'vermenselijking' moeten verstaan, met andere woorden: wat is het wezen van de mens?
In dit verband is het nuttig te verwijzen naar de zesde these van Marx over Feuerbach[3], waarin hij stelt 'dat het menselijk wezen geen abstrak-

---

3. Zie voor de volledige zesde stelling over Feuerbach hoofdstuk 2 van dit boek.

tum (is) dat in het afzonderlijke individu huist. In zijn werkelijkheid is het het geheel der maatschappelijke verhoudingen.' Deze maatschappelijke verhoudingen zijn het resultaat van de historische ontwikkeling van de mensheid. Dit resultaat bestaat als zodanig voordat het afzonderlijke individu zich hierbinnen ontwikkelt. Het individu draagt het menselijk wezen dus niet vanaf de geboorte in zich, maar treft het in eerste instantie buiten zichzelf in de maatschappij aan. Daarom kun je zeggen dat individuen vermenselijken naarmate ze vermaatschappelijken.

Dit individuele vermaatschappelijkingsproces verloopt bij verschillende leden van de maatschappij bepaald niet op gelijke wijze. Veeleer zullen met de toenemende maatschappelijke arbeidsdeling ook de individuele verschillen in vaardigheden en kwalifikaties groter worden. Tevens brengt die arbeidsdeling met zich mee dat een enkel mens zich nooit de totale opgehoopte maatschappelijke ervaring kan toeëigenen, maar slechts gedeelten daarvan.

Willen we nu de individuele vermaatschappelijking adekwaat analyseren, dan moeten we volgens Osterkamp een onderscheid maken tussen individualiteitsvormen en konkrete individuen. Dit begripsonderscheid ontleent Osterkamp aan Lucien Sève, die hieraan ook het bestaansrecht van een persoonlijkheidstheorie binnen het marxisme koppelde.[4] Onder individualiteitsvormen verstaat Sève objektieve posities die mensen binnen historisch bepaalde produktieverhoudingen noodzakelijk moeten innemen om de maatschappelijke reproduktie te garanderen. Het begrip 'individualiteitsvorm' verwijst dus naar verhoudingen tussen mensen: het doelt op de objektief noodzakelijke regeling van menselijke aktiviteiten binnen gegeven produktieverhoudingen. Centrale individualiteitsvormen in de burgerlijke maatschappij zijn die van 'kapitalist' en 'loonarbeider'; andere zijn bijvoorbeeld die van 'leraar' of 'arts'.

Deze objektieve maatschappelijke individualiteitsvormen vallen niet samen met de konkrete individuen. Bijvoorbeeld een individu dat de individualiteitsvorm van de kapitalist realiseert, gaat hier geenszins helemaal in op; het kan deze vorm op verschillende wijzen konkretiseren en zelfs inzicht in de beperkingen ervan hebben. Toch is het individu als kapitalist onderhevig aan de maatschappelijk bepaalde kognitieve en morele beperkingen van de betreffende individualiteitsvorm. Een en ander betekent dat er altijd meer persoonlijke manieren om individualiteitsvormen te verwerken bestaan dan het aantal individualiteitsvormen zelf. Dit houdt echter niet in dat de manieren van verwerking onbegrensd variabel zijn. De taak van een persoonlijkheidstheorie binnen het marxisme

---

4. Zie L. Sève, *Marxisme et théorie de la personnalité*, Parijs 1975 (vierde druk) (Duits: *Marxismus und Theorie der Persönlichkeit*, Frankfurt a. M. 1972).

ligt nu juist in het analyseren van de specifieke manieren waarop konkrete individuen individualiteitsvormen verwerken.[5]

Zinnelijk-vitale en produktieve behoeften

Eerder hebben we laten zien hoe Osterkamp het begrip 'behoefte aan omgevingskontrole' ontwikkelde. Vervolgens behandelden wij het kwalitatief nieuwe van de maatschappelijk-historische ontwikkeling in vergelijking met de natuurgeschiedenis. De bij de hogere diersoorten aanwezige behoefte aan omgevingskontrole, die zich onder andere uitte in nieuwsgierigheids- en exploratiegedrag, heeft bij de mens de vorm aangenomen van maatschappelijke arbeid. In deze paragraaf gaan we nader in op de bijzonderheden van de emotioneel-motivationele processen van de maatschappelijk handelende mens.
Reeds eerder hebben we opgemerkt dat in de overgang van de natuurhistorische naar de maatschappelijk-historische ontwikkeling de mens in een fundamenteel nieuwe verhouding tot de natuur is komen te staan. Dat betekent ook dat de verhouding tussen de behoeften en de objekten die voor de bevrediging daarvan moeten zorgen principieel gewijzigd wordt. De specifiek menselijke vorm van bestaan brengt met zich mee dat mensen hun individuele behoeften slechts kunnen bevredigen door deel te nemen aan de aktiviteiten van de maatschappelijke produktie. De individuele kontrole over de levensomstandigheden heeft daarom twee nauw samenhangende aspekten: deelname aan de maatschappelijke beheersing van de levensvoorwaarden door de bewuste verandering van de natuur èn integratie in de koöperatieve samenhang van de maatschappelijke arbeidsdeling.
Wat betekent dit nu voor de behoeften van de mens? Met andere woorden: hoe worden mensen aangezet tot kontrole over hun levensomstandigheden?
Reeds bij de hogere diersoorten konstateerde Osterkamp een tweedeling in de behoeften. Aan de ene kant de verzelfstandigde behoefte aan omgevingskontrole en aan de andere kant behoeften die louter gericht zijn op het opheffen van direkte tekorten aan voedsel, warmte en dergelijke. Ook bij mensen zien we volgens Osterkamp een tweeledig behoeftensysteem. Hun behoeften kunnen niet meer in termen van louter aanpassing aan het milieu begrepen worden. Dit betekent echter niet dat bij

---

5. Het begrip 'individualiteitsvorm' verschilt overigens fundamenteel van het uit de sociologie stammende begrip 'rol'. Individualiteitsvormen hangen nauw samen met de noodzakelijkheden van de maatschappelijke produktie en drukken de mate uit waarin individuen vanuit zo'n individualiteitsvorm het produktieproces kunnen kontroleren. Bovendien omvatten individualiteitsvormen ook mogelijkheden tot ontwikkeling in de richting van kollektieve beïnvloeding van het maatschappelijke levensproces. In het rolbegrip ontbreken deze kontrole- en ontwikkelingsaspekten te enen male.

123

mensen de biologische kenmerken van de behoeften geheel verdwenen zijn; ze blijven als niet-specifieke kenmerken bestaan, maar spelen een ondergeschikte rol.

Langs deze weg komt Osterkamp tot haar formulering van een tweeledig behoeftensysteem dat zich op basis van biologische ontwikkelingsmogelijkheden gevormd heeft. Ze onderscheidt aan de ene kant de *produktieve behoeften*. Dat zijn de behoeften die de emotionele basis vormen voor de koöperatieve kontrole over de levensomstandigheden. Ze omvatten alle tendensen in een menselijk leven die gericht zijn op een uitbreiding van de kontrole over de levensomstandigheden, inklusief de sociale betrekkingen die hiermee noodzakelijk verbonden zijn. De andere kant van het behoeftensysteem wordt ingenomen door de *zinnelijk-vitale behoeften*. Deze behoeften motiveren handelingen die louter gericht zijn op het reduceren van spanningstoestanden. Ze worden onderscheiden in organische behoeften, voortkomend uit weefseltekorten (voedsel, warmte enzovoort), en seksuele behoeften, die met de voortplantingsfunkties samenhangen.

Wat moeten we in dit verband nu precies onder behoeften verstaan? Volgens Osterkamp moeten we het door haar gedefinieerde behoeftensysteem in ieder geval niet zien als het zoveelste antropologische postulaat over de menselijke driften. De produktieve behoeften zijn geen vastliggende kenmerken van individuen, maar hebben juist betrekking op de verschillende manieren waarop individuen in de werkelijkheid ingrijpen. De behoeften van een individu moeten gezien worden als elementen in het gehele toeëigeningsproces van de maatschappelijke ervaring. Behoeften ontstaan pas in relatie met de objekten die voor de bevrediging ervan in aanmerking komen. Die objekten zijn bovendien geen elementen van een louter natuurlijk milieu, maar veeleer produkten van maatschappelijke arbeid. De behoefte-ontwikkeling van mensen is daarom niet een soort 'ontvouwing' van de eigenschappen van de menselijke soort, maar juist het effekt van de maatschappelijk-historische ontwikkeling. Kort gezegd komt het erop neer dat de produktieve behoeften niet in het individu als aandriften aanwezig zijn, maar pas via het maatschappelijk handelen ontstaan en verder ontwikkeld worden.

Nu zou je je kunnen afvragen of dit laatste ook voor de organische behoeften geldt. Zoals gesteld hebben deze behoeften betrekking op direkte spanningstoestanden zoals honger en dorst. De bevrediging van deze behoeften vindt echter niet meer louter op organisch niveau plaats, maar wordt geregeld via de maatschappelijke produktie. Dit betekent dat de zinnelijk-vitale behoeften van mensen niet los gezien kunnen worden van hun produktieve behoeften. Hieruit volgt de voor de hand liggende vraag naar de specifieke verhouding tussen beide onderdelen van het behoeftensysteem.

Osterkamp beschrijft deze relatie als volgt. Aan de zinnelijk-vitale behoeften kunnen we twee aspekten onderscheiden. Het eerste aspekt is hun gebondenheid aan een gebrekstoestand, aan een tekort dat aangevuld moet worden. De bevrediging van deze behoeften hangt bij mensen echter altijd af van de maatschappelijke verhoudingen. Dit tweede aspekt betekent dat de bevrediging van de zinnelijk-vitale behoeften afhankelijk is van een proces waarin de bevrediging van de produktieve behoeften centraal staat. Dus hoewel de zinnelijk-vitale behoeften kwa aard in de loop der tijd nauwelijks veranderen, krijgen ze in het maatschappelijke levensproces een nieuwe kwaliteit, omdat de bevrediging ervan is ingebed in de bevrediging van de produktieve behoeften. Zo verkrijgt de bevrediging van organische en seksuele behoeften, als onderdeel van de kontrole over de eigen levensvoorwaarden, het karakter van het bewust genieten van het zinnelijke bestaan en stijgt ze daarmee uit boven het louter reduceren van aktuele spanningstoestanden.

Samenvattend kunnen we stellen dat in de wisselwerkingsrelatie tussen zinnelijk-vitale en produktieve behoeften de zinnelijkheid weliswaar een zekere autonomie verkrijgt, maar de produktieve behoeften het bepalende moment vormen, omdat voor de ontplooiing van de menselijke zinnelijkheid maatschappelijke kontrole van de levensvoorwaarden noodzakelijk is.

Motivatie in de burgerlijke maatschappij

Na deze algemene uiteenzetting over het menselijke behoeftensysteem gaan we ons bezighouden met de vraag hoe die behoeften in de maatschappelijke levensaktiviteit van mensen tot uitdrukking komen. We zullen proberen de mechanismen te achterhalen waardoor individuen zich in het maatschappelijk verband voegen om aldus hun levensomstandigheden te kontroleren. Het gaat kortom om de vraag hoe het maatschappelijke handelen van individuen gemotiveerd wordt.

Eerder hebben we al opgemerkt dat motivatie bij hogere diersoorten betekent dat ze niet meer volledig uitgeleverd zijn aan spanningstoestanden en ze een zekere distantie ten opzichte van de objekten voor bevrediging verkrijgen. Bij mensen ligt dat principieel anders. Mensen hebben in tegenstelling tot dieren een *bewuste* verhouding tot de natuur en haar wetmatigheden, hetgeen betekent dat zij in staat zijn die natuurwetten te kennen en met behulp van die kennis hun levensomstandigheden te beïnvloeden. Die beïnvloeding heeft twee kanten. Enerzijds impliceert ze deelname aan het in stand houden en ontwikkelen van de maatschappij, maar daarnaast is ze ook gericht op de eigen subjektiviteit: het menselijke individu heeft zowel te maken met de objektieve eisen die voortspruiten uit maatschappelijke noodzakelijkheden als met de eigen subjektiviteit. De subjektieve bereidheid tot het overnemen van maatschappelijke doelen hangt daarom af van de emotionele waardering van *beide* elementen. De specifiek menselijke motivatie ontspringt aldus uit de bewuste verhouding van mensen tot hun eigen subjektiviteit en de maatschappelijke realiteit.

We kunnen nu iets duidelijker zijn over de relatie tussen motivatie en behoeften. Onder behoeften verstaat Osterkamp emotioneel ervaren 'nood'-toestanden. Motivatie is dan de emotionele bereidheid tot aktieve opheffing van die noodtoestanden middels doelgericht handelen. In het tot stand komen van motivatie zit nu volgens Osterkamp een tegenstrijdig moment. Enerzijds is het individu genoodzaakt de kontrole over de eigen levensomstandigheden te vergroten, anderzijds brengt de daartoe noodzakelijke deelname aan het maatschappelijke leven bepaalde risiko's met zich mee. De maatschappij kan bijvoorbeeld bepaalde eisen stellen waaraan het individu denkt niet te kunnen voldoen. Wanneer deze potentiële faalangst omslaat in manifeste angst, bestaat de mogelijkheid dat het individu ondanks zijn objektieve nood ongemotiveerd blijft. Dit kan het geval zijn wanneer het individu zich weliswaar bewust is van de neteligheid van de positie waarin het zich bevindt, maar geen enkel perspektief heeft op het overwinnen van die toestand. Daarmee is het passief uitgeleverd aan de bedreigende levensomstandigheden.

Dit betekent overigens niet dat het individu ophoudt te handelen. Omdat mensen ook maatschappelijke opgaven moeten vervullen wanneer hen de motivatie ontbreekt, is het reële alternatief voor het gemotiveerd overnemen van maatschappelijke doelen niet het nalaten van handelingen, maar het vervullen van maatschappelijke opgaven onder uiterlijke of innerlijke dwang.

In de zojuist aangegeven situatie, waarin mensen kiezen voor het al dan niet overnemen van maatschappelijke doelen, stelden we dat die keuzen afhangen van de emotionele waardering van zowel de objektieve maatschappelijke doelen als van de eigen subjektiviteit. Waar is deze waardering nu van afhankelijk?

Osterkamp konstateert dat reeds op het hoogste dierlijke niveau aangeleerde kognities aan de emotionele waardering ten grondslag liggen. Op menselijk niveau gaat het dan vooral om de kognitieve beoordeling van maatschappelijk geproduceerde objekten. Volgens Osterkamp bestaat er geen toevallige, maar een wetmatige samenhang tussen de objektieve betekenis van een maatschappelijk doel en de subjektieve betekenis, de emotionele waardering ervan. Dat betekent dat de emotionele waardering van een bepaald maatschappelijk doel en daarmee de motivatie om het over te nemen alleen verandert als ook het kognitief begrip ervan verandert. De bewuste verhouding van het individu tot de eigen subjektiviteit wordt dus altijd voorafgegaan door de kognitieve analyse van maatschappelijke doelen. Het overnemen van die doelen geschiedt tenslotte altijd in koöperatief verband. Daarmee is de emotionele verbondenheid tussen mensen een belangrijke voorwaarde voor de beheersing van de levensomstandigheden. De door maatschappelijke doelen bemiddelde verbondenheid met de medemens wordt verdiept door het inzicht in de noodzaak van de wederzijdse bevordering van de behoeftebevrediging. Met andere woorden: de kontrole over de eigen levensomstan-

digheden en sociale betrekkingen is alleen te bereiken wanneer de ander deze bijdrage ook honoreert (en omgekeerd).
Osterkamp benadrukt dus dat het ontstaan van motivatie in belangrijke mate afhangt van het kognitief verwerken van maatschappelijke doelen en het aangaan van koöperatieve betrekkingen. Bovendien moeten individuen inzicht hebben in de mogelijkheden van een eigen nuttige bijdrage, dat wil zeggen: inzicht zowel in de eigen vaardigheden als in de aanwezige mogelijkheden van samenwerking.
Wat kunnen we nu op grond van het voorafgaande zeggen over de problemen die een rol spelen bij het overnemen van maatschappelijke doelen binnen de huidige burgerlijke verhoudingen? Om die vraag te beantwoorden moeten we teruggrijpen op het begrip 'individualiteitsvorm'. We zullen moeten nagaan in hoeverre de gegeven individualiteitsvormen deelname aan de maatschappelijke kontrole en koöperatie mogelijk maken.
Individualiteitsvormen bemiddelen tussen maatschappelijke en individuele levensnoodzakelijkheden. Om aan de maatschappelijke ontwikkeling bij te dragen is het individu daarom op die individualiteitsvormen aangewezen. Ook als de individualiteitsvorm daartoe slechts beperkte mogelijkheden biedt, zal het individu de eisen die ze stelt zo mogelijk zelfs onder dwang moeten nakomen.
Nemen we als voorbeeld de individualiteitsvorm van de loonarbeider. Loonarbeiders worden volgens Osterkamp in de ontwikkeling van hun vaardigheden en kwalifikaties ernstig belemmerd. Bovendien worden zij gekonfronteerd met tegenstrijdige eisen: de individualiteitsvorm van de loonarbeider omvat zowel eisen die in het belang van iedereen vervuld moeten worden, als eisen die enkel gericht zijn op de belangen van het kapitaal. Deze tegenstelling weerspiegelt zich in de organisatie van de arbeiders. Deze is enerzijds gericht op de opheffing van de klassentegenstellingen en anderzijds op louter verbetering van de levensomstandigheden van de arbeiders onder de bestaande maatschappelijke verhoudingen.
Bij de verschillende keuzen die een individu in het leven moet maken, zal het met deze objektieve tegenstellingen rekening moeten houden. Aan de ene kant zal het aan de eisen van de individualiteitsvorm moeten voldoen om niet geheel machteloos te worden, aan de andere kant dreigt steeds het gevaar zich volledig aan het deelbelang van het kapitaal te onderwerpen door slechts de eigen individuele belangen na te jagen. Het individu kan daarbij de tendens ontwikkelen risico's te vermijden en te gokken op een optimale individuele beloning. Maar wat is nu daarentegen een adekwate reaktie op de tegenstrijdige eisen waarmee loonarbeiders gekonfronteerd worden?
Volgens Osterkamp moet het individu in een dergelijke situatie de wezenlijke kenmerken van de klassesituatie proberen te begrijpen en daarbij de voordelen op korte termijn en de belangen op lange termijn tegen elkaar afwegen. Mensen kunnen volgens haar in het bewustzijn van hun

eigen subjektiviteit en in de wetenschap van de noodzaak de maatschappelijke omstandigheden te veranderen, de georganiseerde strijd daarvoor a .ngaan en afzien van voordelen op de korte termijn.

Hieruit blijkt dat volgens Osterkamp individualiteitsvormen niet als pasklare en onveranderlijke handelingsstrukturen moeten worden gezien. Individualiteitsvormen kunnen door de maatschappelijke praktijk van mensen in de richting van algemene belangen ontwikkeld worden. Het is echter pas in de gemeenschappelijke strijd met anderen voor het doorbreken van de heersende verhoudingen dat individualiteitsvormen veranderbaar blijken te zijn.

De individualiteitsvorm van de loonarbeider is in het kapitalistische produktieproces nog aan een aantal andere tegenspraken onderhevig. Wanneer we naar de ontwikkeling van de maatschappelijke arbeid kijken, zien we dat er enerzijds een proces plaatsvindt van toenemende vermaatschappelijking van de arbeid en daarmee van vergroting van de mogelijkheid om de arbeid bewust te plannen. Anderzijds moeten we echter konstateren dat de mogelijkheden voor de arbeiders om het arbeidsproces te kontroleren steeds verder worden ingeperkt. Je zou dus kunnen zeggen dat bij de arbeiders aan de ene kant de produktieve behoeften gestimuleerd worden, terwijl deze aan de andere kant juist gefrustreerd worden doordat arbeiders uitgesloten worden van beslissende invloed op de bedrijfsvoering. Het gevolg van deze tegenstrijdige situatie is dat de maatschappelijke doelen die arbeiders nastreven voor hen niet de subjektieve betekenis van bewuste deelname aan het kontroleren van de maatschappelijke levensomstandigheden hebben. De bevrediging van zinnelijk-vitale behoeften gaat dan steeds meer op de voorgrond treden en vormt geen deelaspekt meer van de produktieve motivatie; ze verzelfstandigt zich en wordt handelingsdoel op zichzelf. Op deze wijze wordt de loonarbeider teruggeworpen op een lager niveau van behoeftebevrediging, waar juist de specifiek menselijke kwaliteit ontbreekt.

Die specifiek menselijke kwaliteit wordt ook niet bereikt via de strijd voor hoger loon. Wanneer dat alleen maar een strijd om de centen is, blijft hij beperkt tot het zinnelijk-vitale niveau. De specifiek menselijke kwaliteit wordt pas bereikt als de loonstrijd verbonden wordt met de eisen op het gebied van kontrole over het produktieproces.

Voordat iemand kan gaan deelnemen aan de politieke strijd, moeten bovendien nog een aantal andere moeilijkheden overwonnen worden. Een belangrijk obstakel is bijvoorbeeld de ondoorzichtigheid van de kapitalistische maatschappij. Voor de meeste mensen verschijnen de kapitalistische verhoudingen als de enig mogelijke, meest 'natuurlijke' verhoudingen. Ook de klassenverschillen lijken voor velen gebaseerd te zijn op door iedereen geaksepteerde normen. De loonarbeider, die permanent met de welvaart en de konsumptiemogelijkheden van de hogere klassen gekonfronteerd wordt, zal daardoor niet gestimuleerd worden zichzelf te ontwikkelen, maar zal erin berusten dat dit nu eenmaal niet voor hem of haar is weggelegd. Hieruit ontstaat volgens Osterkamp een tegenstrijdige emotionele waardering van de eigen situatie. Enerzijds een neutrale waardering ('het is niet anders') en anderzijds ontevredenheid over de eigen ontwikkelingsmogelijkheden. Wel en geen behoefte aan verandering dus. Deze tegenstrijdigheid wordt in verschillende situaties op uiteenlopende manieren verwerkt. Soms wordt ze verwerkt door de realiteit van de klassenverhoudingen te ontkennen, wat door Osterkamp 'realiteitsafweer' wordt genoemd. Onder bepaalde politieke omstandigheden is het echter ook mogelijk dat het ware karakter van de klassenmaatschappij wordt ingezien, wat dan juist tot politisering kan leiden.

De tegenstrijdige uitgangspositie van loonarbeiders heeft ook konsekwenties voor hun sociale betrekkingen in het bedrijf. Omdat arbeiders uitgesloten zijn van de bewuste planning van de arbeid, zullen hun sociale betrekkingen en de kwaliteit van hun emotionele banden met anderen zich maar beperkt ontwikkelen. Het scherpst komt dit tot uitdrukking in de konkurrentie om de arbeidsplaats. De arbeider die zich ondanks allerlei beperkingen verder ontwikkelt en zich meer kwalificeert dan anderen vormt, zeker in tijden van ekonomische krisis, een direkte bedreiging voor diens kollega's. Deze 'gebroken' emotionele verhouding tot de eigen en andermans prestaties is kenmerkend voor de arbeid onder kapitalistische verhoudingen. Er is echter volgens Osterkamp geen sprake van een uitzichtloze situatie. De koöperatieve verbondenheid tussen mensen neemt in betekenis toe naarmate gezamenlijke initiatieven genomen worden om iets aan die situatie te veranderen. In de organisaties van de vakbeweging bijvoorbeeld is de onderlinge konkurrentie reeds gedeeltelijk teruggedrongen ten gunste van een gezamenlijk optreden.

Een laatste aspect van de tegenstrijdige positie van loonarbeiders is het volgende. Omdat loonarbeiders uitgesloten zijn van de bewuste planning van de arbeid, staan ze voor een deel onverschillig tegenover de konkrete inhoud van hun arbeid. De mogelijkheden om zich in de arbeid te ontwikkelen worden verhinderd door gebrek aan invloed op de planning en organisatie van de arbeid. Deze tegenstrijdigheid verhindert de ontwikkeling van een optimale motivatie. Pogingen om de arbeidssituatie te verbeteren (humanisering van de arbeid, meer afwisseling in het werk, autonome groepen) maken weliswaar een beperkte ontwikkeling van de bekwaamheden van arbeiders mogelijk, maar omdat de kapitalistische verhoudingen niet worden aangetast, blijft de principiële vervreemding bestaan. Dergelijke pogingen om de motivatie en daarmee de produktiviteit (want daar gaat het tenslotte om) te verhogen, moeten zonder sukses blijven, omdat ze voorbijgaan aan het specifiek menselijke: de bevrediging van de produktieve behoeften. Gepoogd wordt de arbeiders te motiveren zonder de voorwaarden waaronder produktieve motivatie pas mogelijk wordt, tot stand te brengen. De produktieve behoeften komen pas tot ontwikkeling wanneer mensen volwaardig deel kunnen nemen aan het bewust kontroleren van zowel de algemene als hun eigen werk-, woon- en levensomstandigheden.

We hebben het tot nu toe voornamelijk gehad over de ontstaansvoorwaarden van de menselijke motivatie in de burgerlijke maatschappij. Tot slot gaan we na onder welke voorwaarden die motivatie er daadwerkeijk toe leidt dat het nagestreefde doel bereikt wordt. Immers, wanneer individuen zich maatschappelijke doelen hebben eigen gemaakt, betekent dat niet automatisch dat zij ook onmiddellijk doelgericht handelen. De totale emotionaliteit wordt niet alleen door produktieve behoeften gekarakteriseerd, maar ook door verschillende zinnelijk-vitale behoeften. Deze kunnen in tegenspraak zijn met de op maatschappelijke doelen gerichte bereidheid tot handelen. Doelgericht handelen vereist daarom volgens Osterkamp ook bewuste kontrole van de emotionele spanningen op het vlak van de zinnelijk-vitale behoeften.

Voorwaarde voor de bewuste kontrole van storende emotionele spanningen is het kreëren van distantie ten opzichte van de zinnelijk-vitale behoeften. Zoals we reeds eerder hebben opgemerkt gaat Osterkamp ervan uit dat mensen in principe in staat zijn emotionele spanningen te reduceren door voor bevrediging van die behoeften te zorgen. Op die manier verdwijnen de spanningsverschijnselen naar de achtergrond en krijgen de produktieve behoeften een centrale plaats, zodat alle aandacht gericht kan worden op het bereiken van de maatschappelijke doelen.

Betekent dit dan niet onderdrukking van de zinnelijk-vitale behoeften? Osterkamp vindt van niet. De algemeen, vooral ook in de psychoanalyse heersende opvatting dat de maatschappij de behoeften van mensen onderdrukt, is volgens haar niet houdbaar. Deze opvatting gaat namelijk van de veronderstelling uit dat mensen primair uit zijn op het bevredigen van aktuele behoeften. In het voorafgaande is beargumenteerd dat de specifiek menselijke vorm van behoeftebevrediging juist gericht is op deelname aan de koöperatieve kontrole van de maatschappelijke levensvoorwaarden. Het volledig teruggeworpen zijn op de bevrediging van zinnelijk-vitale behoeften is niet karakteristiek voor de behoeftebevrediging op menselijk niveau, maar voor die op organismisch, vóórmenselijk niveau. De maatschappelijke regeling van de individuele behoeftebevrediging impliceert geen dwang, maar juist een moment van menselijke vrijheid, omdat langs de maatschappelijke weg de willekeur van de individuele behoeftebevrediging overwonnen wordt. Dat houdt niet in dat er in het geheel geen tegenstellingen kunnen bestaan tussen maatschappelijke eisen en de bevrediging van zinnelijk-vitale behoeften, maar die tegenstellingen hangen volgens Osterkamp samen met het klassekarakter van de maatschappij, dat een koöperatieve regeling van de menselijke behoeftebevrediging verhindert.

Tot nu toe hebben we het alleen over de rol van storende emotionele spanningen gehad voor zover het individu weet heeft van de oorzaken van deze spanningen en het perspektief bestaat om ze langs maatschappelijke weg op te heffen. Er zijn echter ook emotionele spanningen die niet door het individu tot een direkte oorzaak te herleiden zijn. We denken hierbij aan angsten, fantasieën en depressies. Een voorwaarde om als individu toch greep op deze spanningen te krijgen ligt volgens Osterkamp in het ontwikkelen van een zekere distantie. Het individu zal moeten proberen een bewuste relatie met zichzelf aan te gaan om een overzicht te krijgen over de eigen emotionele toestand en mogelijke oorzaken van spanningen op het spoor te komen. Dit betekent dat Osterkamp ook op dit punt het belang onderstreept van de kognitieve herstrukturering van de toestand waarin het individu verkeert. Ze ontkent echter dat op zo'n manier de eigen emotionaliteit tekort zou worden gedaan. Emotionaliteit krijgt door het betere begrip van de eigen situatie juist een nieuwe kwaliteit, waardoor er veranderingen in het handelen bewerkstelligd kunnen worden.

In het voorafgaande zijn we steeds van een soort ideale situatie uitgegaan, namelijk dat door bewuste kontrole van storende emotionele spanningen en kognitieve analyse van maatschappelijke doelen specifiek menselijke motivatie mogelijk wordt. Dit betekent echter niet dat in alle gevallen van menselijke motivatie de genoemde voorwaarden optimaal vervuld zijn. Vaak kunnen vermoeidheid of bijvoorbeeld verzadigingsverschijnselen ondanks de kontrole weer op de voorgrond treden. In dergelijke situaties zal het individu het handelen opnieuw moeten disciplineren om de invloed van deze storende impulsen op het feitelijke handelen in te perken. Deze vormen van zelfdisciplinering noemt Osterkamp 'wilsinspanningen'. Deze moeten niet als een nieuw onafhankelijk aspekt, maar als deelmomenten van de totale menselijke motivatie worden opgevat. Osterkamp besluit haar beschouwing van de emotioneel-motivationele processen met te benadrukken dat ook de mate van wilsinspanning bepaald wordt door de maatschappelijke mogelijkheden tot koöperatieve kontrole over de levensomstandigheden.

Kanttekeningen en kritiek

Tot besluit van dit hoofdstuk willen we nog een paar kritische kanttekeningen maken. We kunnen hier niet de veelheid van diskussies die rond de studie van Osterkamp ontstaan zijn, uitvoerig weergeven. Bovendien hebben we in het voorafgaande slechts een deel van haar studie behandeld. Haar opvattingen over psychische stoornissen, haar kritische beschouwing over de psychoanalyse en haar uitgangspunten voor psychotherapie komen echter nog in de volgende hoofdstukken aan de orde. In deze laatste paragraaf maken we slechts een korte tussenbalans op en wijzen we op een aantal problematische punten.

Hoewel Osterkamps studie nog niet volledig is, kunnen we nu al stellen dat haar poging om de menselijke motivatie in haar historische ontstaanswijze te analyseren een doorbraak betekent in het denken over motivatie. Het gebruik van de historische methode, de radikale manier waarop individu en maatschappij in de theorie op elkaar worden betrokken en de verwerking van enorme hoeveelheden empirisch materiaal leveren een uiterst vruchtbaar verhaal op, dat zonder meer uitstijgt boven het traditionele denken over de menselijke motivatie.

Dit positieve beeld heeft echter ook een schaduwzijde. Door de omvattende en systematische argumentatie ontstaat de indruk dat de studie een afgerond en afgesloten verhaal vormt. Osterkamp verzuimt naar onze mening te vaak problematische punten in de analyse aan te geven, terwijl die in een werk met zo'n omvattende pretentie onmogelijk afwezig kunnen zijn. Het ontbreekt te zeer aan programmatische lijnen die richting kunnen geven aan verdere diskussie en onderzoek. We zullen hier enkele van dergelijke problematische punten aanstippen.

Een eerste fundamenteel probleem is het door Osterkamp ontwikkelde behoeftensysteem. Ze doet een poging om in haar argumentatie de tegenstelling tussen natuur en maatschappij op te heffen door beide in het maatschappelijke handelen van de mens op elkaar te betrekken. Door iedere nieuwe vorm van handelen bij hogere diersoorten en bij mensen in een nieuwe behoefte te verankeren (zie bijvoorbeeld de behoefte aan omgevingskontrole), ontstaan er onduidelijkheden met betrekking tot de relatie tussen deze behoeften en het handelingsproces zelf. Hoewel Osterkamp bijvoorbeeld benadrukt dat de produktieve behoeften geen in het individu huizende basisdriften zijn, maar juist in het handelingsproces zelf ontstaan, komt een dergelijk gebruik van het behoeftebegrip toch gevaarlijk dicht in de buurt van het veronderstellen van 'eeuwige' basispotenties.[6]

Onduidelijkheden treden ook op de voorgrond waar ze het heeft over de relatie tussen produktieve en zinnelijk-vitale behoeften. De relatie tussen de maatschappelijke en natuurlijke komponenten wordt te eenzijdig en te ongekompliceerd vertaald in de bewuste omgang met de natuurlijke behoeften. Op een dergelijke manier worden de twee polen eerst uit elkaar gehaald om vervolgens in het bewuste handelen weer aan elkaar gekoppeld te worden. Deze vereenvoudiging lijkt ons niet houdbaar.[7] De gekompliceerde verstrengeling van natuurlijke en maatschappelijke behoeftekomponenten in het handelingsproces vereist een verfijning van de door Osterkamp ontwikkelde begrippen, waarbij met name niet-kognitieve aspekten meer aandacht zouden moeten krijgen.

Een ander probleemgebied, dat nauw met het voorafgaande samenhangt, betreft de relatie tussen emotie, kognitie en handelen. Osterkamp beschrijft het emotionele aspekt als bemiddelende instantie tussen de kognitie en het handelen. Hierbij wordt de emotie voornamelijk als een van de relatie tussen kognitie en handelen afhankelijke variabele

---

6. Vgl. onder andere de diskussie tussen Holm Gottschalch en Ute Osterkamp in *Forum Kritische Psychologie*, nr. 4, 1979.

7. Vgl. onder andere de kritiek van Bernard Uhrig op Osterkamps seksualiteitsopvatting in *Forum Kritische Psychologie*, nr. 4, 1979.

beschouwd.[8] Door het emotionele niet als relatief zelfstandig moment te beschouwen en de eigen kenmerken daarvan te analyseren, wordt het dynamische karakter van de psyche te zeer gereduceerd tot het bewuste handelen.[9] Dit heeft nogal wat konsekwenties voor Osterkamps opvattingen over psychische stoornissen, afweerprocessen, ideologische verschijnselen en therapie — maar daarover handelen de volgende hoofdstukken.

Tot slot moet hier nog een laatste probleem gesignaleerd worden. Osterkamp werkt het verschijnsel motivatie in de burgerlijke maatschappij nader uit door met name in te gaan op de motivationele gesteldheid van de loonarbeider. Eerder, in het vorige hoofdstuk, werd over Holzkamps studie over de waarneming opgemerkt dat verzuimd is om de historische vormen van de waarneming in verschillende maatschappijformaties te analyseren en dat al te snel algemene begrippen op de burgelijke maatschappij worden toegepast. Hoewel ook Osterkamp een dergelijke kritiek op de studie van Holzkamp formuleert, ontbreekt ook bij haar een analyse van de historische vormen van de menselijke motivatie. Na het ontwikkelen van de algemene kenmerken van de menselijke motivatie wordt vervolgens overgegaan naar de behandeling van de motivatie in de burgerlijke maatschappij. Hierbij dreigt het gevaar te veel 'van bovenaf', op basis van algemene begrippen, 'naar beneden' te konkretiseren en de argumentatie te weinig te baseren op allerlei historische vormen van de motivatie. Met andere woorden: wanneer Osterkamp het heeft over de motivatie van de loonarbeider, konstrueert ze te veel vanuit reeds ontwikkelde begrippen en brengt ze te weinig de eventuele spanning tussen deze begrippen en allerlei resultaten van empirisch onderzoek in beeld. De middels de historische methode afgeleide begrippen worden naar onze mening te weinig met konkreet empirisch onderzoek gekonfronteerd.

---

8. In een recent artikel probeert Osterkamp haar opvatting over de relatie tussen kognitie, emotie en handelen te verduidelijken; zie U. Osterkamp, 'Erkenntnis, Emotionalität, Handlungsfähigkeit', in: *Forum Kritische Psychologie*, nr. 3, 1979.

9. Vgl. G. Vijverberg, *Het dialektische karakter van de kritische psychologie*, doktoraalskriptie, Groningen 1980.

Ed Elbers
De ontwikkeling van de persoonlijkheid

1. Inleiding

De historische benadering die Holzkamp in de psychologie heeft geïntroduceerd, gaat niet voorbij aan de persoonlijkheidstheorie. Aan het onderzoek naar het ontstaan van de soort en naar de maatschappelijke geschiedenis wordt een nieuw terrein van historisch onderzoek toegevoegd: de levensloop van konkrete personen, van hun subjektiviteit en individualiteit. Steunend op de resultaten van hun analyse van de fylogenese en van de maatschappelijke geschiedenis bakenen Holzkamp en Osterkamp in hun persoonlijkheidspsychologie een nieuw niveau van analyse af: de studie van de ontwikkelingswetten van de individuele persoon.

Door persoonlijkheidspsychologie op te vatten als theorie van de *ontwikkeling* van het individu en daarbij ook aandacht te schenken aan de *gestoorde* ontwikkeling, vertoont de kritische persoonlijkheidstheorie in zijn aanpak verwantschap met de psychoanalyse. Holzkamp en Osterkamp laten zich inderdaad in positieve zin over de psychoanalyse uit en een groot gedeelte van hun persoonlijkheidspsychologie is het direkte resultaat van een kritische reflexie op de psychoanalyse – dat wil zeggen: op de theorie van Freud, want zoals Osterkamp te verstaan geeft: de grootste en kompromisloze aanpak van Freud is tot op heden niet overtroffen. Alle afscheidingen en revisies binnen het psychoanalytische kamp beschouwt Osterkamp als stappen terug. Ook in de 'officiële' psychologie kent de theorie van Freud zijn gelijke niet. Geen van de psychologische persoonlijkheidstheorieën heeft iets van hetzelfde niveau gepresteerd en alle pogingen de psychoanalyse in de psychologie te integreren blijven in kennisgehalte bij de theorie van Freud achter. Geen enkele theorie geeft ons meer inzicht in de menselijke subjektiviteit en de problematiek van de intermenselijke verhoudingen dan de theorie van Freud, aldus Osterkamp.[1]

---

1. Zie U. Holzkamp-Osterkamp, *Grundlagen der psychologischen Motivationsforschung, deel 2*, Frankfurt a. M. 1976, p. 184. Osterkamp geeft overigens geen enkel argument voor haar beweringen.

Desondanks hebben Holzkamp en Osterkamp ernstige bezwaren tegen de psychoanalyse. Freuds persoonlijkheidsleer is wel genetisch van opzet, maar betrekt alleen de individuele levensgeschiedenis in het onderzoek: het maatschappelijk-historisch onderzoek ontbreekt bij Freud. Daarom zijn Freuds uitgangspunten, met name zijn opvatting over de relatie tussen individu en maatschappij, onjuist en zijn daarop gebaseerde analysen onhoudbaar. In tegenstelling tot de verschillende soorten freudomarxisten erkennen Holzkamp en Osterkamp de psychoanalyse dus niet als materialistische theorie van de menselijke subjektiviteit. Zij stellen zich ten doel de psychoanalyse kritisch te herinterpreteren, de wetenschappelijk onhoudbare bestanddelen te elimineren en de positieve inzichten in de kritische psychologie op een hoger plan te brengen. Deze kritische herinterpretatie van de psychoanalyse berust op de kritisch-psychologische theorie over de menselijke behoeften en motivatie.

Omdat de theorie van Freud bij de ontwikkeling van de kritische persoonlijkheidspsychologie als negatief referentiekader dienst doet, zal de psychoanalyse in dit hoofdstuk herhaaldelijk ter sprake komen. Dat wil niet zeggen dat het debat tussen psychoanalyse en kritische psychologie hier centraal staat. Ons interesseert in dit hoofdstuk wat Holzkamp en Osterkamp tot nu toe als theorie van de persoonlijkheid hebben ontwikkeld. Zoals zal blijken is er geen sprake van een afgeronde en systematisch opgebouwde theorie. Veeleer vinden we een aantal brokstukken die later geïntegreerd moeten worden in een nog te ontwikkelen kritische persoonlijkheidspsychologie, die, zoals Holzkamp en Osterkamp aankondigen, de kroon op hun werk moet worden.[2]

De belangrijkste aanzet daartoe is gegeven door Osterkamp in het kader van haar herinterpretatie van de psychoanalyse.[3] Een tweede brokstuk is de kritisch-psychologische theorie van de vermaatschappelijking, die al door Holzkamp in *Sinnliche Erkenntnis* werd geformuleerd[4] en later door hem en door Osterkamp verder werd ontwikkeld.[5] Tenslotte is er een programmatisch artikel van Holzkamp, waarin hij een aantal theore-

---

2. Zie U. Holzkamp-Osterkamp, *Grundlagen der psychologischen Motivationsforschung, deel 1*, Frankfurt a. M. 1975, p. 9.

3. Zie U. Osterkamp, *Motivationsforschung 2*, a.w., p. 184-484.

4. Zie K. Holzkamp, *Sinnliche Erkenntnis. Historischer Ursprung und gesellschaftliche Funktion der Wahrnehmung*, Frankfurt a. M. 1973, paragraaf 7.1.

5. Zie U. Osterkamp, *Motivationsforschung 1*, a.w., p. 304-337; U. Osterkamp, *Motivationsforschung 2*, a.w., paragraaf 5.5; en K. Holzkamp, 'Zur kritisch-psychologischen Theorie der Subjektivität II', in: *Forum Kritische Psychologie*, nr. 5, 1979, p. 8-13.

tiche en methodische gezichtspunten introduceert die het uitgangspunt moeten vormen voor een kritische ontwikkelingspsychologie.[6]
De opzet van dit hoofdstuk is als volgt. In paragraaf 2 wordt de theorie over het vermaatschappelijkingsproces uiteengezet. In hun ontwikkeling oriënteren jonge individuen zich op de maatschappij en bereiden ze zich voor om aan het maatschappelijke proces deel te nemen (2.1). Het vermaatschappelijkingsproces wordt enerzijds gemotiveerd door drijfveren in het kind zelf (2.2), anderzijds leveren volwassenen een belangrijke bijdrage aan de vermaatschappelijking van kinderen (2.3). Volgens de kritisch-psychologen wordt de individuele vermaatschappelijking onder kapitalistische verhoudingen belemmerd. Die belemmerde vermaatschappelijking heeft tot gevolg dat sommige individuen hun vaardigheden en denken onvoldoende ontwikkelen en daarom niet in staat zijn om de beheersing over hun levensomstandigheden te vergroten. Daar komt bij dat de belemmeringen van de vermaatschappelijking een neerslag vinden in psychische mechanismen die veroorzaken dat personen zich 'vrijwillig' voegen naar levensomstandigheden waarop zij geen fundamentele invloed kunnen uitoefenen. Die psychische mechanismen zijn het direkte gevolg van konflikten waarmee individuen te maken krijgen en de mogelijkheden om die konflikten te verwerken. Paragraaf 3 gaat over de konflikttheorie van Osterkamp; 3.1 handelt over de konflikten in de jeugdperiode en hun gevolgen, 3.2 over konflikten die zich voordoen wanneer iemand de greep op de eigen situatie wil vergroten. De op deze konflikttheorie gebaseerde opvatting over psychische stoornis wordt in paragraaf 4 behandeld. In 2.4 wordt de theorie over het vermaatschappelijkingsproces vergeleken met de leertheoretische en psychoanalytische socialisatietheorieën. Paragraaf 3.3 is een exkurs over de werkwijze van Osterkamp bij haar herinterpretatie van de psychoanalyse. De slotparagraaf bevat een aantal kanttekeningen bij de kritische persoonlijkheidstheorie.
In een methodologisch artikel maakt Holzkamp onderscheid tussen de *fundamentele kategorieën* van de kritische psychologie, die het resultaat zijn van de historisch-funktionele afleiding en dus getoetst moeten worden aan *historisch* materiaal, en de *theorieën* die op basis van deze kategorieën ontwikkeld worden en die aan *aktueel* empirisch materiaal getoetst dienen te worden.[7] Voorzover Holzkamp en Osterkamp een kritische persoonlijkheidstheorie hebben ontwikkeld behoort deze tot de laatste soort theorieën. De fundamentele kategorieën die met behulp van de historische methode zijn afgeleid, zijn in hun konsekwenties voor de persoonlijkheidsontwikkeling doordacht en waar nodig aangevuld met nieuwe gezichtspunten. De persoonlijkheidspsychologie van

---

6. Zie K. Holzkamp, 'Subjektivität II', a.w., p. 23 e.v.

7. Zie K. Holzkamp, 'Die Überwindung der wissenschaftlichen Beliebigkeit psychologischer Theorien durch die Kritische Psychologie', in: *Zeitschrift für Sozialpsychologie*, jrg. 8, 1977, p. 1-22 en 78-97.

Holzkamp en Osterkamp is het resultaat van dergelijke theoretische analysen en niet van empirisch onderzoek, of, zoals bij Freud, van klinische observaties. Osterkamp licht haar bedoeling toe door te stellen dat het haar erom gaat een kritisch-psychologische persoonlijkheidstheorie te ontwikkelen die het empirisch onderzoek konkrete vragen aanreikt en de problemen van de psychologische praktijk kan verhelderen.[8] Holzkamps schreden op het pad van de ontwikkelingspsychologie en de kritisch-psychologische duiding van een klinische kasus[9] demonstreren dat het theorieënbouwwerk van Holzkamp en Osterkamp die funktie inderdaad kan vervullen.

De auteur van dit hoofdstuk mag bij de lezers die in dit boek tot hier zijn gekomen enige vertrouwdheid met het kritisch-psychologische jargon verwachten. Met name het leerstuk van de maatschappelijke natuur van de mens en de theorie over de twee behoeftensystemen worden bekend verondersteld.

2. Ontwikkeling als vermaatschappelijking

2.1 Toeëigening, handelingsvermogen en individualiteitsvorm

In hun natuurhistorische analyse leiden Holzkamp en Osterkamp de maatschappelijkheid van de mens af als diens specifieke kwaliteit, de kwaliteit waarin de mens zich onderscheidt van het dier. De mens heeft met de hogere diersoorten de behoefte gemeen de omgeving te beheersen, maar die beheersing vindt bij de homo sapiens op fundamenteel andere wijze plaats dan bij de dieren. Voor zover dieren hun milieu veranderen (nestbouw en dergelijke) is dat het gevolg van soortgebonden instinkten die door bepaalde stimuli worden geaktiveerd. Daarnaast beschikken dieren over leervermogens die hen in staat stellen zich aan hun omgeving aan te passen en aldus een zekere kontrole over hun omgeving uit te oefenen. De ontwikkeling van een dier blijft beperkt tot individuele leerervaringen: elk nieuw individu moet weer van voren af aan beginnen. Veranderingen binnen de soort zijn het resultaat van mutatie- en selektieprocessen waarbij individuele leerprocessen geen rol spelen.

Het 'instinkt' van mensen daarentegen is hun behoefte en vermogen aktief in de natuur in te grijpen en hun omgeving te beheersen door haar te veranderen. Bij mensen is aanpassing *aan* de omgeving zoveel als aanpassing *van* de omgeving aan hun doelen en behoeften. Die aanpassing vindt plaats in het maatschappelijk arbeidsproces. Door middel van de arbeid produceren en beheersen mensen hun eigen levensomstandigheden. In tegenstelling tot de ervaringen van dieren, die verloren gaan bij

---

8. Zie U. Osterkamp, *Motivationsforschung 2*, a.w., p. 17.

9. Zie M. Kappeler, K. Holzkamp, U. Holzkamp-Osterkamp, *Psychologische Therapie uns politisches Handeln*, Frankfurt a. M. 1977, p. 184-293.

de dood van een individu, vinden de ervaringen van individuele mensen een neerslag in de vorm van produkten van het maatschappelijk arbeidsproces: voorwerpen, symbolen, technische procedures, klassenverhoudingen, kulturele en sociale tradities. Daarmee kan de ervaring van de ene generatie aan de volgende worden doorgegeven, zodat er gesproken kan worden van historische en maatschappelijke ontwikkeling.

Omdat de maatschappelijke arbeid — een begrip dat meer omvat dan produktieve arbeid — het middel is waarmee mensen hun levensomstandigheden scheppen en veranderen, kunnen afzonderlijke individuen hun eigen levensvoorwaarden alleen beheersen, wanneer ze op een of andere manier deelnemen aan het maatschappelijke arbeidsproces. Holzkamp en Osterkamp benadrukken de nauwe samenhang tussen het individuele en het maatschappelijke leven en stellen deelname aan de beheersing van het maatschappelijke leven en kontrole over de eigen levensomstandigheden op één lijn. Vergroting van de kontrole over het maatschappelijke leven brengt automatisch meer mogelijkheden met zich mee om de eigen omstandigheden te beheersen. Omgekeerd is zelfkontrole, vrijheid en autonomie van het individuele handelen identiek met beheersing van de eigen levensomstandigheden.[10]

Om bij te kunnen dragen aan de produktie en instandhouding van het maatschappelijke leven en daarmee aan de ontplooiing van hun eigen bestaan, moeten de individuen zich een deel van het maatschappelijk ervaringsbestand eigen maken. Holzkamp en Osterkamp spreken in dit verband van *vermaatschappelijking* of van *toeëigening van de maatschappelijke ervaring*, twee begrippen die weinig in betekenis verschillen en die verwijzen naar het proces waarin individuen gebruik leren maken van de op dat moment in een samenleving beschikbare middelen om de werkelijkheid te beheersen. In het begrip toeëigening ligt het aksent op de individuele aspekten van dat proces: het verwerven van kennis en kapaciteiten. Het begrip vermaatschappelijking benadrukt dat individuen in de loop van dat proces steeds meer deelnemen aan de maatschappelijke kontrole over de realiteit. Het toeëigenings- en vermaatschappelijkingsproces van een individu gaat steeds door: de ontwikkeling van de persoonlijkheid wordt pas met de dood afgesloten. In het individuele ontwikkelingsproces neemt de jeugdperiode echter een bijzondere plaats in, omdat de mens in die periode het meest ontvankelijk is voor leerervaringen en de beïnvloeding van de kant van de maatschappij het meest intensief is.

Voor de individuele kapaciteit om aan het maatschappelijk leven deel te nemen en dus de eigen levensomstandigheden te beheersen voeren Holzkamp en Osterkamp de term *handelingsvermogen* in. Wie over handelingsvermogen beschikt, bezit de vaardigheden, attitudes en interessen die nodig zijn om op een of andere manier aan de realiteitskontrole bij

---

10. Zie U. Osterkamp, *Motivationsforschung 2*, a.w., p. 451.

te dragen. Psychisch gestoord gedrag is, zoals we in paragraaf 4 zullen zien, gekenmerkt door een ernstige beperking of zelfs verlies van het handelingsvermogen. Een kind bereidt zich voor op het volwassen leven door de kontrole over de eigen levensomstandigheden langzamerhand uit te breiden. Volgens Osterkamp heeft de ontwikkelingspsychologie daarom tot doel het individuele handelingsvermogen in zijn voorvormen te analyseren.[11]
Individuen verwerven in het toeëigeningsproces niet een willekeurig samengesteld pakket van vaardigheden en houdingen, maar bereiden zich voor op het bekleden van *individualiteitsvormen*. Holzkamp en Osterkamp ontlenen dit begrip aan de psychologie van Lucien Sève.[12] Een individualiteitsvorm is een bundel van aktiviteiten die voor de instandhouding van de maatschappij noodzakelijk verricht moeten worden en die in de loop der tijden in één funktie zijn samengevloeid. Individualiteitsvormen zijn objektieve maatschappelijke funkties waarin de bijdrage van de individuen aan het maatschappelijke leven geschiedt. Ze zijn het resultaat van arbeidsdeling en verhouden zich tot elkaar als deelaktiviteiten in het maatschappelijke arbeidsproces. In dergelijke individualiteitsvormen zijn de mogelijkheden tot 'Selbst- und Weltkontrolle'[13] vervat. Voorbeelden zijn: kapitalist, loonarbeider, huisvrouw, psychotherapeut, postbode. Het begrip individualiteitsvorm is ruimer dan beroep: het omvat niet alleen beroepsvaardigheden maar ook attituden, interessen en sociale vaardigheden. Mensen vallen niet samen met de individualiteitsvormen die ze bekleden, maar voor zover ze de daarin gelegen aktiviteiten uitoefenen zijn ze gedwongen om zich aan objektieve regels te houden. Een kapitalist kan nog zo sociaal voelend zijn, in de hoedanigheid van kapitalist kan hij niets anders doen dan zijn arbeiders uitbuiten. Een individu kan verschillende individualiteitsvormen bekleden, zowel gelijktijdig als na elkaar. Individuen ontwikkelen hun handelingsvermogen in de richting van een of meer individualiteitsvormen. Het totaal van de aanwezige individualiteitsvormen in een maatschappij biedt het keuze- en toekomstperspektief dat aan de opgroeiende individuen ter beschikking staat, al is de keuzevrijheid in de kapitalistische samenleging voor een groot deel van de bevolking aanzienlijk ingeperkt.
Het vermaatschappelijkingsproces verloopt geenszins bij alle leden van de maatschappij op dezelfde manier. De voorwaarden voor de ontwikkeling zijn van individu tot individu anders; verschillen in klasse en milieu,

---

11. Zie idem, p. 330.

12. Vgl. L. Sève, *Marxisme et théorie de la personnalité*, Parijs 1974 (derde druk). Gelukkig zegt Osterkamp zelf dat het begrip 'individualiteitsvorm' nog veel preciezer doordacht en uitgewerkt moet worden; vgl. *Motivationsforschung 1*, a.w., p. 320.

13. U. Osterkamp, *Motivationsforschung 2*, a.w., o.a. p. 333.

eigen kapaciteiten en interessen en die van de ouders enzovoort spelen een rol. Osterkamp maakt onderscheid tussen vaardigheden die de mensen in een bepaalde maatschappij en periode gemeenschappelijk bezitten, zoals in de westerse maatschappij lezen en schrijven, en vaardigheden die voor één of meerdere individualiteitsvormen van belang zijn. Individuele verschillen zijn het produkt van de verschillende toeëigeningsprocessen. Wanneer de maatschappij komplexer wordt en er meer individualiteitsvormen ontstaan, zullen de individuen ook meer van elkaar verschillen. En naarmate de individuen zich verder kunnen ontwikkelen, dus zich meer van de maatschappelijke realiteit kunnen toeëigenen, zullen ook meer persoonlijke kenmerken ontstaan en zullen de individuele verschillen groter worden. Hoe meer de individuen zich kunnen vermaatschappelijken, met andere woorden hoe meer ze aan de maatschappelijke realiteitskontrole kunnen deelnemen, des te meer zullen ze zich persoonlijk kunnen ontplooien en zullen individuele verschillen ontstaan. Daarentegen is een belemmerde vermaatschappelijking ook een belemmering van de individuele ontwikkeling.

Rekapitulerend: het maatschappelijk leven wordt door de mensen tot op zekere hoogte gestuurd en beheerst volgens historisch gegroeide procedures. Het individu neemt aan die beheersing deel door het bekleden van individualiteitsvormen die een bijbehorend handelingsvermogen veronderstellen. De jeugd is een voorbereidingsfase waarin het kind zich een deel van de maatschappelijke realiteit toeëigent en zo de mogelijkheden tot kontrole over het maatschappelijke en het eigen leven langzamerhand uitbreidt. Het vermaatschappelijkingsproces is tevens ontwikkelingsproces van het individu, waarbij individuele eigenschappen en vaardigheden ontstaan.

De ontwikkeling van vaardigheden en daarmee de persoonlijke ontplooiing wordt in de kapitalistische samenleving ernstig belemmerd. Ook het kapitalisme kent een zekere mate van kontrole over de fysische en maatschappelijke realiteit, een kontrole die aanzienlijk groter is dan in enige voorafgaande maatschappijvorm en waaraan alle leden van de maatschappij op een of andere wijze een bijdrage leveren. Vooral de beheersing van de natuur in wetenschap en techniek heeft een hoge vlucht genomen. Daarmee vergeleken verkeert het maatschappelijke ontwikkelingsproces in een toestand van chaos en anarchie. De strijd voor het socialisme is erop gericht de maatschappelijke ontwikkeling op demokratische wijze te kontroleren en te sturen. Nu echter draagt de ontwikkeling van bekwaamheden het stempel van de kapitalistische maatschappij. In het vermaatschappelijkingsproces wordt het kind voorbereid op het bekleden van een funktie in de kapitalistische samenleving, zodat diens handelingsvermogen in sommige opzichten wordt bevorderd en in andere opzichten wordt ingeperkt. Met name bij leden van de afhankelijke klassen kan het handelingsvermogen zich slechts partieel ontwikkelen: het blijft achter bij het niveau dat het gegeven de maatschappelijke mogelijkheden in principe zou kunnen bereiken. Het handelingsvermogen wordt alleen in zoverre ontwikkeld als het bijdraagt aan de instandhouding van de heersende klassenverhoudingen. Vaardigheden waarmee het bestaande maatschappelijke systeem metterdaad ter diskussie zou kunnen worden gesteld, worden niet alleen niet bevorderd, maar integendeel onderdrukt. De meerderheid van de bevolking mag en moet een bijdrage leveren aan de produktie en reproduktie van de maatschappij, maar is uitgesloten van de fundamentele beslissingen over het maatschappelijke gebeuren en daarmee over de eigen levensvoorwaarden.

Omdat de klassenmaatschappij de ontwikkeling van het individuele handelingsvermogen belemmert, zijn de leden van de afhankelijke klassen relatief onontwikkeld, in ieder geval beneden het niveau dat in principe, gegeven de maatschappelijke mogelijkheden, bereikbaar zou zijn. Individuele verschillen kunnen daarom slechts in relatief geringe mate tot bloei komen. Osterkamp voegt eraan toe: de gelijkmakerij die de reaktie het marxisme voor de voeten werpt is in werkelijkheid het effect van de klassepositie van de afhankelijke klassen in het kapitalisme.[14]

2.2. De rol van individuele drijfveren

Waardoor worden individuen gemotiveerd om zich de maatschappelijke realiteit toe te eigenen? Hoe komt het dat individuen ernaar streven om de kontrole over hun omgeving te vergroten? Holzkamp en Osterkamp nemen aan dat zij daarvoor bij hun geboorte zijn geprogrammeerd: pasgeboren kinderen beschikken over aangeboren drijfveren die het toeëigeningsproces op gang brengen en het ontstaan van produktieve behoeften tot gevolg hebben. De maatschappelijkheid van de mens wordt dus niet alleen gedragen door het *historische* proces: de mens is ook in *biologische* zin uitgerust met de behoefte zich de maatschappelijke ervaring toe te eigenen.

Met vele ontwikkelingspsychologen neemt Osterkamp aan dat in jonge kinderen biologische drijfveren werkzaam zijn die veroorzaken dat ze zich spontaan naar de wereld toewenden en plezier beleven aan hun groeiende vermogen de omgeving in hun aktiviteiten te betrekken. Kinderen oefenen hun bewegingen, breiden ze uit, variëren ze, en richten ze op de dingen om hen heen, om geen andere reden dan dat het leuk is om de eigen mogelijkheden en de eigenschappen van de omgeving te verkennen. Voor dergelijke drijfveren zijn in de psychologie diverse benamingen geïntroduceerd: 'Funktionslust' (K. Bühler), 'assimilatiebehoefte' (Piaget), 'exploratiedrang' (Berlyne). Osterkamp spreekt van 'niet-specifieke biologische drijfveren'. De genoemde theoretici, en Osterkamp met hen, gaan ervan uit dat de aktiviteiten van kleine kinderen niet toereikend verklaard kunnen worden uit het streven primaire behoeften (honger, dorst, seksuele behoeften) te bevredigen. Veel aktiviteiten van kinderen zijn alleen te begrijpen als we een zelfstandig gemo-

---

14. Zie U. Osterkamp, *Motivationsforschung 1*, a.w., p. 314-315.

tiveerd streven aannemen om de omgeving kognitief en motorisch te beheersen.

Osterkamp beschouwt deze drijfveren als vóórvormen van de produktieve behoeften. Kinderen beschikken bij hun geboorte nog niet over produktieve behoeften, maar zijn uitgerust met een ontwikkelingsdrang die hen in staat stelt produktieve behoeften te ontwikkelen. Produktieve behoeften en de bijbehorende vaardigheden zijn als door een 'list van de natuur'[15] het produkt van deze biologische drijfveren. Een kind dat leert om een lepel te manipuleren wordt gemotiveerd door de behoefte de wereld te ontdekken. Het resultaat is dat het zelfstandiger wordt en minder afhankelijk van de omgeving. Het kind wil nu ook niet meer door een volwassene gevoerd worden: door zelf te eten kan het het eigen tempo bepalen, ophouden wanneer het niet meer lust, enzovoort. Er is een produktieve vaardigheid ontstaan, waarmee het kind de kontrole over de eigen omgeving heeft vergroot.[16]

De produktieve behoeften op grond waarvan individuen hun omgeving trachten te beheersen liggen dus in het verlengde van de ontwikkelingsdrang van het jonge kind. De biologische drijfveren worden opgenomen in de produktieve behoeften.

Aanvankelijk, in de vroegste ontwikkeling van het kind, staan de niet-specifieke biologische drijfveren *naast* het systeem van zinnelijk-vitale behoeften. De vaardigheden die het kind verwerft worden echter spoedig aangewend om zinnelijk-vitale behoeften te bevredigen. Het kind gebruikt bijvoorbeeld de nieuw verworven vaardigheid een lepel te hanteren om te eten, dus om een zinnelijk-vitale behoefte (honger) te stillen. De behoefte de omgeving te beheersen strekt zich dus ook uit tot de zinnelijk-vitale behoeften en zoekt de voorwaarden te scheppen waaronder deze bevredigd kunnen worden.[17]

2.3. De rol van de volwassenen

Het toeëigeningsproces steunt niet alleen op een aangeboren biologische ontwikkelingsdrang, maar evenzeer op sociale processen waarin de maatschappelijke ervaring door volwassenen aan het kind wordt overgedragen. Een kind zou uit zichzelf nooit leren hoe een lepel gehanteerd moet worden, dat wil zeggen zonder dat volwassenen het zouden helpen om

---

15. U. Osterkamp, *Motivationsforschung 2*, a.w., p. 337.

16. Over de dialektiek van produktieve vaardigheden en behoeften vgl. L. van Buchem, E. Elbers, M. van Elteren, 'Therapie als aktivering tot maatschappelijk handelen', in: *Psychologie en maatschappij*, nr. 13, november 1980, p. 551.

17. De ontwikkeling die bij de zuigeling begint met de spontane toewending naar de wereld en die resulteert in het ontstaan van produktieve behoeften, kulmineert onder gunstige omstandigheden in een bewuste motivatie tot zelfontwikkeling. Vgl. U. Osterkamp, *Motivationsforschung 1*, a.w., p. 310 en *Motivationsforschung 2*, a.w., p. 337.

de vereiste handelingen onder de knie te krijgen. De volwassenen spelen in het vermaatschappelijkingsproces van het kind een essentiële rol. Zij fungeren als intermediair tussen kind en maatschappij, in zekere zin als vertegenwoordigers van de maatschappij bij de ontwikkeling van het kind. Aanvankelijk is het aantal volwassenen waarmee het kind te maken krijgt beperkt tot de ouders of opvoeders. Maar naarmate het kind ouder wordt gaat het gezin zijn invloed delen met andere maatschappelijke instituties, waarvan de school de belangrijkste is.

De eerste funktie van volwassenen in het vermaatschappelijkingsproces is het *sturen* en *reguleren* van het gedrag van het kind. Deze funktie blijkt wanneer volwassenen tegenover kinderen verboden uitvaardigen, opdrachten en aanwijzingen geven, eisen stellen, verwachtingen formuleren en dergelijke. Sommige dingen mag het kind niet doen, andere mag het niet nalaten. Door hun eisen, verwachtingen en aanwijzingen leiden de opvoeders het gedrag van het kind in de richting van de middelen en procedures waarmee het maatschappelijke leven op dat moment wordt geproduceerd en beheerst. Zij zorgen ervoor dat het kind een handelingsvermogen ontwikkelt, zodat het de greep op de eigen levensomstandigheden langzamerhand vergroot en later, als volwassene, kan bijdragen aan het maatschappelijke proces. Zindelijkheidstraining, met mes en vork leren eten, wiskunde- en vreemde talenstudie – het zijn evenzovele vaardigheden die tot stand komen als gevolg van opdrachten en aanwijzingen van volwassenen en waarmee kinderen de beheersing over hun leven in principe vergroten. Die opgaven betreffen aanvankelijk vaardigheden die alle leden van een samenleving zich dienen eigen te maken, maar worden, wanneer kinderen ouder worden, hun interessen ontwikkelen, keuzen maken voor studie of beroep, steeds meer afgestemd op de individualiteitsvormen die ze nastreven.

In de tweede plaats bieden volwassenen *hulp* en *ondersteuning* bij het toeëigeningsproces. Hun aktiviteit beperkt zich niet tot het stellen van eisen of het formuleren van verwachtingen; ze helpen kinderen met raad en daad vaardigheden te ontwikkelen en moeilijkheden te overwinnen. Wanneer ouders hun kind zelf willen leren eten, zullen ze het een lepel in de hand geven, daarbij inspelend op de exploratiedrang van het kind. Ze zullen het kind niet zonder meer met de lepel in het eten laten kliederen, maar diens handje vastpakken en de bewegingen sturen, net zolang totdat het de juiste handelingen onder kontrole heeft. Een belangrijk aspect van deze funktie is ook de overdracht van kennis: volwassenen beantwoorden vragen, wijzen op de oorzaak van verschijnselen, op hun samenhang, enzovoort.

Een derde aspect is de *emotionele en affektieve ondersteuning*. Hoewel de totale afhankelijkheid van de eerste jaren plaats maakt voor een groeiende zelfstandigheid, is de emotionele steun en bescherming door volwassenen kenmerkend voor de jeugdjaren, in onderscheid met de periode van de volwassenheid. Osterkamp neemt aan dat emotionele bescherming op elk niveau van de ontwikkeling van het handelingsvermogen de voorwaarde is om in de omgang met de omgeving een hoger niveau te bereiken.

Zoals in elk ontwikkelingsproces verschuivingen optreden in de relaties tussen de betrokken personen[18], verandert de verhouding tussen kinderen en volwassenen naarmate de kinderen hun handelingsvermogen vergroten. In de eerste plaats passen de volwassenen het kader waarbinnen kinderen hun eigen gang kunnen gaan aan hun groeiende capaciteiten aan. In de vroegste ontwikkeling worden de aktiviteiten van kinderen vrijwel volledig door de opvoeders bepaald. Maar doordat kinderen op den duur allerlei vaardigheden ontwikkelen, vergroten ze hun handelingsruimte. Ze kunnen de taken die door de volwassenen voor hen worden vervuld in toenemende mate overnemen. Reagerend op die vaardighedenontwikkeling staan de volwassenen steeds meer verantwoordelijkheid en beslissingsbevoegdheid aan de opgroeiende kinderen af. De heteronomie van de eerste jaren maakt plaats voor vormen van autonomie en zelfstandigheid die vooruitlopen op de volwassenheid.

De verhouding tussen volwassenen en kinderen verschuift van 'slechts' sociale naar koöperatieve relaties.[19] Wanneer een kind een bepaalde vaardigheid heeft verworven — het heeft bijvoorbeeld geleerd een lichtschakelaar te bedienen —, is het niet alleen minder afhankelijk geworden van anderen omdat het voortaan zelf kan beslissen wanneer het licht aan- of uitgaat, maar kan het met deze vaardigheid bovendien een bijdrage leveren aan de gemeenschappelijke inrichting van het leven. Moeder zit aan tafel te lezen. Het begint te schemeren. Zij hoeft nu haar bezigheden niet te onderbreken maar kan aan het kind vragen het licht aan te doen.[20] Het kind krijgt in toenemende mate aantoonbare betekenis voor anderen.

Deze verandering in de richting van koöperatieve relaties brengt ook een verschuiving met zich mee in de emotionele relaties tussen kinderen en volwassenen. Terwijl kleine kinderen nog zonder voorbehoud of tegenprestaties kunnen rekenen op de affektie van de opvoeders, wordt de emotionele bevestiging in toenemende mate afhankelijk van de bijdrage die ze leveren aan de gemeenschappelijke inrichting van het leven. De sociale toewending van de volwassenen verliest daardoor ook haar vrijblijvende karakter. Kinderen leren wanneer ze kunnen rekenen op de emotionele steun van de ouders en gaan inzien door welke gedragingen ze die in gevaar brengen.

---

18. Vgl. bijvoorbeeld de verschuivingen in het therapeutische proces: L. van Buchem e.a., 'Therapie als aktivering ...', a.w., p. 553 e.v.

19. Vgl. U. Osterkamp, *Motivationsforschung 2*, a.w., p. 338 e.v.; en M. Kappeler e.a., *Psychologische Therapie*, a.w., p. 159.

20. Zie U. Osterkamp, *Motivationsforschung 2*, a.w., p. 338.

In het laatste stadium van de jeugd beschikken individuen over een ontwikkeld handelingsvermogen, waarmee ze in principe zelfstandig een bijdrage kunnen leveren aan het maatschappelijke proces. Ze hebben voldoende kontrolemogelijkheden over de omgeving ontwikkeld en verschillen van hun opvoeders alleen doordat ze nog niet aan het arbeidsproces deelnemen. De overgang van het voorbereidingsstadium naar het daadwerkelijk realiseren van een individualiteitsvorm vindt plaats wanneer de opgroeiende individuen zelf gaan werken om in hun levensonderhoud te voorzien. Met deze overgang is de jeugd afgesloten en het stadium van de volwassenheid aangebroken.

Onder maatschappelijke verhoudingen waarin de individuele vermaatschappelijking belemmerd wordt, zoals in de kapitalistische maatschappij, heeft de ondersteunende rol van de volwassenen een dubbelzinnig en tegenstrijdig karakter. De opvoeding heeft enerzijds tot doel kinderen die vaardigheden, behoeften en houdingen bij te brengen, die ze nodig hebben om zich in het leven staande te houden en een bijdrage te leveren aan het maatschappelijke proces. In tegenstelling daarmee worden tegelijk behoeften onnodig ingeperkt, bekwaamheden maar ten dele ontwikkeld en houdingen gestimuleerd die kinderen ervan afhouden hun eigen leven in de hand te nemen en die hen erop voorbereiden hun afhankelijke bestaan te verdragen en als een vanzelfsprekend feit te akscepteren.

Het is niet Osterkamps bedoeling de ouders en opvoeders hiervan te beschuldigen. Zelf zijn de opvoeders evenzeer het produkt van een opvoeding waarin talrijke mogelijkheden onbenut zijn gelaten. Voor een belangrijk deel is de opvoeding bovendien institutioneel vastgelegd, bijvoorbeeld in het schoolsysteem. Deels spelen ook opvoedingsnormen en -houdingen een rol, die bestanddelen zijn van de burgerlijke ideologie. Overgeleverde opvoedingsstijlen worden zonder nadenken gereproduceerd, waardoor het gebrek aan maatschappelijk bewustzijn bij de volwassenen zich via de opvoeding bij de kinderen reproduceert. Volgens Osterkamp zijn de meeste volwassenen daarom niet kompetent om op te voeden.[21]

Een voorbeeld is de regulering van de seksualiteit door de opvoeders. Enerzijds vereist de ontplooiing van de seksualiteit het overnemen en in acht nemen van sociale regels. Maar in maatschappelijke omstandigheden waarin de seksualiteit wordt onderdrukt, leggen de opvoeders regels en geboden op die gegeven de maatschappelijke mogelijkheden tot ontplooiing van de seksualiteit onnodig zijn. De volwassenen maken niet duidelijk waarom die geboden nodig zijn, maar eisen van het kind blinde gehoorzaamheid. Die verboden zijn niet alleen in tegenspraak met de seksuele impulsen die het kind ondervindt, maar ook met de ontdekking van het kind dat de ouders zelf wel seksuele handelingen verrich-

---

21. Zie idem, p. 347.

ten. Deze irrationele onderdrukking veroorzaakt gebrek aan zelfvertrouwen en minderwaardigheidsgevoelens, waardoor individuen ervan afzien door anderen niet goedgekeurde aktiviteiten na te streven, net zoals ze ervan afzien bevrediging van hun seksuele impulsen te zoeken.

Als centraal kenmerk van de burgerlijke opvoedingsideologie noemt Osterkamp de geringschatting van kennis, die in de opvoeding leidt tot de onderdrukking van nieuwsgierigheid van kinderen. Niet alleen worden bepaalde problemen in de opvoeding genegeerd. De ervaringen die kinderen opdoen geven aanleiding tot denkimpulsen over de samenhang van het maatschappelijke gebeuren, impulsen die regelrecht onderdrukt worden. Osterkamp laakt het gebruik om kinderen voor de gek te houden of op hun vragen misleidende en gekscherende antwoorden te geven. Kinderen ontwikkelen als gevolg daarvan een skepsis tegenover informatie en tegenover de betekenis van kennis voor de ontwikkeling van hun handelingsvermogen.

2.4. Kritiek op socialisatietheorieën

In deze paragraaf worden Osterkamps bezwaren tegen een tweetal socialisatietheorieën samengevat. Haar kritiek geeft ons de gelegenheid de kritisch-psychologische opvatting over het vermaatschappelijkingsproces nog eens van een andere kant te bekijken en daarbij een aantal puntjes op de i te zetten.

De eerste kritiek is gericht tegen de *leertheoretische* opvatting over socialisatie. Osterkamp bekritiseert in konkreto een in Duitsland veel gelezen boekje van Gottschalch en anderen[22], waarin socialisatie wordt voorgesteld als het proces waarin kinderen door middel van aanwijzingen en sankties van de opvoeders sociale normen leren hanteren en ze vervolgens internaliseren. De gang van dat proces wordt door deze auteurs met het volgende voorbeeld verduidelijkt: mama is boos op mij — mama is boos op mij als ik soep mors — vader, zus, oma enzovoort vinden ook dat je geen soep mag morsen — iedereen probeert bij het eten van soep niet te morsen. Elke stap betekent een vooruitgang, waarbij de geldigheid van de norm aan het subjekt duidelijker wordt. Aan het einde van deze ontwikkeling onderkent het kind het algemene karakter van de norm en neemt haar zelf ook in acht.

Osterkamps bezwaar tegen deze voorstelling van zaken is dat de enige voorwaarde voor de internalisering van de norm gelegen is op het vlak van sankties en aanwijzingen van de ouders, waardoor die norm door het kind wel als willekeurig moet worden ervaren. De leertheoretici brengen socialisatie op die manier uitsluitend in verband met sociale relaties en processen, zonder de maatschappelijke beheersing over de menselijke bestaanskondities in de beschouwing te betrekken. Die beheer-

22. W. Gottschalch, M. Neumann-Schönwetter, G. Soukop, *Sozialisationsforschung. Materialien, Probleme, Kritik.* Frankfurt a. M. 1971.

sing strekt zich ook uit tot een vitale levensverrichting als eten, en aangezien de norm 'geen soep morsen' bij die beheersing een funktie vervult, is ze niet willekeurig maar te beargumenteren en uit te leggen. Het aanleren van zo'n norm moet dus worden beschouwd in het kader van het toeëigeningsproces waarbij subjekten zich de middelen om hun levensomstandigheden te beheersen eigen maken. Door te leren lepel en bord op de juiste wijze te hanteren, breidt het individu de kontrole over de levensvoorwaarden uit. In de historische ontwikkeling is een beheersing van de voedselopname tot stand gekomen die belichaamd is in middelen, in dit geval lepel en bord. De norm 'geen soep morsen' ligt dus in de 'Sachlogik' van bord en lepel vervat. De rol van de opvoeder bestaat erin deze logika te verduidelijken, dat wil zeggen uit te leggen wat het nut is van lepel en bord, waarom deze de voorkeur verdienen boven ander eetgerei, enzovoort. Het kind hoeft de normen van de volwassenen niet ongekontroleerd over te nemen maar kan ze toetsen op hun bruikbaarheid en nut voor meer kontrole over het eigen leven. Wanneer mama boos wordt, komt dat omdat de beheersing van bord en lepel nog onvolkomen is en niet omdat ieder zich nou eenmaal aan een willekeurige norm houdt. Het leren omgaan met lepel en bord komt tegemoet aan de behoefte van het kind om de middelen te kontroleren waarmee de zinnelijk-vitale behoeften (in dit geval honger) kunnen worden bevredigd. Heeft het kind de 'objektbetekenis' van bord en lepel eenmaal begrepen, dan zijn verdere aanwijzingen ook niet nodig omdat het nu zelf het eigen gebruik van lepel en bord kan beoordelen en verbeteren. Het kind begrijpt nu ook waarom oma met haar bevende handen wel soep mag morsen.[23]

De tweede kritiek betreft de *psychoanalytische* opvatting dat socialisatie moet worden beschouwd als inperking van de behoeften van het kind. Volgens de konceptie van Freud leven pasgeboren kinderen in een toestand van totale behoeftebevrediging. In het ontwikkelingsproces worden hun behoeften in toenemende mate door de ouders gefrustreerd. Inperking is nodig omdat de behoeften die ze uiten onverenigbaar zijn met het leven in maatschappelijk verband. Freud beschouwt de driftnatuur van mensen als maatschappij-vijandig: om zich aan de maatschappij aan te passen moeten kinderen hun driften intomen. Ten gevolge van pedagogische maatregelen van de opvoeders ontwikkelen kinderen een 'Ueber-Ich', waarin de regels van de maatschappij zijn geïnternaliseerd. Kinderen moeten die regels wel als irrationeel ervaren, omdat hun maatschappelijke prestaties tegen hun natuur in worden afgedwongen, aldus Freud.

In de theorie van Freud staan kind en maatschappij dus onverzoenlijk tegenover elkaar. Daarentegen trachten Holzkamp en Osterkamp met hun natuurhistorische afleiding aan te tonen dat mensen een maatschap-

---

23. Zie U. Osterkamp, *Motivationsforschung 2*, a.w., p. 323 e.v.

pelijke natuur bezitten. In hun konceptie kennen zuigelingen niet alleen zinnelijk-vitale behoeften die onmiddellijke bevrediging verlangen, maar ook produktieve impulsen en de drang de omgeving te onderzoeken en te beheersen. De menselijke behoeftenstruktuur kent *twee* systemen, het zinnelijk-vitale en het produktieve. De maatschappelijkheid hoeft mensen niet te worden afgedwongen. Weliswaar kan volgens Osterkamp tussen die twee behoeftensystemen een spanningsverhouding bestaan, zoals we in de volgende paragraaf zullen zien. Maar het is onjuist om die spanning te herleiden tot de tegenstelling tussen mens en maatschappij, zoals Freud dat doet. Ontwikkeling is geen inperking, maar juist ontplooiing van produktieve en zinnelijk-vitale behoeften door toeëigening van de maatschappelijke realiteit. Dat deze ontplooiing onder bepaalde maatschappelijke omstandigheden belemmerd wordt, is geen reden om haar als het noodzakelijke gevolg van de botsing tussen de menselijke natuur en de maatschappij voor te stellen.[24]

Osterkamp spitst haar kritiek nog verder toe door erop te wijzen dat het ontstaan van het Ueber-Ich bij Freud verbonden is met realiteitsafweer. De eigen driftwensen worden verdrongen, terwijl als willekeurig ervaren normen van de opvoeders onder dwang worden overgenomen en geïnternaliseerd. De werking van het Ueber-Ich berust dus op de permanente miskenning van de eigen behoeften en van het eigen belang de levensomstandigheden bewust in te richten. De ontwikkelingstheorie van Freud is dus gebaseerd op de absurde gelijkstelling van socialisatie met afweer van de realiteit. In de volgende paragraaf zullen we zien hoe Osterkamp het Ueber-Ich inderdaad in deze zin herinterpreteert, dus niet als resultaat van socialisatie opvat, maar juist als verhindering daarvan.

3. Psychodynamische aspekten van het ontwikkelingsproces

3.1. Ontwikkelingskonflikten en Ueber-Ich-vorming

De noodzaak de gedragingen van kinderen te reguleren spruit niet voort, zoals Freud denkt, uit de tegenstelling tussen kind en maatschappij, maar hangt samen met een spanningsverhouding in de behoeftenstruktuur van het kind zelf.[25] De behoeften van mensen zijn immers in twee systemen verenigd: de zinnelijk-vitale behoeften, die bevrediging op korte termijn verlangen, en de produktieve behoeften, die gericht zijn op vergroting van de kontrole over de realiteit. De ontwikkeling van produktieve behoeften en bekwaamheden vraagt om inspanningen die in strijd kunnen zijn met zinnelijk-vitale impulsen. Deze tegenstelling is in principe vruchtbaar omdat de bevrediging van zinnelijk-vitale behoef-

---

24. Zie idem, p. 326 e.v. Vgl. ook K. Holzkamp, 'Was heisst "normale" Entwicklung der kindlichen Persönlichkeit?', in: *Das Argument*, nr. 123, 1980, p. 654.

25. Vgl. K. Holzkamp, 'Subjektivität II', a.w., p. 37.

ten kontrole over de levensomstandigheden veronderstelt. Niet alleen is die kontrole een garantie voor de bevrediging van zinnelijk-vitale behoeften, maar uitbreiding van die kontrole maakt tegelijk ook een verdere ontplooiing van de zinnelijk-vitale behoeften mogelijk. Desondanks kunnen deze tegengestelde tendensen met elkaar in botsing komen en aldus de oorzaak zijn van psychische konflikten. Hoewel Osterkamp Freuds bewering dat het kind de vader is van de man relativeert[26], meent ook zij dat de manier waarop zulke ontwikkelingskonflikten worden verwerkt een grote invloed heeft op de ontwikkeling van de volwassen persoonlijkheid. Zulke konflikten leveren in de visie van de kritisch-psychologen niet automatisch schade op voor de persoonlijkheid, maar kunnen in principe op positieve wijze worden verwerkt.

Onder welke omstandigheden doen zich in de ontwikkeling van kinderen nu dergelijke konflikten voor? Osterkamp beschrijft twee situaties waarin ontwikkelingskonflikten voorkomen. Het *eerste* konflikt is te herleiden tot de situatie waarin opvoeders regels stellen aan het gedrag van kinderen, terwijl dezen direkte bevrediging van hun behoeften nastreven en een regulering van hun gedrag afwijzen. Voorbeelden: het kind wil meteen aan tafel gaan terwijl de ouders willen dat het eerst de handen wast, het kind gaat buiten spelen zonder eerst huiswerk te maken, enzovoort. Zo'n konflikt is niet alleen een extern konflikt tussen kinderen en ouders maar brengt kinderen in konflikt met zichzelf. Ongehoorzaamheid en verzet dragen het risico in zich van straf of andere negatieve reakties en brengen daarom altijd een zekere mate van angst met zich mee. Omdat het handelingsvermogen van kinderen gesteund wordt door de volwassenen, brengt een konflikt die steun in gevaar. Bij kinderen staat in zo'n situatie dus de behoefte aan hulp en emotionele bevestiging in konflikt met de neiging om een zinnelijk-vitale behoefte te bevredigen.

Osterkamp meent nu dat dergelijke psychische konflikten op een positieve wijze kunnen worden verwerkt wanneer aan de kinderen duidelijk gemaakt kan worden dat de gedragsregels die de ouders stellen in hun eigen belang zijn, dat wil zeggen dat ze de greep op hun levensomstandigheden ermee vergroten. Wanneer opvoeders aan kinderen het nut van hun opdrachten en regels duidelijk maken, spreken ze hun produktieve impulsen aan, zodat de kinderen het konflikt kunnen overwinnen door de wensen van de opvoeders 'gemotiveerd' over te nemen. De belangrijkste voorwaarde voor het verwerken van deze ontwikkelingskonflikten is derhalve het inzicht dat het uitvoeren van de betreffende opdracht een verbetering van hun levensomstandigheden betekent. Kortom: konfliktverwerking houdt in dat kinderen hun handelingsvermogen verder ontwikkelen. Osterkamp acht zelfs een klein kind dat zindelijk moet worden, weliswaar op het eigen niveau, in staat te begrijpen dat het daarmee een grotere vrijheid en onafhankelijkheid verwerft,

---

26. Zie U. Osterkamp, *Motivationsforschung 2*, a.w., p. 320.

omdat het geen beroep meer op de ouders hoeft te doen om verschoond te worden, niet meer in natte luiers hoeft te liggen, enzovoort.
Het is echter geen uitgemaakte zaak dat alle eisen die volwassenen aan kinderen stellen het effekt hebben dat die kinderen zelfstandiger worden. Niet in alle gevallen is de samenhang tussen regulering van de behoeftebevrediging of de ontwikkeling van vaardigheden in het belang van een grotere kontrole van kinderen over hun omstandigheden. Het kan zijn dat die samenhang moeilijk te begrijpen is, zodat kinderen de gestelde opgaven niet kunnen vatten. Soms zullen de ouders geen poging doen om het nut van hun regels of wensen duidelijk te maken. En in veel gevallen zal die samenhang eenvoudig niet bestaan, omdat de opgaven van de opvoeders tegen de belangen van de kinderen indruisen. De volwassenen kunnen de uitvoering van een opdracht dan alleen met dwang opleggen. Het dwangmiddel dat wordt gehanteerd, is dreigen met het opgeven van de steun en bescherming waarop het beperkte handelingsvermogen van de kinderen is aangewezen. Zijn kinderen niet in staat de konflikten tussen hun impulsen en de eisen van de volwassenen te verwerken, dan doet zich het volgende dilemma voor: ofwel ze volgen hun impulsen maar dreigen daardoor aan handelingsvermogen in te boeten (ze krijgen minder zakgeld, moeten vroeg naar bed, enzovoort), ofwel ze nemen de regels van de volwassenen over zonder het nut daarvan te begrijpen. Zo'n dilemma brengt kinderen in een toestand van onzekerheid en angst en verhoogt de druk om het psychisch konflikt hoe dan ook op te lossen. De enige weg die openstaat om de angst te reduceren is de werkelijke situatie te ontkennen: realiteitsafweer. Kinderen elimineren dan de feitelijke ongefundeerdheid van de eisen die de volwassenen stellen uit hun bewustzijn en voegen zich er 'vrijwillig' naar, alsof de eisen in overeenstemming zijn met hun eigen belangen. Teneinde het handelingsvermogen en de affektieve geborgenheid niet in gevaar te brengen, konformeren kinderen zich zonder na te denken aan de eisen van de opvoeders. De eigen impulsen worden onderdrukt en in overeenstemming met de geboden van de volwassenen als ongerechtvaardigd of moreel verkeerd beoordeeld.
Het gaat hier niet om een op zichzelf staande gebeurtenis die zich herhaalt telkens wanneer een konfliktsituatie ontstaat. De realiteit wordt niet per konfliktsituatie afgeweerd maar er kan geleidelijk aan een permanente tendens tot realiteitsafweer ontstaan. Subjekten ontwikkelen dan psychische afweermechanismen die psychische konflikten helpen voorkomen. Kinderen internaliseren de externe dwang van de volwassenen en oefenen deze als interne dwang tegen zichzelf uit. Zij leren hun gedragsimpulsen op eigen kracht onderdrukken en veroordelen. Omdat konflikten zich nu niet meer tussen kinderen en volwassenen afspelen, maar in de kinderen zelf, loopt de steun van de volwassenen geen gevaar. Osterkamp spreekt over een *interne kontrole-instantie* die maakt dat kinderen er zelf op toezien dat de regels van de volwassenen in acht genomen worden.

Op deze wijze geeft Osterkamp een herinterpretatie van het begrip 'Ueber-Ich' uit de psychoanalyse. Bij gebrek aan een betere term blijft zij ook van Ueber-Ich spreken. Desondanks mogen de grote verschillen tussen de twee interpretaties van het begrip niet uit het oog verloren worden. Bij Osterkamp is de Ueber-Ich-ontwikkeling altijd het resultaat van *mislukte* konfliktverwerking, terwijl in principe positieve verwerking mogelijk is. Bij Freud staat het subjekt geen andere weg open dan de eigen impulsen te onderdrukken: alleen op die voorwaarde kan het individu aan het maatschappelijke leven deelnemen. In de versie van Osterkamp daarentegen is het Ueber-Ich een symptoom van *mislukte* vermaatschappelijking: het subjekt past zich blindelings aan onbegrepen opdrachten van autoriteiten aan, het verzoent zich met een situatie van afhankelijkheid, waarin het handelt omdat anderen dat zo willen en niet omdat het in het eigen belang is. Tenslotte, wat voor Freud een algemeen-menselijk konflikt is, doet zich voor Osterkamp alleen onder maatschappelijke omstandigheden voor waarin de vermaatschappelijking van het individu wordt belemmerd, zoals in de kapitalistische samenleving, en dan nog speciaal in bepaalde maatschappelijke klassen.

Het Ueber-Ich brengt een sleep van kognitieve selektiestrategieën met zich mee. Afgeweerd worden bijvoorbeeld gedachten die zouden kunnen leiden tot het inzicht dat het uitoefenen van die interne dwang helemaal niet in het eigen belang is, maar voortkomt uit een externe autoriteit die de grond van zijn eisen niet weet duidelijk te maken. Die selektiemechanismen manifesteren zich als geremdheid, weerstand en onbehagen tegenover kritische handelingen en impulsen die het gezag van de opvoeders, en daarmee hun verboden en normen, ter diskussie zouden kunnen stellen.

Een emotioneel gevolg van het Ueber-Ich is dat met het konflikt ook de konfliktangst verdwenen is. De affektie van de opvoeders is teruggewonnen, maar de prijs die hiervoor betaald wordt is een grotere afhankelijkheid van de volwassenen, dus ook minder zelfstandigheid en zelfvertrouwen.

Vatten we samen. In de ontwikkeling van het kind kunnen zich konflikten van uiteenlopende aard voordoen. Gemeenschappelijk aan deze konflikten is dat zij ontstaan uit de botsing tussen impulsen en plannen van kinderen en de gedragsregulerende aktiviteiten van volwassenen. Verwerking van het konflikt treedt op wanneer kinderen, geholpen door de volwassenen, de samenhang tussen regulering van hun gedrag en hun mogelijkheden de greep op de eigen bestaansvoorwaarden te vergroten inzien en de opgaven van de opvoeders gemotiveerd overnemen. Wanneer konfliktverwerking wordt verhinderd leren kinderen niet om hun eigen leven en hun relaties met anderen bewust gestalte te geven, maar zijn ze gedwongen, teneinde de voor het handelingsvermogen noodzakelijke ondersteuning van de volwassenen niet te verliezen, de door hen gedikteerde opgaven en regels te akspteren. Bij kinderen ontwikkelt zich dan langzamerhand een instantie tot afweer van de realiteit, het Ueber-Ich, waarmee ze op eigen initiatief het naleven van de verboden en geboden die de volwassenen stellen, kontroleren.

Een *tweede* ontwikkelingskonflikt dat Osterkamp beschrijft is van geheel andere aard. De kaders die ouders aan de handelingen van kinderen stellen en de beperkingen die ze aan hun autonomie opleggen, zijn niet meer in overeenstemming met de toegenomen vaardigheden van de kinderen. Kinderen willen hun handelingsruimte uitbreiden en daarmee een grotere zelfstandigheid bereiken, maar krijgen te maken met de tegenstand van de opvoeders. Konfliktverwerking moet hier op een heel andere wijze geschieden dan in het eerder geanalyseerde konflikt. Het is nu immers onmogelijk dat kinderen de regels van de volwassenen gemotiveerd akseptieren, omdat die regels objektief niet in hun belang zijn. Het konflikt kan alleen opgelost worden wanneer de beperkingen die de opvoeders opleggen worden verruimd, totdat ze opnieuw korresponderen met de kapaciteiten van de kinderen. Het konflikt kan in dit geval alleen verwerkt worden door veranderingen in de objektieve levensomstandigheden, namelijk van de ruimte die de ouders aan de kinderen geven. De ouders moeten er dus toe gebracht worden om de achterhaalde beperkingen die ze de kinderen opleggen te verminderen.[27]

De konfliktverwerking moet mislukken wanneer de opvoeders star vasthouden aan overbodige inperkingen van de zelfstandigheid van de kinderen. Om de noodzakelijke praktische en emotionele ondersteuning van de volwassenen niet te verspelen, dus om hun handelingsvermogen niet in gevaar te brengen, kunnen kinderen in dit geval niet anders dan de door de opvoeders opgelegde levensomstandigheden akseptieren. De realiteitsafweer die daarvoor nodig is, leidt tot een verdere versterking van het Ueber-Ich. In de burgerlijke opvoedingsideologieën bespeurt Osterkamp allerlei elementen die in strijd zijn met de bevordering van de ontwikkeling van kinderen en waarmee ze klein gehouden worden. De Ueber-Ich-vorming draagt ertoe bij dat kinderen zich zonder meer neerleggen bij de wensen van de opvoeders en ervan afzien op te komen voor hun eigen belangen. Osterkamp wijst erop dat allerlei opvoedingspraktijken de funktie hebben kinderen erop voor te bereiden om later als volwassenen de machtigen kritiekloos te gehoorzamen en te akseptieren dat de maatschappelijke omstandigheden niet te beïnvloeden zijn.

Temidden van de voorwaarden die geslaagde of mislukte konfliktverwerking in de jeugd bepalen — we hebben het hier zowel over de eerste

---

27. Dit is een van de doelstellingen die Kappeler nastreeft in zijn therapie met Lothar Weber. Vgl. de analyse van deze therapie door Holzkamp en Osterkamp in M. Kappeler e.a., *Psychologische Therapie* ..., a.w., p. 184 e.v. Een ander uitgangspunt van de kritisch-psychologische therapie is dat de kliënt moet leren op zichzelf gerechtvaardigde verlangens naar meer vrijheid en zelfstandigheid om taktische redenen uit te stellen, wanneer de risiko's te groot zijn. Taktisch uitstel van produktieve impulsen behoort dus ook tot de manieren om een konflikt positief te verwerken.

als de tweede konfliktsituatie —, spelen volgens Osterkamp persoonlijkheidseigenschappen van het kind aanvankelijk geen rol. Die voorwaarden liggen buiten het kind; het zijn kenmerken van de situatie, zoals: de mate waarin de opvoeders het nut van hun regels duidelijk kunnen maken, de heersende opvoedingsideologieën, de objektieve mogelijkheden om produktieve vaardigheden te ontwikkelen, de invloed die de ouders zelf op hun eigen levensomstandigheden kunnen uitoefenen. Pas naarmate het kind ouder wordt, ontwikkelt het onder invloed van de verwerking en afweer van konflikten een persoonlijkheidsstruktuur die in de loop van de tijd een steeds belangrijker rol vervult bij de reaktie op konflikten. Ontwikkelingskonflikten en de verwerking of afweer daarvan vinden een neerslag in persoonlijkheidseigenschappen en blijven zo een rol spelen. De manier waarop in een latere levensfase op konflikten wordt gereageerd, wordt dus door Osterkamp herleid tot situationele omstandigheden die in de jeugd konfliktverwerking of afweer veroorzaakten. Onder gunstige omstandigheden kan zich zo een persoonlijkheid ontwikkelen die in staat is konflikten te verwerken. Osterkamp suggereert zelfs dat het begrip 'ik-sterkte' hier op zijn plaats zou zijn.[28] Zo'n individu oefent een zekere kontrole uit over de levensomstandigheden en is in staat die kontrole waar mogelijk uit te breiden. Daarentegen kan in ongunstige omstandigheden een persoonlijkheid ontstaan met een sterk Ueber-Ich, waarin de neiging om konflikten uit de weg te gaan de overhand krijgt. Zo'n individu dreigt door een kumulatie van afweereffekten de greep op de omgeving te verliezen. De afweerneigingen kunnen zo sterk zijn dat ze het individu verhinderen om tot een adekwate kognitieve en emotionele verwerking te komen van situaties die daarvoor op zichzelf, bijvoorbeeld door het ontbreken van aktuele konflikten, gunstig zijn. De oorzaken voor het mislukken van de konfliktverwerking verschuiven in de ontogenese aldus van objektieve aanleidingen tot eigenschappen van de persoonlijkheid. Dit proces kan in uiterste gevallen tot psychische stoornissen leiden (zie paragraaf 4).

Net als Freud beschouwt Osterkamp dus de reakties op konflikten als konstituerend voor de persoonlijkheid. Maar de periode waarin de persoonlijkheid zich ontwikkelt wordt door haar niet beperkt tot de eerste levensfase. Freud meende dat de ervaringen in de eerste jaren van beslissende betekenis zijn voor de hele verdere levensloop. Osterkamp daarentegen spreekt van een levenslange ontwikkeling van de persoonlijkheid. Alle relevante ervaringen worden telkens in de persoonlijkheid geïntegreerd en dragen aldus bij tot een verdere ontwikkeling. Ervaringen in de vroege jeugd kunnen er de oorzaak van zijn dat iemand een goede of slechte start heeft, maar deze is geenszins bepalend voor het hele verdere leven.

28. Zie U. Osterkamp, *Motivationsforschung 2*, a.w., p. 357.

3.2 Konfliktverwerking bij volwassenen

De konflikten die in de vorige subparagraaf zijn besproken, zijn kenmerkend voor de jeugdperiode waarin individuen zich voorbereiden op, maar nog niet deelnemen aan het maatschappelijke proces. De psychische konflikten waarmee volwassenen bij uitstek te maken hebben, zijn gecentreerd rond de individuele bijdrage aan de beheersing van de maatschappelijke levensomstandigheden. Osterkamp spreekt in dit geval van 'specifiek-menselijke' konflikten. In feite liggen deze konflikten in het verlengde van het tweede soort ontwikkelingskonflikten dat in paragraaf 3.1 werd beschreven. Ook hier staat het individuele handelingsvermogen op het spel. Konflikten ontstaan wanneer individuen de invloed op hun leven verder willen uitbreiden, terwijl maatschappelijke omstandigheden een dergelijke ontwikkeling tegenhouden. Er is sprake van psychische konflikten wanneer individuen de kontrole over hun levensomstandigheden willen uitbreiden, maar tegelijkertijd terugdeinzen voor de risiko's die daarmee voor het handelingsvermogen verbonden zijn. Een psychisch konflikt kan in kognitief opzicht worden getypeerd als het dilemma tussen inzicht in de mogelijkheden de beheersing over de levensomstandigheden te vergroten en anticipering op de gevaren die dergelijke veranderingen met zich meebrengen. In emotioneel opzicht gaat het om emotionele bereidheid de greep op de eigen situatie te verstevigen, gekonfronteerd met onzekerheid en angst over de afloop van de nagestreefde veranderingen.

In de kapitalistische maatschappij zijn volgens Osterkamp zulke konflikten aan de orde van de dag. De materiële mogelijkheden om het maatschappelijke proces bewust te sturen zijn in die maatschappij aanzienlijk groter dan in werkelijkheid gerealiseerd. Door het uitblijven van de bewuste vormgeving van het maatschappelijke leven worden ook de individuele handelingsmogelijkheden beperkt. Individuen, die immers door hun maatschappelijke natuur gericht zijn op vergroting van hun handelingsvermogen en bewuste inrichting van hun leven, worden gekonfronteerd met het dilemma zich maar te schikken en genoegen te nemen met de bereikte kontrole over hun levensomstandigheden, òf tegen de stroom in te proberen hun handelingsruimte te vergroten. In het laatste geval lopen ze het risiko meer te verliezen dan te winnen. Arbeiders die aktie voeren voor meer demokratie in hun bedrijf, kunnen in zo'n toestand van psychisch konflikt terechtkomen: als zij ontslagen worden hebben zij niet alleen hun doel niet bereikt, maar als werklozen beschikken zij over een aanzienlijk minder groot handelingsvermogen. Het zijn vooral de leden van de afhankelijke klassen, die met zulke dilemma's gekonfronteerd worden. Zij moeten wèl de produktieve vaardigheden ontwikkelen die in het belang zijn van de reproduktie van de kapitalistische maatschappij, maar ze kunnen geen reële invloed uitoefenen op het maatschappelijke gebeuren.

Een direkte botsing van tegengestelde belangen, zoals tussen arbeiders en bedrijfsleiding, kan dus de aanleiding zijn tot een psychisch kon-

flikt. De tegenstelling tussen individuele belangen en de beknotting daarvan door de maatschappij kan ook in een meer verhulde gedaante tot psychische konflikten leiden. De kritische handelingsimpulsen van individuen worden dan niet zozeer door negatieve sankties van autoriteiten bedreigd, maar door de verboden van het Ueber-Ich. De impulsen van individuen om hun handelingsvermogen verder te ontwikkelen worden meteen weer ondergraven door de afweerprocessen van het Ueber-Ich. Het Ueber-Ich is immers een interne kontrole-instantie waarin normen en gedragsregels zijn geïnternaliseerd die individuen ervan afhouden de beheersing over hun omstandigheden te vergroten. Het Ueber-Ich elimineert reële mogelijkheden om het handelingsvermogen te vergroten uit het bewustzijn. Het gevolg is dat individuen onzeker worden, niet in staat de risiko's van hun gedragingen af te wegen, zich schuldig voelen over hun kritische impulsen.
Ook bij deze psychische konflikten is het alternatief konfliktverwerking dan wel konfliktafweer. Verwerking bestaat erin dat inderdaad getracht wordt de handelingsruimte te vergroten en daarbij de risiko's zoveel mogelijk te reduceren. Omdat het afzonderlijke individu tegenover de maatschappij machteloos is, maakt konfliktverwerking samenwerking met anderen nodig. De instantie bij uitstek die vergroting van de kontrole over de maatschappelijke levensomstandigheden nastreeft, de georganiseerde arbeidersbeweging, kan dus een belangrijke rol spelen bij het verwerken van psychische konflikten. Verwerking van dergelijke konflikten kan er ook in bestaan dat de kritische handelingsimpulsen welbewust worden uitgesteld en opgeschort tot een moment waarop de risiko's minder groot zijn. De hier geschetste visie op konfliktverwerking ligt ten grondslag aan de psychotherapie-opvatting van de kritische psychologie.[29]
De konfliktverwerking mislukt wanneer individuen ervan afzien veranderingen na te streven en zich tevreden stellen met het bereikte niveau van hun handelingsvermogen. De afweermechanismen van het Ueber-Ich, die reële mogelijkheden om de greep op de werkelijkheid te vergroten uit het bewustzijn wegdrukken, spelen hierbij een belangrijke rol. Maar de reden van konfliktafweer kan ook gelegen zijn in het feit dat individuen niet over de mogelijkheden beschikken de risiko's die met de kritische handelingen verbonden zijn te ondervangen. Dat geldt met name voor mensen die in een sociaal isolement verkeren: zij kunnen er niet op rekenen door anderen ondersteund of geholpen te worden.
Deze belemmeringen bij de konfliktverwerking (sterk ontwikkeld Ueber-Ich, individualisme) zijn volgens Osterkamp vooral kenmerkend voor één maatschappelijke groep: de middenklasse, of de 'afhankelijke geprivilegieerden'. De individualiteitsvormen van de middenklassen zijn door twee eigenschappen gekenmerkt: de personen die deze individua-

29. Vgl. L. van Buchem e.a., 'Therapie als aktivering ...', a.w., p. 548 e.v.

liteitsvormen bekleden, beschikken enerzijds in vergelijking met de arbeidersklasse over een relatieve welstand, maar hebben anderzijds net zo min als de arbeiders een reële invloed op het maatschappelijke proces. Deze tegenstelling is de bron van illusies die aan de individualiteitsvormen van de afhankelijke geprivilegieerden kleven. Wanneer ze trachten hun deelname aan het maatschappelijke proces te vergroten, lopen ze het gevaar hun privileges te verspelen. Er blijft hun niets anders over dan zich aan te passen aan de heersende verhoudingen — een aanpassing die zich manifesteert in een identifikatie met de heersende klasse en in een sterk Ueber-Ich, waarin de normen en regels van die klasse zijn geïnternaliseerd. De afhankelijke geprivilegieerden verdringen hun werkelijke belangen door zich af te zetten tegen de arbeidersklasse en een verbond te sluiten met de heersende klassen. Osterkamp noemt hun houding daarom *opportunisme*. Opportunisten menen dat zij verbeteringen van hun situatie kunnen verwerven zonder in konflikt te raken met de heersende klasse, terwijl ze objektief van de afhankelijke klassen deel blijven uitmaken. Omwille van voordelen op korte termijn doen ze zelf mee aan de uitbuiting van de afhankelijke klassen, waartoe ze zelf eigenlijk behoren.

3.3 Exkurs: Osterkamp en de psychoanalyse

In Osterkamps belangrijkste werk, *Motivationsforschung*, beslaat het gedeelte dat over de psychoanalyse handelt 300 pagina's.[30] In dit hoofdstuk wordt daarvan slechts een gedeelte behandeld, namelijk voor zover dat relevant is voor de kritisch-psychologische theorie over de ontwikkeling van de persoonlijkheid. Enig inzicht in Osterkamps kijk op de psychoanalyse is voor het begrijpen van haar theorie over de persoonlijkheidsontwikkeling echter onontbeerlijk. Op welke gronden meent zij de theorie van Freud te kunnen herinterpreteren en hoe gaat zij daarbij te werk?

Osterkamp hanteert een konfrontatiemethode die ze zelf aanduidt met 'Prinzip der Einheit von Kritik und Weiterentwicklung' (het principe van de eenheid van kritiek leveren en verder ontwikkelen). De psychoanalyse wordt onderzocht op haar wetenschappelijk houdbare bestanddelen en de op deze manier gevonden waardevolle inhoud wordt geherinterpreteerd in het kader van de kritische psychologie. Osterkamp meent dus te kunnen profiteren van de theorie van Freud en met behulp van een konfrontatie tussen psychoanalyse en kritische psychologie verder te kunnen komen dan op eigen kracht.

In konkreto gaat ze als volgt te werk: de belangrijkste leerstukken uit de psychoanalyse worden één voor één als probleemstelling aan de kri-

---

30. U. Osterkamp, *Motivationsforschung 2*, a.w., p. 184-484. Voor de problematiek van deze paragraaf vgl. A. Verbij, 'Kritische psychologie en psychoanalyse', in: *Kennis en methode*, jrg. 3, nr. 3, 1979, p. 310-330.

tische psychologie voorgelegd. Ervan uitgaande dat in de koncepten van Freud een stukje van de werkelijkheid theoretisch wordt gevat, dwingt zij de kritische psychologie stelling te nemen tegenover de betreffende onderdelen van de realiteit. De kritische psychologie moet òf een betere analyse en verklaring geven van die werkelijkheid, òf de betreffende begrippen akspteren. Daarmee worden twee doelstellingen bereikt. In de eerste plaats kan de kritische psychologie profiteren van de enorme ervaring die in de psychoanalyse omtrent de moeilijkheden van het menselijk bestaan is bijeengebracht. Voorkomen wordt dat de kritische psychologie in probleembewustzijn bij de psychoanalyse ten achter blijft. In de tweede plaats worden Freuds begrippen gekonfronteerd met de kennis die in de kritische psychologie reeds over het betreffende onderwerp bestaat, waardoor de vruchtbare èn achterhaalde aspekten van de psychoanalyse punt voor punt kunnen worden onderscheiden.
Een analyse van Osterkamps Freud-kritiek laat drie aspekten zien:
1. Enige bestanddelen uit de psychoanalytische theorie worden op wetenschappelijke gronden afgewezen. Osterkamp verwerpt bijvoorbeeld Freuds driftleer, zijn theorie over de verhouding van individu en maatschappij en zijn socialisatietheorie. Zij beschouwt deze theorieën als wetenschappelijk onhoudbaar en door de kritische psychologie achterhaald. De driftleer maakt plaats voor de theorie van de twee behoeftensystemen, Freuds socialisatietheorie wordt verworpen ten gunste van de theorie over het vermaatschappelijkingsproces.
2. Sommige begrippen (Ueber-Ich, angst, verdringing, afweer, ontwikkelingskonflikten) worden door Osterkamp binnen de kritische psychologie geherinterpreteerd. Nemen we het Ueber-Ich als voorbeeld. Het Ueber-Ich, dat bij Freud het resultaat is van de botsing van libidineuze strevingen in het individu en de normen van de kultuur, wordt door Osterkamp gekritiseerd om zijn ahistorische karakter. Het Ueber-Ich à la Freud is een ahistorisch begrip omdat het verankerd is in de drifttheorie, die in elk individu algemeen-menselijke driftimpulsen werkzaam acht. Osterkamp maakt het Ueber-Ich daarom los van de drifttheorie en brengt het in verband met haar eigen motivatietheorie. Vervolgens kan zij dan het Ueber-Ich herinterpreteren als de neerslag van mislukte konfliktverwerking onder bepaalde historische en maatschappelijke omstandigheden. Het Ueber-Ich wordt dan niet meer, zoals bij Freud, beschouwd als een stadium in het proces van vermaatschappelijking, maar integendeel als de neerslag van belemmerde vermaatschappelijking en een rem op verdere ontwikkeling.
In zo'n geherïnterpreteerde vorm zijn deze koncepten niet langer psychoanalytische koncepten, ook al blijft de terminologie voorlopig gehandhaafd; ze zijn door herinterpretatie van de psychoanalyse gewonnen begrippen van de kritisch-psychologische persoonlijkheidstheorie. Osterkamp wijst elke poging om de psychoanalyse in het marxisme te integreren af. Ze streeft naar een positieve verandering van de theorie van Freud in de kontext van een marxistisch gefundeerde psychologie.

3. Tenslotte vraagt Osterkamp zich af hoe het komt dat de psychoanalyse ondanks al haar fouten en beperkingen de subjektieve problematiek van mensen in de burgerlijke maatschappij zo adekwaat weergeeft. Haar antwoord luidt: sommige analysen van Freud zijn onder bepaalde historische en maatschappelijke omstandigheden geldig. Freuds theorie van het Ueber-Ich bijvoorbeeld, is van toepassing op de leden van de middenklasse in de kapitalistische maatschappij. Weliswaar ziet Freud de ontwikkeling van een Ueber-Ich ten onrechte als een voorwaarde voor deelname aan het maatschappelijk leven in plaats van als belemmering daarvoor, maar zijn beschouwingen over de werking van het Ueber-Ich, de rol ervan bij het ontstaan van psychische stoornissen en dergelijke, zijn korrekt, tenminste voor zover ze betrekking hebben op de middengroepen.

Om haar stelling van het klassegebonden karakter van het Ueber-Ich te onderbouwen, gaat Osterkamp bij Freud zelf te rade. Vooral in zijn kultuurpsychologische geschriften wijst Freud erop dat de tendens een Ueber-Ich te ontwikkelen niet bij alle leden van de maatschappij in even sterke mate aanwezig is. Alleen de geprivilegieerden, de beter bedeelde klassen ontwikkelen volgens Freud door internalisering van maatschappelijke normen een Ueber-Ich en worden zo tot dragers van de kultuur. De massa daarentegen staat vijandig tegenover de kultuur en dreigt deze te vernietigen. De onderste maatschappelijke klassen internaliseren de maatschappelijke regels niet en zoeken zonder schuldgevoelens hun driften te bevredigen. Terwijl de beter gesitueerden een interne dwang ontwikkelen, is bij de massa alleen externe dwang effektief. Maar volgens Freud bezitten de leiderstypen evenmin een sterk Ueber-Ich. Deze mensen, door Freud als narcistische persoonlijkheden getypeerd, oefenen zelf in positieve of negatieve zin invloed uit op de kultuur en bekommeren zich niet om verboden en regels.

Osterkamp brengt deze groep mensen in verband met de heersende klasse. Zij bekritiseert Freud dat hij de oorzaak van deze persoonlijkheidsverschillen zoekt in aangeboren karakterverschillen in plaats van in uiteenlopende maatschappelijke ontwikkelingsvoorwaarden. Dat neemt niet weg dat Osterkamp het met Freuds konklusie eens is dat de middenklassen het meest te lijden hebben van een al te sterke Ueber-Ich-vorming.[31]

4. De gestoorde ontwikkeling

4.1 Psychische stoornissen in de middenklasse

Osterkamps werkwijze om de koncepten van Freud als leidraad te nemen bij haar beschouwingen over de psychodynamiek van de per-

---

31. Zie U. Osterkamp, *Motivationsforschung 2*, a.w., p. 436 e.v.

soonlijkheidsontwikkeling heeft een zwaarwegend gevolg. Omdat de theorie van Freud over het Ueber-Ich en de daarmee samenhangende neurosen alleen betrekking heeft op de middenklasse, zal ook Osterkamps herinterpretatie ervan in een kritisch-psychologische theorie over psychische stoornis beperkt blijven tot deze bevolkingsgroep. Andere maatschappelijke groepen die niet tot de 'afhankelijke geprivilegieerden' behoren, zoals het grootste deel van de arbeidersklasse, blijven derhalve buiten haar bereik. Boven Freud meent zij in ieder geval het voordeel te bezitten dat zij zich van deze beperking bewust is en daarom kan vermijden de situatie van de middenklasse te verabsoluteren tot de algemeen-menselijke situatie. Desondanks waagt Osterkamp zich aan een globale kenschets van de psychische stoornissen binnen de arbeidersklasse; hiervan volgt in 4.2 een samenvatting.[32]

Osterkamps theorie over psychische stoornis sluit direkt aan bij haar uiteenzettingen over konfliktverwerking bij de leden van de middenklasse. Het voor deze maatschappelijke groep kenmerkende Ueber-Ich heeft al een inperking van het handelingsvermogen en daarmee van de kontrole over de realiteit tot gevolg. Bij de psychisch gestoorde mens wordt het handelingsvermogen nog verder ingeperkt. Er wordt een grens overschreden: het gedrag is voor de persoon zelf of voor diens direkte omgeving niet meer akseptabel. In veel gevallen blijft het handelingsvermogen nog gedeeltelijk intakt, bijvoorbeeld bij de meeste neurosen. Ernstige psychopathologische stoornissen brengen een volledig verlies van het handelingsvermogen met zich mee. De gehele of gedeeltelijke verlamming van het handelingsvermogen zoals we dat bij psychische stoornissen vinden, is dus niets anders dan een verdere belemmering van een handelingsvermogen dat door het Ueber-Ich al ingeperkt was. De aanpassing aan de heersende machtsverhoudingen die we bij leden van de middenklasse vinden, is volgens Osterkamp dan ook een *voorvorm* van psychisch gestoord gedrag.

Psychische stoornissen treden op wanneer aan twee voorwaarden voldaan is, een voorwaarde buiten en een voorwaarde binnen de persoon. De eerste konditie is dat de persoon terechtkomt in een hevige konfliktsituatie, waarbij kritische handelingsimpulsen niet langer afgeweerd kunnen worden. De tweede konditie is dat het vermijden en uit de weg gaan van konflikten zozeer een persoonlijkheidseigenschap is geworden, dat die kritische impulsen niet in handelingen kunnen worden omgezet. Een individu kan, zoals we reeds zagen, zo dikwijls in konfliktsituaties terecht komen zonder dat voldoende hulp wordt geboden om die konflikten op een positieve wijze te verwerken, dat de afweerneigingen zich tot een persoonlijkheidseigenschap verzelfstandigen. De afweerreakties worden tot een vast patroon, waardoor ook met afweer wordt gerea-

---

32. Een theorie over psychische stoornissen in de arbeidersklasse zal deel uitmaken van het nog te verschijnen deel 3 van *Motivationsforschung*. Zie U. Osterkamp, *Motivationsforschung 2*, a.w., p. 426.

geerd wanneer dat helemaal niet nodig is. De oorzaken van het mislukken van konfliktverwerking verschuiven aldus van de oorspronkelijke externe omstandigheden naar eigenschappen van de persoonlijkheid. Wanneer in het leven van zo iemand door een bepaalde gebeurtenis een hevige konfliktsituatie ontstaat, kan gemakkelijk psychische ineenstorting of gestoord gedrag het gevolg zijn.

Zo'n hevige konfliktsituatie, die de aanleiding kan zijn van het ontstaan van gestoord gedrag, wordt veroorzaakt door veranderingen in de situatie waarin het individu zich bevindt. De situatie kan bijvoorbeeld in die zin veranderen dat handelingen die de persoon tot nu toe zonder meer kon uitvoeren nu plotseling risiko's met zich meebrengen. De gedragsnormen verschuiven zonder dat het individu weet waarom en zonder dat het over de mogelijkheden beschikt invloed uit te oefenen op het bepalen van die gedragsregels. Het individu ervaart dan zijn machteloosheid en afhankelijkheid zo direkt, dat het de noodzaak om die knellende banden te verbreken niet langer kan ontkennen. Normaliter zorgt het Ueber-Ich ervoor dat handelingsimpulsen die de door de omgeving gestelde kaders te buiten gaan worden onderdrukt of geneutraliseerd. De kritische impulsen kunnen echter zo sterk zijn dat ontkenning van de realiteit, ontkenning van de mogelijkheid dat de eigen leefomstandigheden verbeterd moeten en kunnen worden niet meer mogelijk is. Desondanks is het Ueber-Ich sterk genoeg om een verdringing van die impulsen te eisen en ziet de persoon de gevaren die aan het nastreven van het eigen belang verbonden zijn duidelijk in. Osterkamp meent nu dat de verregaande aantasting van het handelingsvermogen, die kenmerkend is voor psychische stoornis, het gevolg is van een toegespitst psychisch konflikt, waarin sterkere handelingsimpulsen worden gevoeld dan normaal, impulsen dus die op de 'normale' manier niet kunnen worden afgeweerd, terwijl het Ueber-Ich tegelijkertijd sterk genoeg is om te verhinderen dat die impulsen daadwerkelijk tot kritische handelingen leiden. Het subjekt bevindt zich in een toestand van angst en radeloosheid. Het ziet zich gekonfronteerd met de risiko's die de realisering van de kritische handelingsbereidheid met zich meebrengt en met het verbod van het Ueber-Ich die bereidheid in daden om te zetten, maar het kan desondanks die impulsen niet onderdrukken. Het individu weet niet waaraan het zich moet oriënteren: aan de kritische impulsen of aan het Ueber-Ich.

De verregaande verlamming van het handelingsvermogen die hiervan het gevolg is, heeft niet per se tot gevolg dat het individu niet meer aan de sociale en maatschappelijke eisen kan voldoen. Vaak kan de stoornis verborgen worden of op de een of andere manier worden gekompenseerd. De persoon kan tot op zekere hoogte blijven funktioneren en bijvoorbeeld werk blijven verrichten. Het verbergen of aanpassen van de gestoorde gedragingen vraagt echter zo veel inspanning en richt de aandacht zozeer op de eigen toestand dat de persoon onmogelijk op eigen kracht de stoornis kan doorbreken. Verbetering van de toestand veron-

derstelt immers vergroting van de bestaande handelingsruimte en aktieve en bewuste verandering van de levensomstandigheden. Daarvoor moeten nieuwe vormen van koöperatie en sociale integratie worden gevonden, waartoe het gestoorde individu meestal niet zelf het initiatief kan nemen. De kritisch-psychologische therapie is erop ingericht om die sociale steun te verlenen.[33]
Bij stoornissen waarbij het handelingsvermogen gedeeltelijk overeind blijft, doen zich *symptomen* voor: gedragingen waarover het individu normaliter bewust beschikt, maar die nu aan diens kontrole zijn onttrokken. De dwangneurotikus voert dwangmatig bepaalde handelingen uit, de fobikus vermijdt geforceerd bepaalde situaties, enzovoort. Dergelijke symptomen vertegenwoordigen precies die gedragsaspekten, waarin het handelingsvermogen is beknot.
Hoe verklaart Osterkamp nu het ontstaan van symptomen? Aan de oorsprong van stoornissen ligt, zoals we zagen, de botsing tussen de bereidheid van het individu om de greep op de eigen situatie te vergroten en de sterke druk van het Ueber-Ich en de omgeving om van kritische handelingen af te zien. De patstelling tussen Ueber-Ich en kritische handelingsimpulsen brengt het individu in angst en hulpeloosheid en moet dus worden doorbroken. Het symptoom is het resultaat van de verzoening van deze twee krachten. De kritische impulsen worden omgebogen tot symptomen. In de gedaante van symptomen zijn ze niet meer herkenbaar als overtreding van de verboden die het Ueber-Ich belichaamt. Met behulp van het symptoom kan het individu ondanks de niet volledig te onderdrukken handelingsbereidheid de werkelijke konfrontatie met de omgeving uit de weg gaan.
In het symptoom wordt de bereidheid de kontrole over de omgeving te vergroten, zij het op verhulde wijze, geuit. Bij psychische stoornissen staat een verhoogde ontvankelijkheid voor de mogelijkheden tot vergroting van de handelingsruimte naast het individuele onvermogen zich tegen de omgeving te weer te stellen. Psychisch gestoorde mensen onderkennen en onderdrukken tegelijkertijd de mogelijkheden om hun situatie te verbeteren. In de psychische stoornis manifesteert zich protest naast afzien van protest.
Dat psychische stoornis samengaat met een verhoogde sensibiliteit ten opzichte van de eigen leefsituatie, illustreert Osterkamp met materiaal uit de klinische praktijk.[34] Het komt, schrijft zij, dikwijls tot psychische krises in situaties waarin het individu zich sterk oriënteert op de wensen en verwachtingen van anderen, maar waarbij die anderen ineens in plaats van met de gebruikelijke vriendelijkheid en bevestiging met ontevredenheid en kritiek reageren. Het traumatisch effekt van zo'n ge-

---

33. Vgl. L. van Buchem e.a., 'Therapie als aktivering ...', a.w., p. 551-553.

34. Zie U Holzkamp-Osterkamp, 'Erkenntnis, Emotionalität, Handlungsfähigkeit', in: *Forum Kritische Psychologie*, nr. 3, 1978, p. 63 en 65.

beurtenis is hierin gelegen dat het subjekt zich er plotseling van bewust wordt dat het verraad aan de eigen belangen zonder nut is. Gesteld nu dat de psychische stoornis in zo'n geval de vorm aanneemt van de dwangmatige neiging schoon te maken, welke betekenis kent Osterkamp dan aan dat symptoom toe? De psychische ineenstorting is een gevolg van de bewustwording van het individu dat het de relaties met de anderen moet veranderen, grieven moet uiten, en dergelijke, terwijl het tegelijk terugdeinst zowel voor de moeilijkheden die daarvan het gevolg kunnen zijn als voor de verboden van het Ueber-Ich. De dwangneurose geeft de gelegenheid de agressie tegen degenen door wie het zich in de steek gelaten voelt in de vorm van algemeen gewaardeerde aktiviteiten (schoonmaken) op verhulde wijze te uiten. De konfliktangst is verdwenen, maar het individu betaalt dat met de prijs van verlies van kontrole over de eigen gedragingen, die in plaats van beheerst te worden op den duur het individu zelf gaan beheersen.

In Osterkamps duiding van de neurotische symptomen komt duidelijk naar voren hoezeer zij bij het formuleren van haar theorie over psychische stoornis Freud op de voet volgt. Ook bij Freud heeft het symptoom het karakter van een kompromis, in dit geval tussen verdrongen infantiele driftwensen en het Ueber-Ich. De angst die door de strijd van deze tegenstrevende krachten teweeg wordt gebracht, wordt afgewend door het symptoom; de angst is verdwenen maar de patiënt moet lijden aan het symptoom, aldus de interpretatie van de psychoanalyse.

Ondanks deze overeenkomsten zijn de verschillen tussen de opvattingen van Osterkamp en Freud over psychische stoornis groot. Die verschillen kunnen in twee punten worden samengevat:

1. Bij Freud is de neurose het resultaat van een regressie naar infantiele driften, die normaal verdrongen worden, maar door een of andere gebeurtenis weer de kop opsteken. Het Ueber-Ich wijst deze driftuitingen af, maar aangezien ze niet meer door het afweersysteem kunnen worden overmeesterd, treedt in plaats van verdringing symptoomvorming op. Bij Osterkamp is geen sprake van regressie, integendeel. Het subjekt is juist ontvankelijk voor de afhankelijke situatie waarin het zich bevindt en ervaart een bereidheid die situatie te veranderen. De konfliktangst ontstaat door de dreiging daarbij handelingsmogelijkheden te verspelen, en deze angst wordt nog versterkt door het verbod van het Ueber-Ich om de belemmeringen te verbreken. Het individu zoekt dan een uitweg in de neurose.

2. Zowel Freud als Osterkamp nemen aan dat het individu door mislukte konfliktverwerking persoonlijkheidseigenschappen kan ontwikkelen waarmee het gevaar loopt op konfliktsituaties met gestoord gedrag te reageren. Een dergelijke predispositie is volgens Freud het resultaat van onverwerkte seksuele problematiek in de Oedipus-situatie. Mislukte konfliktverwerking kan in de theorie van Osterkamp gedurende het hele leven plaatsvinden en een tendens tot permanente konfliktverdringing kan dus ook in latere levensfasen opgebouwd worden.

4.2 Psychische stoornissen in de arbeidersklasse

In de arbeidersklasse bestaat het perspektief promotie te maken en hogerop te komen praktisch niet. Volgens Osterkamp nu is een belangrijke konfliktbron voor leden van deze klasse de diskrepantie tussen de *feitelijke* ontwikkelingsbeperkingen in de eigen situatie en de maatschappelijke ontwikkelings*mogelijkheden*. Uit deze diskrepantie komen psychische konflikten voort, waarbij inzicht in de mogelijkheden om de kontrole over de eigen situatie te vergroten en de bereidheid daartoe, gekonfronteerd worden met te verwachten risiko's en tegenmaatregelen van de heersende klasse. Konfliktverwerking is dan ook alleen mogelijk door kollektieve strijd binnen de georganiseerde arbeidersbeweging. Ook hier ontstaan, wanneer positieve konfliktverwerking niet mogelijk is, allerlei afweervormen. Osterkamp noemt met name kognitieve mechanismen die de objektieve tegenstelling tussen de feitelijke beperkingen en de maatschappelijke mogelijkheden uit het bewustzijn elimineren. De afweer kan mislukken, waarbij psychische stoornissen en symptomen optreden die het konflikt tussen halfslachtig erkende mogelijkheden iets aan de situatie te verbeteren en de dreigende reakties van de machtigen moeten reduceren. Dergelijke stoornissen en symptomen zijn echter van heel andere aard dan die welke we aantreffen bij mensen met een sterk Ueber-Ich. De 'betekenis' van deze stoornissen is het negeren van de noodzaak in samenwerking met anderen en in georganiseerd verband te handelen en het ontkennen van het belang van een dergelijke kollektieve strijd voor de eigen ontwikkeling. Als voorbeelden van gestoord gedrag noemt Osterkamp bezigheden waarbij men zijn bevrediging zoekt in individualistisch, zelfgenoegzaam gedrag, zoals gokken, alkoholisme, druggebruik of aktiviteiten waarin men de eigen machteloosheid verbergt onder agressief gedrag, zoals geweldpleging tegenover zwakken. Door zulke symptomen zijn de psychische dilemma's wel verdwenen, maar is de totale leefsituatie van het individu allerminst verbeterd.[35]

5. Enige kanttekeningen

Wie, nieuwsgierig geworden door dit hoofdstuk, *Motivationsforschung* van Osterkamp ter hand neemt in de veronderstelling daarin een overvloed aan voorbeelden uit de psychologie aan te treffen, komt bedrogen uit. Wat de lektuur van Freud zo boeiend maakt: de analyse van klinische gevallen, ontbreekt bij Osterkamp geheel en al. In plaats daarvan moet de lezer zich tevreden stellen met abstrakte theoretische beschouwingen, een enkele maal geïllustreerd met voorbeelden uit het dagelijks leven, maar slechts zelden met psychologisch of klinisch materiaal. Dit

---

35. Zie U. Osterkamp, *Motivationsforschung 2*, a.w., p. 446 e.v.

opgeteld bij het gebrek aan systematiek en aan helderheid in het betoog maakt het lezen van *Motivationsforschung* niet tot een onverdeeld genoegen.

Door het gebrek aan empirische gegevens boet Osterkamps boek aan overtuigingskracht in. Wie zo'n omvattende theorie over de persoonlijkheidsontwikkeling schrijft, moet toch op een of andere manier een verbinding weten te leggen met het empirisch materiaal, al was het maar om de spekuleerzucht te disciplineren. Aangezien de Berlijnse psychologen zelf nog weinig empirisch onderzoek hebben verricht, had Osterkamp toch tenminste bestaand materiaal afkomstig uit psychologische experimenten, klinische praktijkgevallen en statistische analysen, kunnen herinterpreteren.

Een empirische onderbouwing had bijvoorbeeld niet mogen ontbreken bij haar stelling dat neurotische stoornissen typisch zijn voor de middenklasse. Osterkamp baseert deze these enerzijds op een aantal beweringen in die richting van Freud, anderzijds op objektieve kenmerken van de individualiteitsvormen van de middenklasse. Met gegevens afkomstig uit de sociale epidemiologie van psychische stoornissen had zij haar betoog kunnen toetsen en mogelijk preciseren. Dit centrale element in haar theorie blijft nu volledig in de lucht hangen, al was het maar omdat de betreffende uitspraken van Freud allerminst eenduidig zijn.

In een later artikel bespreekt Osterkamp wel klinisch-psychologische literatuur. Merkwaardig genoeg maakt zij daarbij geen gebruik van haar eigen theorie over de verwerking en verdringing van konflikten. De begrippen die in *Motivationsforschung 2* werden ontwikkeld om de psychische stoornis te verklaren: Ueber-Ich en afweertendensen als persoonlijkheidstrekken, worden niet aangewend om nieuw licht te werpen op klinisch-psychologische problemen. De klinische passage uit dat artikel moeten dan ook als een stap terug worden beschouwd.[36]

Met haar bewering dat de theorie van Freud tot nu toe niet overtroffen is, perkt Osterkamp haar diskussiegebied ten onrechte in. Als geen enkele psychoanalytische of psychologische theorie het niveau van Freud haalt, waarom zouden we ons er dan nog mee bezighouden? We hebben in dat geval genoeg aan Freuds *Gesammelte Werke* (en laten we zijn brieven niet vergeten!).[37] Osterkamp versterkt haar zelfgekozen isolement nog door het 'Prinzip der Einheit von Kritik und Weiterentwicklung' te relativeren. Zij stelt dat alleen die theorieën in aanmerking komen voor een herinterpretatie in het kader van de kritische psycholo-

---

36. Zie U. Osterkamp, 'Erkenntnis ...', a.w., paragraaf 8. Wel belangrijk is paragraaf 9 van dit artikel, waarin Osterkamp haar therapiekonceptie verduidelijkt.

37. In de korte bibliografie van *Motivationsforschung 2* (a.w., p. 485-487) is het ontbreken van post-freudiaanse psychoanalytici als Reich, Bowlby, Deutsch, Fromm en Lacan opvallend.

gie, die voldoende 'methodisch abgesichert' zijn.[38] Als de kritische psychologie zich inderdaad ontwikkelt in de richting van een dergelijk methodisch purisme en fundamentalisme, zal de diskussiebasis met de 'burgerlijke' psychologie spoedig verdwenen zijn – een ontwikkeling die rampzalig zou zijn, voor de kritische psychologie wel te verstaan.
Osterkamp begint haar beschouwingen over Freud met de uitspraak dat de psychoanalyse *tot op heden* de beste theorie is. In deze stelling ligt de pretentie opgesloten dat de kritische psychologie er wèl in slaagt de theorie van Freud te overstijgen. Die pretentie maakt Osterkamp naar mijn mening niet waar. Niet omdat de kritisch-psychologische theorie over de vermaatschappelijking en Osterkamps konflikttheorie geen verdiensten zouden hebben (integendeel – zie verderop), maar omdat deze theorieën zo weinig uitgewerkt zijn. Het blijft bij globale kaders, die om hun bruikbaarheid te bewijzen heel wat konkreter moeten worden gemaakt. Een notie als de ontwikkelingsdrang van het jonge kind (zie paragraaf 2.2) wordt wel genoemd, maar op welke terreinen de ontwikkeling zich manifesteert en waarin die drang precies bestaat wordt niet onderzocht.
Om die precisering van hun theorie uit te voeren kunnen Holzkamp en Osterkamp naar mijn mening putten uit bestaand psychologisch onderzoek. Helaas ziet het er niet naar uit dat de kritisch-psychologen op de hoogte zijn van recent onderzoek naar de ontwikkeling van het kind. Holzkamps omhelzing van de psychoanalyse als uitgangspunt voor de studie van het kind[39] lijkt hem nog verder te verwijderen van recent ontwikkelingspsychologisch werk. Terwijl juist op het terrein van de sociale ontwikkeling van het kind de laatste jaren veel nieuwe kennis tot stand is gekomen: op terreinen als hechting tussen ouders en kind, moeder-kind interaktie, sociale relaties tussen kinderen. Het werk van progressieve psychologen als Richards[40] en Lamb[41] biedt vele aanknopingspunten die de kritisch-psychologen niet mogen laten liggen.
Ten aanzien van de *sociale* aspekten van het vermaatschappelijkingsproces hebben Holzkamp en Osterkamp een blinde vlek, zoals blijkt uit hun opvatting over de tegenstelling tussen 'slechts' sociale relaties en koöperatieve relaties. Holzkamp spreekt tegenwoordig van 'instrumentele relaties', waarbij anderen slechts het middel zijn voor het bereiken van partikuliere belangen, en 'subjektrelaties', waarbij de onder-

---

38. Zie U. Osterkamp, 'Erkenntnis ...', a.w., p. 14.

39. Zie K. Holzkamp, 'Subjektivität II', a.w., p. 22 e.v.

40. Zie M.P.M. Richards (red.), *The Integration of a Child into a Social World*, Londen 1974.

41. Zie bijvoorbeeld M.E. Lamb, 'Paternal Influences and the Father's Role. A Personal Perspective', in: *American Psychologist*, jrg. 34, 1979, p. 938-943.

linge betrekkingen in dienst staan van het verwezenlijken van algemeen-maatschappelijke doelen.⁴² Twee vormen van sociale relaties op deze manier tegen elkaar uitspelen is mijns inziens een vergissing. Menselijke relaties kunnen niet alleen getypeerd worden door hun doelgerichtheid. De ontoereikendheid van deze begrippen blijkt bijvoorbeeld bij Osterkamps behandeling van het vermaatschappelijkingsproces. De rol van de ouders wordt daar in 'zakelijke' termen beschreven: het gaat om bescherming, hulp bij het toeëigeningsproces, regulering van gedrag. Maar de drijfveren voor de interaktie tussen ouders en kinderen zijn veel spontaner en primitiever en wortelen te zeer in biologische processen dan dat ze zouden passen in zo'n kader van doelgerichtheid. Door het onderscheid tussen koöperatieve relaties en 'slechts' sociale relaties wordt een heel domein van sociale uitwisseling bij voorbaat aan het zicht onttrokken. Dat is merkwaardig, omdat de psychoanalyse deze moeilijk grijpbare problematiek nu juist tot objekt heeft. Als mijn stelling juist is heeft Osterkamp het twijfelachtige resultaat geboekt het meest wezenlijke bestanddeel uit de theorie van Freud weg te snijden.

Osterkamps konflikttheorie bevat eveneens een leemte. In het specifiek menselijke konflikt staat een kritische impuls, dat wil zeggen de impuls om de kontrole over de omgeving uit te breiden, tegenover de risiko's die daarmee verbonden zijn. Zo'n konflikt kan worden verwerkt of verdrongen, maar de konfliktsituatie kan zo op de spits gedreven worden dat de kritische impulsen niet meer te onderdrukken zijn. Het blijft echter volstrekt onduidelijk waar de oorsprong van die impulsen ligt. Dat het kleine kind de tendens heeft het eigen handelingsvermogen te vergroten is plausibel en kan worden beargumenteerd met een beroep op ontwikkelingspsychologisch onderzoek. Maar Osterkamp lijkt aan te nemen dat een dergelijke ontwikkelingsdrang het hele verdere leven doorwerkt. Zo verdedigt zij de stelling dat er bij jeugdigen spontane denkimpulsen in de zin van het begrijpend kennen voorkomen. En zij doet de uitspraak dat psychische ineenstorting samengaat met een grotere sensitiviteit voor maatschappelijke beperkingen. Hoe moeten we ons dat voorstellen? Bedoelt Osterkamp een soort van subliminale perceptie, een intuïtie van de maatschappelijke mogelijkheden? Door de werking van dergelijke kritische impulsen aan te nemen maar hun oorsprong niet te verklaren, verzwakt Osterkamp haar konflikttheorie in ernstige mate.

Tot slot noem ik drie sterke punten uit de theorie, zodat het hoofdstuk toch nog in majeur kan worden afgesloten. Het gaat in alle gevallen om veelbelovende aanzetten die naar mijn mening verdere uitwerking verdienen. Ook Nederlandse kritisch-psychologen zouden hieraan een bijdrage kunnen leveren.

---

42. Zie K. Holzkamp, 'Subjektivität II', a.w., p. 13 e.v.

De theorie van het vermaatschappelijkingsproces lijkt mij vergeleken met de theorieën waartegen Osterkamp zich afzet een verbetering. Maatschappij en kind moeten niet tegenover elkaar gesteld worden. Vermaatschappelijking is geen inperking, maar juist ontplooiing van mogelijkheden. Evenmin leidt vermaatschappelijking tot de internalisering van *willekeurige* normen; die normen zijn verbonden met het maatschappelijke leven. Jammer genoeg leggen Holzkamp en Osterkamp in hun theorie een overheersend aksent op de *kontrole* over de levensomstandigheden.[43] Wat voor waarde hebben aktiviteiten als literatuur, muziek, sport? Holzkamp en Osterkamp bekijken de mens te veel onder het gezichtspunt van arbeid, koöperatie en politiek, en te weinig van spel, sociale interaktie en kultuur.
Osterkamps konflikttheorie kan bij verdere precisering haar bestaansrecht mogelijk bewijzen in de klinische praktijk. Terecht bekritiseert Osterkamp de psychoanalytische theorie waarin het ontstaan van psychische stoornissen in verband wordt gebracht met algemeen menselijke standaardsituaties, met name het Oedipuskonflikt. In de plaats daarvan bepleit zij een analyse van het individuele vermaatschappelijkingsproces en van de omstandigheden die bepaald hebben dat bij een individu het vermogen om konflikten te verwerken is gereduceerd. Osterkamp gaat op zoek naar de werkelijke konflikten die zich in iemands leven hebben voorgedaan en de persoonlijkheidstendensen die daaruit resulteren. Het kader dat Osterkamp voor de analyse van psychisch gestoord gedrag aanreikt verdient zeker een nadere uitwerking.
In een artikel uit 1979 beschrijft Holzkamp een onderzoek dat hij momenteel uitvoert en dat hij in 1981 onder de titel 'Die Genese des Subjekts' wil publiceren.[44] Het gaat om een studie naar de ontwikkeling van jonge kinderen en de relaties in het gezin. Holzkamp verwijt de traditionele ontwikkelingspsychologie dat deze alleen oog heeft voor de kinderen en geen aandacht schenkt aan de hele situatie waarin kinderen opgroeien. De materiële kondities van het gezin, de maatschappelijke aktiviteit van de ouders, de relatie tussen de ouders en dergelijke, en de invloed van al deze faktoren op de ontwikkeling van het kind blijven buiten beschouwing. Om het kind in de kontekst van de gezinsprocessen te bestuderen wijst Holzkamp laboratoriummethoden af. In plaats daarvan heeft hij een oude methode van de ontwikkelingspsychologie nieuw leven ingeblazen: de kinderdagboeken. Een aantal ouders van jonge kinderen houdt minutieuze dagboeken bij van hun ervaringen met hun

---

43. Vgl. voor een kritiek L. van Buchem e.a., 'Therapie als aktivering ...', a.w., p. 557 e.v. Een uitgebreidere kritiek vindt men in L. van Buchem, E. Elbers, M. van Elteren, *Psychotherapie en maatschappelijk handelen. De therapiekonceptie van Klaus Holzkamp en Ute Holzkamp-Osterkamp*. Rijksuniversiteit Utrecht, Psychologisch Geschrift nr. PG-80-1-EX, 1980.

44. Zie K. Holzkamp, 'Subjektivität II', a.w., p. 25 e.v.

kind. Aan de hand daarvan onderzoekt Holzkamp bijvoorbeeld de gevolgen van het feit dat de vrijheid van de ouders (meestal vooral van de moeder) om te werken, te studeren, politiek werk te verrichten en dergelijke door de komst van een kind aanzienlijk wordt gereduceerd. Ambivalentiegevoelens tegenover het kind die het gevolg zijn van die reduktie, kunnen door de moeder moeilijk verwerkt worden omdat ze in strijd zijn met de heersende opvattingen over de rol van de moeder. Volgens Holzkamp stelt de traditionele kinderpsychologie zich volledig op het standpunt van de genoemde moederschapsideologie en ontkent ze dat er tegenstellingen bestaan tussen het belang een kind te hebben en andere belangen. Daarentegen wil Holzkamp bij zijn onderzoek rekening houden met zulke belangentegenstellingen, die op hun beurt weer veroorzaakt worden door de gezinsideologie, de gebrekkige mogelijkheden van kinderopvang, de traditionele taakverdeling tussen man en vrouw en dergelijke. De citaten uit de dagboeken die Holzkamp geeft zijn fascinerend, maar jammer genoeg vindt hij het noodzakelijk dit veelbelovende materiaal te ordenen met het al te schematische begrippenpaar 'instrumentele' versus 'subjektrelaties'.

III. Praktijk

8

Gien Tuender-de Haan
Arbeid en werkloosheid

'Enka Breda dicht: 730 banen weg.' Zo luidt de kop van een klein artikeltje in het *NRC-Handelsblad* van 19 januari 1981. Eén van de vele sluitingsaankondigingen van de laatste jaren. Maar wie zich de bezettingsaktie herinnert waarmee de werknemers van de Enka Breda in 1972 de sluiting van dit bedrijf wisten te voorkomen[1], wordt door dit bericht ongetwijfeld extra getroffen. De Enka-bezetting was een van de eerste Nederlandse voorbeelden, waarbij de verslagenheid, desoriëntatie en de fysieke ziekteverschijnselen die het gevolg waren van het dreigende massa-ontslag goed gedokumenteerd in de pers kwamen.[2] Het was ook een van de eerste voorbeelden van een suksesvolle tegenaktie.

Arbeid is in de kritische psychologie een van de centrale begrippen. Het ligt daarom voor de hand dat de kritische psychologie zich ook bezighoudt met de manier waarop in onze maatschappij de arbeid is georganiseerd. Daarbij heeft ze niet alleen oog voor de arbeidsomstandigheden waarvoor de traditionele bedrijfspsychologie zich meestal interesseert, zoals loonstelsel, ploegendienst en psychische belasting. Zij ziet het risiko van werkloosheid eveneens als een centraal kenmerk van loonarbeid onder kapitalistische verhoudingen. Zowel arbeidsomstandigheden als werkloosheid zijn bij uitstek gebieden waar maatschappelijke ontwikkelingen uitwerken op individueel psychisch funktioneren – zie het genoemde voorbeeld van de Enka Breda.

In voorafgaande hoofdstukken is het begrip arbeid vooral naar voren gekomen als algemene grondkategorie in de kritisch-psychologische theorie, als motor voor de maatschappelijke en individuele ontwikkeling. In dit hoofdstuk gaat het erom aan te geven wat de kritische psychologie te melden heeft over arbeid en werkloosheid zoals ze in onze maatschappij voorkomen. Dit gebeurt aan de hand van de volgende thema's en vraagstellingen:

Ten eerste: wat is de betekenis van recente ontwikkelingen zoals *humanisering* en *automatisering* in het produktieproces? Is er sprake van reële

---

1. Vgl. Bisdom Breda, *Noodsignalen*, Breda 1972.

2. Vgl. A. Kesteloo, *Bedrijfsgeneeskundige aspekten van een dreigende bedrijfssluiting*, Breda 1974.

verbetering van arbeidsomstandigheden of blijven veranderingen beperkt tot produktiviteitsverhoging en intensivering van de arbeid?
Ten tweede: hoe werken maatschappelijke tegenstellingen door in het individuele bestaan en het *bewustzijn*? Wat zijn de uitwerkingen van de ekonomische krisis in dit opzicht?
Ten derde: waarom is *werkloosheid* zo'n ingrijpende en negatieve ervaring? Waarom niet 'lieber arbeitslos als ausgebeutet'? Hoe ontstaan isolering en stigmatisering van werklozen? Hoe komt het dat werklozen zich nauwelijks organiseren?
Veel van deze onderwerpen en vragen zijn besproken op het tweede internationale kongres van de kritische psychologie in mei 1979 te Marburg. Het kongresthema was 'Arbeit und Arbeitslosigkeit in kritisch-psychologischer Sicht'. Een deel van het kongresmateriaal[3] is in dit hoofdstuk verwerkt.

Humanisering en automatisering

Elke kritische beschouwing van arbeid en arbeidsomstandigheden hanteert als maatstaf de karakterisering van menselijke arbeid zoals ze eigenlijk zou moeten zijn. Misschien is het daarom goed het beeld daarvan nog even in herinnering te roepen: 'Het doel van de arbeid is het verbeteren van de levensomstandigheden van de mensen. Voor de arbeidende individuen moet dat doel ook inzichtelijk zijn en een rol spelen in hun ervaring. Daarvoor is inzicht in de maatschappelijke levensomstandigheden nodig, evenals kennis van de natuurwetten waarop de arbeidsaktiviteit — afhankelijk van de historische ontwikkeling — berust. Bij het veranderen van de omgeving neemt de mens dus ook zijn eigen ontwikkeling ter hand.'[4]
Wezenlijke kenmerken van de menselijke arbeid zijn: bewuste planning, anticipatie van het arbeidsresultaat, bewuste doelbepaling en koöperatie. Gemeten aan dit perspektief is het vooral de bewuste koöperatie en zeggenschap over de produktie die ontbreekt bij loonarbeid in onze maatschappij. Hoewel de ontwikkeling van de kapitalistische produktiewijze

---

3. Het kongresmateriaal is verzameld in een serie 'Berichte', die bestaat uit de volgende delen: deel 1: F. Haug (red.), *Gesellschaftliche Arbeit und Individualentwicklung*; deel 2: W. Maiers, M. Markard (red.), *Lieber arbeitslos als ausgebeutet? Probleme des psychologischen Umgangs mit psychischen Folgen der Arbeitslosigkeit*; deel 3: W. Jantzen (red.), *Arbeit und Arbeitslosigkeit als pädagogisches und therapeutisches Problem*; deel 4: K.-H. Braun, U. Holzkamp-Osterkamp, H. Werner, B. Wilhelmer (red.), *Kapitalistische Krise, Arbeiterbewusstsein, Persönlichkeitsentwicklung*; deel 5: D. Roer (red.), *Persönlichkeitstheoretische Aspekte von Frauenarbeit und Frauenarbeitslosigkeit*; alle Keulen 1980.
4. F. Haug (red.), *Gesellschaftliche Arbeit* ..., a.w., p. 35.

op ruime schaal een vermaatschappelijking van de arbeid inhoudt, blijven de arbeiders zelf uitgesloten van de organisatie van de produktie.
Deze tegenspraak tekent de subjektieve ervaring van loonarbeiders. Enerzijds worden produktieve behoeften gestimuleerd door de objektieve mogelijkheid om koöperatief te werken aan maatschappelijke doelen. Tegelijk echter worden deze behoeften beknot door de drastische inperking van de zeggenschap over organisatie, doel en verdeling van de produktie. Dit heeft zijn neerslag in het vrijwel ontbreken van subjektieve betekenis van de opgelegde arbeid: je werkt voor geld dat behoeftebevrediging buiten de werksituatie mogelijk maakt. Toch komt de toenemende vermaatschappelijking wel tot uiting in het steeds duidelijker perspektief, de uitbuiting te kunnen overwinnen door organisatie en strijd.[5]

Met een open oog voor deze tegenstrijdige situatie kunnen ontwikkelingen als humanisering en automatisering worden verhelderd. De belangstelling van kritisch-psychologen (en andere sociale wetenschappers) voor *humanisering van de arbeid* komt ten dele voort uit kritiek op de bestaande arbeidspsychologie. We hebben al vastgesteld dat het ontbreken van zeggenschap over de produktie het ontstaan van een werkelijke produktieve motivatie onmogelijk maakt. De taak van de arbeidspsychologie wordt nu manieren te vinden om de arbeiders toch tot werken te motiveren.

Ute Holzkamp-Osterkamp begint haar onderzoek naar de menselijke motivatie met een overzicht van het motivatieprobleem in de bedrijfspsychologie.[6] Aanvankelijk, in de periode van het 'scientific management', probeerde men dit te bereiken via een geraffineerd loonstelsel, gekoppeld aan het opdelen van arbeidshandelingen en het vaststellen van tijdsnormen per handeling. Zodra duidelijk werd dat sneller werken in dit systeem misschien op korte termijn financieel voordeel opleverde, maar op lange termijn steeds werd achterhaald door verhoging van de norm, ontstond hiertegen verzet van de arbeiders. Een informeel afsprakenstelsel – 'restriction of output', 'rate-busting' – maakte het systeem onschadelijk.

Volgende pogingen – onder de noemer 'human relations' – benaderden het motivatieprobleem vanuit de sociaalpsychologische hoek. Het belang van onderlinge kontakten, van leiderschapsstijlen en van menswaardige behandeling werd onderstreept. Informele groepsvorming werd erkend en ingezet in een stelsel van demokratische participatie – binnen de door de bedrijfsleiding vastgestelde grenzen. Deze technieken voldeden in het begin zeer goed, maar zodra het nieuwtje eraf was verminderde het effekt.

5. Zie U. Holzkamp-Osterkamp, *Grundlagen der psychologischen Motivationsforschung, deel 2*, Frankfurt a. M. 1976, p. 89.

6. Zie U. Holzkamp-Osterkamp, *Grundlagen der psychologischen Motivationsforschung, deel 1*, Frankfurt a. M. 1975, p. 14-41.

Steeds duidelijker bleek dat de inspraak geen werkelijke beslissingsbevoegdheid bood. Vandaar dat een nieuwe benadering kon doordringen: de 'humanisering van de arbeid'. Niet meer gericht op uiterlijke arbeidsomstandigheden, maar op de kwaliteit van het werk zelf. Uitgaand van een humanistisch mensbeeld wordt gezocht naar mogelijkheden tot zelfverwerkelijking in het werk. Bij voorbeelden als 'job-rotation', 'jobenlargement' en min of meer 'autonome werkgroepen' gaat het erom, het werk afwisselender en interessanter te maken en een deel van de beslissingen over de organisatie van het werk aan de werkgroepen over te laten. Bovendien geven op deze wijze georganiseerde taken de werknemers de kans nieuwe kennis en vaardigheden te verwerven, ze bieden ontplooiingsmogelijkheden. Ook hier stuit de ontwikkeling al snel op de grenzen van de bedrijfsorganisatie. De beslissingsmacht van de 'autonome werkgroepen' blijft beperkt tot de onderlinge taakverdeling. Er is geen sprake van autonomie op twee wezenlijke punten: het (mee)bepalen van het doel van het werk en het vaststellen van het loonstelsel en de hoogte van het loon. Dit soort besluiten blijft in handen van de bedrijfsleiding, zo blijkt uit een onderzoek naar een aantal experimenten.[7] Ook 'job-rotation' maakt van de arbeider hoogstens een 'arbeidstoerist', die steeds iets nieuws te zien krijgt.

Toch zou het niet juist zijn de benaderingen van de burgerlijke arbeidspsychologie zonder meer overboord te gooien. Stuk voor stuk sluiten ze wel aan bij reële behoeften van de arbeiders. Het 'scientific management' ziet het loon als motiverende faktor. Daarmee erkent ze de behoefte aan geld, die de uitdrukking vormt van een behoefte aan menswaardige levensomstandigheden. De 'human relations'-beweging doorbreekt de sociale isolatie op de arbeidsplaats en sluit daarmee aan op de behoefte aan koöperatie. De humanisering van de arbeid knoopt aan bij de produktieve behoeften, voor zover de mogelijkheid van zinvol en kwalificerend werk wordt geboden.[8]

Zoals Frigga Haug het stelt, werken de meest suksesvolle motiveringsstrategieën met een surrogaat van de werkelijke maatschappelijke arbeid, namelijk met de schijn van een demokratische maatschappij van producenten.[9]

Het onderwerp humanisering is voor de kritische psychologie vooral van belang omdat in de Bondsrepubliek sinds 1977 een regeringsprogramma

---

7. Zie P. Friedmann, K. Schmahl, 'Teil-autonome Arbeitsgruppen: eine reale Chance zur Humanisierung der Arbeit?', in: F. Haug (red.), *Gesellschaftliche Arbeit* ..., a.w., p. 138-166.

8. Zie G. Zimmer, 'Humanisierung der Arbeit und Persönlichkeitsentwicklung', in: idem, p. 116.

9. Zie F. Haug, 'Was hat materialistische Psychologie mit Arbeit und Arbeitslosigkeit zu tun?', in: idem, p. 36.

bestaat ter bevordering van humaniseringsexperimenten. De vraag naar een passende tegenstrategie van de vakbeweging is met het oog hierop dringend. Overigens blijkt dat een deel van de beschikbare subsidiegelden wordt besteed aan het realiseren van de meest elementaire eisen van veiligheid en gezondheid. Slechts een deel komt ten goede aan het verbeteren van de arbeidsinhoud.
Humaniseringsprogramma's houden een aantal risiko's in, waartegen ondernemingsraden en bedrijfsledengroepen weerwerk dienen te bieden. De mogelijkheid dat humanisering wordt gebruikt als middel ter intensivering van de arbeid is hierboven al genoemd. Verder kunnen problemen ontstaan waar humanisering leidt tot hogere kwalifikatie van de werknemers zonder dat daar binnen een bedrijf voldoende promotiekansen tegenover staan. Een belangrijk bezwaar is in veel gevallen het verlies van arbeidsplaatsen, wanneer humanisering gekoppeld wordt aan verdere rationalisering en automatisering.[10]
Hoewel er meestal sprake is van het terugdringen van reeds opgetreden verslechteringen in de arbeidssituatie, kan humanisering in principe een verbetering van de arbeidsinhoud betekenen. Of dit lukt, zal onder andere afhangen van de kracht waarmee de vakbeweging haar eis van grotere medezeggenschap weet door te zetten. Los van een eventueel resultaat is de diskussie over humanisering wel van strategisch belang. Allereerst omdat binnen de vakbeweging meer aandacht gewekt wordt voor problemen van arbeidsomstandigheden, rationalisering en beïnvloeding van de regeringspolitiek. Voorts omdat de publieke opinie gevoeliger wordt voor de mogelijkheid van menselijker arbeidsomstandigheden.[11]
Het onderzoek naar de gevolgen van *automatisering* levert evenmin een eenvoudig beeld pro of kontra op. De kritisch-psychologen zijn zeker geen machinestormers. Ze neigen eerder naar het standpunt dat het rijk der vrijheid via verdere ontwikkeling van de techniek kan worden bereikt. Onderzoek op dit gebied is vooral gedaan door de projektgroep 'Automation und Qualifikation'.[12] In publikaties uit de beginperiode van dit projekt klinkt een vrij groot optimisme door over de mogelijkheden tot persoonlijkheidsontwikkeling, die de automatisering met zich meebrengt. Onderzoek onder arbeiders in sterk geautomatiseerde bedrijven leidt tot de konklusie dat de eisen die geautomatiseerde arbeid stelt een doorbraak kunnen veroorzaken in de traditionele arbeidsdeling tussen hoofd- en handarbeid. Het werk in de geautomatiseerde produktie

---

10. Zie G. Zimmer, 'Humanisierung der Arbeit ...', a.w., p. 121.

11. Zie P. Friedmann, K. Schmahl, 'Teil-autonome Arbeitsgruppen ...', a.w., p. 161.

12. Zie Ch. Ohm, I. Schütter, G. Zimmer (Projektgruppe Automation und Qualifikation), 'Ist die Bildungsreform zu Ende? Die Verbreitung von Resignation in der Bildungsreform durch Martin Baethage', in: *Demokratische Erziehung*, nr. 6, 1975, p. 96.

vereist zowel uitgebreidere technische en ekonomische kennis en vaardigheden als een koöperatieve werkwijze. Te verwachten valt dat hierdoor ook een groter inzicht in de maatschappelijke verhoudingen zal ontstaan. Van daaruit is het nog maar een kleine stap naar de maatschappelijke beheersing van produktie en dienstverlening door de producenten zelf! Inmiddels is het eerste enthousiasme enigszins verbleekt. Wel is in latere publikaties nog sprake van de mogelijkheid dat de technologische ontwikkeling door de arbeiders zelf ter hand genomen wordt in een planmatig georganiseerde samenwerking tussen technici, ingenieurs en arbeiders. Maar tegelijk worden meer dan voorheen de gevolgen onder ogen gezien die automatisering heeft voor andere arbeiders. Een eerste gevolg is dat op nog niet geautomatiseerde arbeidsplaatsen een steeds sterkere druk tot produktiviteitsverhoging wordt uitgeoefend. Een tweede gevolg is het risiko van verlies van arbeidsplaatsen. Hieruit moet niet de konklusie getrokken worden dat automatisering moet worden afgeremd. Beter is het te eisen dat nieuwe vervangende werkgelegenheid geschapen wordt. Want, zo stelt bijvoorbeeld Gerhard Zimmer: 'Er is geen arbeider die het afschaffen van eenzijdig, afstompend en vernederend werk zal betreuren wanneer daar nieuwe taken tegenover worden gesteld waarin zijn verworven kwalifikaties kunnen worden beproefd en ontwikkeld.'[13]

Arbeid en bewustzijn

De vraag naar het bewustzijn van arbeiders omtrent hun leefsituatie heeft in de kritisch-psychologische theorie een soort scharnierfunktie. De wetenschap kan nog zoveel kennis aandragen over het onderdrukkend karakter van de kapitalistische produktieverhoudingen, veranderingen ontstaan slechts voor zover de betrokkenen zelf zich organiseren en hun lot in eigen handen nemen.

De omstandigheden waaronder mensen leven en werken zijn niet regelrecht terug te voeren tot het winstbelang van de ondernemingen. Ze zijn het resultaat van strijd tussen dit belang en het belang van de arbeiders. Soms is de uitkomst van die strijd gunstig, maar ook tegenvallers en terugslagen komen voor (zie het voorbeeld van de Enka Breda aan het begin van dit hoofdstuk). Doorslaggevend voor het resultaat is de macht die de arbeiders gezamenlijk weten te ontwikkelen. Daarbij speelt het bewustzijn een belangrijke rol. Bewustzijn wordt in de theorie over waarneming en denken opgevat als een aktieve weerspiegeling van het materiële leven. Het bewustzijn weerspiegelt de levensomstandigheden, maar is er geen getrouwe afspiegeling van. Hoe werken nu de in onze maatschappij bestaande tegenstellingen door in het bewustzijn?

13. G. Zimmer, 'Humanisierung der Arbeit ...', a.w., p. 129.

De kritische psychologie benadert deze vraag vanuit twee gezichtspunten, die je het *mogelijkheidsaspekt* en het *handelingsaspekt* zou kunnen noemen. Het mogelijkheidsaspekt geeft aan, dat objektieve kennis van de maatschappelijke verhoudingen, gezien de stand van de maatschappelijke ontwikkeling, in principe mogelijk is. Klassebewustzijn bestaat als kennismogelijkheid.[14] Het hangt van de individuele situatie af, hoe het eigen bewustzijn zich tot deze mogelijkheid verhoudt.

Het tweede aspekt duidt erop dat de individuele opstelling niet moet worden opgevat als een keuzeproces dat zich alleen op het niveau van het denken afspeelt. De mogelijkheden tot handelen die je als individu al of niet hebt, zijn minstens zo beslissend.

Strijdbaarheid en klassebewustzijn kunnen grote risiko's opleveren voor het dagelijks bestaan. Vandaar dat bij stakingen, zoals bijvoorbeeld in 1979 in Polen, vaak een belangrijke eis is dat het ontslag van de stakingsleiders wordt teruggedraaid. Wanneer je deze gezichtspunten uit het oog verliest, kom je al gauw tot oppervlakkige redeneringen over het bewustzijn van arbeiders. Dit gebeurt volgens Osterkamp bijvoorbeeld in theorieën die de arbeiders 'konsumptiegerichtheid' en een 'instrumentele arbeidsoriëntatie' in de schoenen schuiven. Hoge lonen zouden de mensen met het kapitalisme verzoenen. Nu ten gevolge van de krisis de inkomens achteruitgaan, zou dat een aanzet tot klassebewustzijn bieden. Daarbij worden drie dingen vergeten.

Ten eerste kan klassebewustzijn alleen ontstaan vanuit het feit dat de arbeiders in staat zijn koöperatief en kollektief de produktie in eigen hand te nemen. Pas daardoor kan de mogelijkheid van konsumptie werkelijk verzekerd zijn.

Ten tweede verscherpt de krisis de konkurrentie tussen de arbeiders onderling. Wanneer het alleen om spontane reakties op de verslechterde situatie zou gaan, zonder een perspektief van maatschappijverandering, zou de solidariteit als basis van strijdbaarheid gevaar lopen door onderlinge konkurrentie om arbeidsplaatsen.

Tenslotte interpreteren dergelijke oppervlakkige theorieën de betekenis van arbeid en loon verkeerd. Ook onder kapitalistische omstandigheden heeft de arbeid een subjektieve betekenis die uitgaat boven het verwerven van loon. Alleen in de arbeid kunnen bepaalde kwalifikaties ontwikkeld worden die de basis vormen van het zelfbewustzijn. Deze kwalifikaties geven iemand een zekere garantie voor het dagelijks bestaan.

Zowel zelfbewustzijn als een minimale bestaanszekerheid zijn voorwaarde voor verzet. Houdt arbeid dus meer in dan het verdienen van loon, ook het loon betekent meer dan koopkracht en konsumptiemogelijkheid. De hoogte van het loon is tevens een 'objektieve' maatstaf voor de (markt)waarde van de eigen prestaties. In die zin kan de hoogte van het

---

14. Zie U. Holzkamp-Osterkamp, 'Klassenbewusstsein und Handlungsfähigkeit', in: K.-H. Braun e.a. (red.), *Kapitalistische Krise* ..., a.w., p. 15.

loon enige zekerheid bieden over de verkoopbaarheid van iemands arbeidskracht. Loonstrijd is daarom niet alleen van belang voor het verbeteren of behouden van de bestaande levensvoorwaarden. Ondanks alle beperkingen gaat het ook hier uiteindelijk om zeggenschap over de eigen levensvoorwaarden.
Tegenover de mogelijkheid van klasssebewustzijn staan echter nog allerlei burgerlijke bewustzijnsvormen: individuele tegenover kollektieve belangen, konkurrentie tegenover solidariteit. Volgens Osterkamp betekent dit voor het individu een gespletenheid ('Zerrissenheit'). Door de ondoorzichtigheid van de maatschappelijke verhoudingen wordt het moeilijk de gevolgen van het eigen handelen juist in te schatten. Zekerheid op korte termijn kan in strijd zijn met de eigen behoeften en belangen op lange termijn.[15] Ook hier gaat het niet om tegenstrijdigheden louter op het niveau van het bewustzijn. Er liggen reële tegenstrijdigheden aan ten grondslag.
Dit wordt bijvoorbeeld goed duidelijk in een onderzoek van Harald Werner naar het bewustzijn van deelnemers aan vakbondskursussen.[16] Bij deze aktieve vakbondsleden is inderdaad sprake van tegenstrijdige bewustzijnsinhouden: harmoniedenken ('Sozialpartnerschaftliche Vorstellungen') gaat hand in hand met meer socialistische oriëntaties. Werner brengt dit in verband met in de werkelijkheid bestaande tegenstellingen. De dagelijkse praktijk van het vakbondswerk is erop gericht met werkgevers tot afspraken te komen. Ook al wordt de illusie van samenwerking keer op keer verstoord, men blijft hopen dat die samenwerking door onderhandelingen en overeenkomsten afgedwongen kan worden. De socialistische toekomstvisie komt niet voort uit de praktijk van alledag, maar uit vormingswerk en uit ideologische tradities van de arbeidersbeweging. In de strategie van de vakbonden wordt de dagelijkse strijd weinig in verband gebracht met het perspektief van maatschappijverandering op lange termijn. Dan is het niet vreemd dat ook in het bewustzijn van de leden dit verband niet wordt gelegd. Vormingswerk moet zich daarom niet ten doel stellen het harmoniedenken te ontmaskeren. Een betere benadering is de wisselwerking tussen dagelijkse politieke kompromissen en perspektieven op langere termijn begrijpelijk te maken.
Wat is nu de invloed van de ekonomische krisis op het bewustzijn? Vallen de mensen eindelijk de schellen van de ogen of roept de heersende onzekerheid eerder behoudzucht op? Eerder is al aangestipt dat de kritisch-psychologen de stelling 'verslechtering leidt tot protest' te een-

---

15. Zie idem, p. 17-21.

16. Zie H. Werner, 'Sozial-partnerschaftliche Vorstellungen bei Teilnehmern gewerkschaftlicher Bildungsarbeit und ihere Bedeutung für die Arbeiterbildung', in: idem, p. 212.

voudig vinden. Het is de moeite waard te bekijken wat ze daar aan theorievorming en onderzoek tegenover stellen.

Een uitgebreid literatuuronderzoek naar de invloed van de krisis op het bewustzijn is gedaan door Karl-Heinz Braun en Konstanze Wetzel.[17] Theoretisch kenschetsen zij de vraag naar de bemiddeling tussen ekonomie en politiek op twee niveaus: (1.) Voor de individuen gaat het om psychische konflikten, voortkomend uit de maatschappelijke tegenstellingen. Dit kan leiden tot konfliktafweer, met alle bijbehorende angsten en onzekerheden, of tot een bewuste verwerking van het konflikt. (Hierbij verwijzen ze naar de kritisch-psychologische therapiekonceptie.) Of een bewuste verwerking mogelijk is, hangt vooral af van de steun die de sociale omgeving het individu biedt. (2.) Voor de arbeidersbeweging als geheel gaat het om de tegenstelling tussen integratie en autonomie: integratie in de burgerlijke maatschappelijke verhoudingen of het ontwikkelen van autonome alternatieven.

Om iets van ontwikkelingslijnen in dit opzicht te bespeuren, dragen Braun en Wetzel een groot aantal onderzoeksresultaten aan over politieke opvattingen en aktiviteiten in West-Duitsland sinds circa 1970. Een algemene tendens is duidelijk: sombere toekomstverwachtingen overheersen, het geloof in de vooruitgang taant. Op grond van verkiezingsuitslagen, ledentallen, opkomst op vergaderingen en deelname aan akties worden politieke partijen en vakbeweging bekeken. De ontwikkeling gaat hier de kant op van teleurstelling in de parlementaire politiek, maar ook van een zekere politisering van de vakbondsstandpunten. Voor de jeugdbeweging en de studentenbeweging geldt dat ze aanzienlijk strijdbaarder zijn dan de arbeidersklasse als geheel. De politieke belangstelling van jongeren is sterk toegenomen. Toch is ook hier tegenstrijdigheid nog troef. Zo stemde bijvoorbeeld meer dan veertig procent van de ondervraagde jongeren in een opinie-onderzoek in met de volgende twee uitspraken: 'pas als de hogere klasse de macht is ontnomen, kunnen we een echte demokratie opbouwen' en 'we hebben hier een stabiele demokratie'.

Als relatief nieuw verschijnsel treden milieubeweging, antikernenergiebeweging en verschillende aktiegroepen op. Voor sommigen is dit de eerste stap naar politieke aktiviteit. Voor anderen, die vroeger al politiek aktief waren, betekent het echter volgens de schrijvers een terugvallen op deelbelangen. Een gevaar ten gevolge van de krisis vormen de aanwas en toenemende aktiviteiten van neofascistische groepen. Hier gaat het om het overwinnen van angst en isolatie door een schijn van gemeenschappelijkheid. Schijn, omdat de politieke doelstellingen objektief gezien niet in het belang van de deelnemers zijn.[18] Een echte

17. Zie K.-H. Braun, K. Wetzel, 'Formen und Determinanten der individuellen Politisierung in der gegenwärtige Krise', in: idem, p. 162-199.

18. Zie R. Kühnl, 'Ueber den Zusammenhang zwischen ökonomischen Krisen und politischen Verhalten', in: idem, p. 122-133.

gemeenschappelijkheid valt alleen te vinden in de bewuste, solidaire praktijk van de arbeidersklasse en haar bondgenoten.
Op het Marburger kongres deed Wilfried Deppe verslag van een eigen onderzoek naar de gevolgen van de krisis, uitgevoerd in 1976.[19] In een reeks open interviews sprak hij met produktiearbeiders en kantoorpersoneel van vijf verschillende bedrijven. Hij vroeg niet alleen naar krisisverschijnselen als ontslag, overplaatsing, arbeidstijdverkorting en vermindering van overuren. Ook minder direkte gevolgen, zoals verhoogde prestatiedruk en veranderde sociale relaties in het bedrijf kwamen ter sprake. Degenen die er ten tijde van het onderzoek werkten, hadden weinig ervaring met ontslag of overplaatsing. Wel waren bij drie van de bedrijven al ontslagen gevallen, bij één zelfs voor een kwart van het personeel.
Velen hadden te maken met financiële achteruitgang door arbeidstijdverkorting of door het wegvallen van overuren. Vooral voor ongeschoolden leidde dit tot problemen. Geschoolde arbeiders konden meestal wel op enig spaargeld teren. Tweederde van de arbeiders in alle bedrijven ondervond verhoogde druk op prestatie en tempo in de produktie. 'Wat we vroeger in overuren deden, moeten we nu door de week doen', en 'we doen met minder mensen hetzelfde werk als vroeger, misschien zelfs nog wel meer', waren een paar uitspraken in dit verband. Voor het kantoorpersoneel was er minder sprake van toegenomen prestatiedruk. De onderlinge verhoudingen vond men verslechterd en de houding van het management was openlijk verhard. De meeste geïnterviewden vonden dat kollega's zich voorzichtiger opstelden dan vroeger, zich minder vrijheden veroorloofden en meer slikten. Dit verklaarden ze uit de heersende angst voor het verliezen van de arbeidsplaats. Toch gaf slechts éénvijfde toe dat dit ook voor henzelf geldt. De meerderheid dacht zelf geen gevaar te lopen — wie altijd fatsoenlijk heeft gewerkt, zou zich geen zorgen hoeven te maken. Alleen in het bedrijf waar al massale ontslagen gevallen waren, gaven velen openlijk toe bang te zijn voor hun eigen arbeidsplaats. De anderen dachten dat alleen de luien en werkschuwen eruit zouden vliegen, en daarin zag men geen probleem. Individuele ontslagen kunnen kennelijk nog geïnterpreteerd worden als een gevolg van individuele tekortkomingen; bij massa-ontslagen wordt duidelijk dat de werknemers kollektief het slachtoffer zijn.
Toekomstverwachtingen waren in het algemeen redelijk optimistisch. De krisis werd gezien als een normaal, steeds terugkerend verschijnsel, afgewisseld door tijden van ekonomische groei. Wel vond bijna de helft dat de arbeiders door een krisis het zwaarst getroffen worden.
Er was weinig behoefte aan radikale alternatieven. Zelfs degenen die vóór meer staatsingrijpen waren (ongeveer éénderde), vonden dat dat natuurlijk niet de vrije markt-ekonomie mag verstoren.

---

19. Zie W. Deppe, 'Arbeiter und Angestellten in der Krise: Betroffenheit, Innerbetriebliche Erfahrungen, Krisenbewusstsein', in: idem, p. 107-121.

Dit ontbreken van alternatieven heeft te maken met het gegeven dat de meerderheid zich geen voorstelling kan maken van een rechtvaardiger maatschappij: 'de mensen zijn nu eenmaal van nature verschillend' en 'zelfs in de zogenaamde socialistische landen maken bureaukraten en partijbonzen de dienst uit'. In de ervaringen met massaal ontslag zijn wel aanzetten voor klassebewustzijn aanwezig. Of deze doorwerken in leerprocessen op langere termijn, hangt vooral af van de politieke alternatieven die vakbonden en politieke partijen weten aan te dragen.

Kritisch-psychologen kunnen zich volgens Osterkamp daarbij niet beperken tot het onderzoeken van klassebewustzijn. Ze moeten hun observerende standpunt opgeven en deelnemen aan de strijd.[20]

Werkloosheid

De beleving
Werkgelegenheid en werkloosheid zijn natuurlijk allereerst politieke en ekonomische problemen. Ze hangen samen met de organisatie van de arbeid in onze maatschappij en met de machtsverhoudingen die bepalen hoe het maatschappelijk levensonderhoud georganiseerd wordt. In de diskussie daarover heeft de psychologie traditioneel weinig in te brengen.

De psychologie heeft zich wel beziggehouden met de gevolgen van werkloosheid. Ondanks de sterk verbeterde financiële voorzieningen — waarvan de hoogte overigens weer wordt aangevochten — zijn de materiële en psychische gevolgen van werkloosheid voor de betrokkenen nog steeds zeer ingrijpend. Onderzoek naar de gevolgen van werkloosheid laat zien dat slechts een enkeling langer dan een paar weken de vrijheid kan waarderen die de publieke opinie werklozen zo misgunt.[21] In een reeks onderzoeken komen tal van nadelige gevolgen naar voren. De meest genoemde zijn financiële achteruitgang, het missen van kontakten met kollega's, het ontbreken van tijdsstrukturering en toekomstperspektief, het achterhaald raken van kwalifikaties, gevoelens van nutteloosheid en maatschappelijk buitengesloten zijn. Voordelen als grotere vrijheid, meer tijd voor gezin en hobby's, vallen daarbij in het niet.

Wat betekent het dat mensen ondanks de intensivering van de arbeid, de psychische belasting en de risiko's op het gebied van veiligheid en ge-

---

20. Zie U. Osterkamp, 'Klassenbewusstsein ...', a.w., p. 16-17.

21. Vgl. J.A.M. van Wezel, *Herintreding in het arbeidsproces. Een onderzoek onder werklozen*, Tilburg 1972; P.P.G. Houben, 'Ervaringen en oriëntaties van werklozen', in: *Mens en onderneming*, jrg. 26, 1972, p. 284-294; J. Bartman, *'Ik zeg altijd dankjewel.' Ervaringen van werklozen in Rotterdam*, IWA, Amsterdam 1980; en M.P. de Goede, G.H. Maassen, *De publieke opinie over niet-werken*, Lisse 1979.

zondheid, toch liever werken dan werkloos zijn?²² Osterkamp geeft in haar motivatietheorie aan dat produktieve behoeften in een situatie van loonarbeid weliswaar nooit volledig tot ontplooiing kunnen komen, maar toch een zekere speelruimte krijgen in het ontwikkelen van maatschappelijk nuttige vaardigheden en een koöperatieve band met kollega's. Werkloosheid maakt zelfs deze aanzetten ongedaan. Osterkamp illustreert haar redenering met resultaten uit het klassieke onderzoek van Jahoda, Lazarsfeld en Zeisel naar de gevolgen van werkloosheid in een Oostenrijks stadje in de dertiger jaren.²³
Ook de beperkte mogelijkheid die loonarbeid biedt om de eigen bestaansvoorwaarden zeker te stellen, valt weg en maakt plaats voor een radikaal uitgeleverd zijn aan de omstandigheden. De kans, samen met anderen invloed op die omstandigheden uit te oefenen, wordt miniem.²⁴
Maiers en Markard stellen hetzelfde nog iets abstrakter: loonarbeid is een historisch bepaalde vorm van arbeid, waarin de maatschappelijke inhoud van de menselijke arbeid wel is ingeperkt, maar niet volledig ongedaan gemaakt. Werklozen worden, doordat ze uit het arbeidsproces uitgesloten zijn, dubbel getroffen. De instrumentele waarde die loonarbeid heeft voor het voorzien in eigen onderhoud, is hen ontnomen doordat hun arbeidskracht onverkoopbaar is geworden. Bovendien zijn ze geïsoleerd van het arbeidsproces als terrein waar de strijd om bevrijding van de arbeid en om kollektieve zelfbepaling plaatsvindt.
Op het tweede Marburger kongres werd ook verslag uitgebracht over enkele onderzoeken naar de gevolgen van werkloosheid. Gerhard Bosch benaderde de ontslagen personeelsleden van een in 1972 gesloten buizenfabriek, eerst via schriftelijke vragenlijsten en een paar jaar later nogmaals door middel van diepte-interviews.²⁵ De fabriek maakte deel uit van een groot staalkoncern. De mensen die er werkten, rekenden er voor hun toekomst op bij hetzelfde bedrijf te kunnen blijven. Velen woonden vlakbij in eigen huizen, kennissen en vrienden waren vaak kollega's uit hetzelfde bedrijf. Het werk in het bedrijf was zeer zwaar. Daarom was het gebruikelijk dat arbeiders op oudere leeftijd in hetzelfde bedrijf een slechter betaald, gemakkelijker baantje kregen, een zogenaamde 'invalidenbaan'. Zo werd slijtage van de eigen arbeidskracht geaksepteerd in ruil voor de hoop op een vaste arbeidsplaats. Zoals een

---

22. Vgl. W. Maiers, M. Markard, 'Probleme der individual-wissenschaftliche Perspektive auf die gesellschaftliche Massenerscheinung Arbeitslosigkeit', in: W. Maiers, M. Markard (red.), *Lieber arbeitslos als ausgebeutet?*, a.w., p. 93-108.

23. Zie M. Jahoda, P. Lazarsfeld, H. Zeisel, *Die Arbeitslosen von Marienthal*, Bonn 1960 (oorspr. 1933).

24. Zie U. Osterkamp, *Motivationsforschung 2*, a.w., p. 104-105.

25. Zie G. Bosch, 'Erleben und verarbeiten von Arbeitsplatz-Unsicherheit', in: W. Maiers, M. Markard (red.), *Lieber arbeitslos als ausgebeutet?*, a.w., p. 71-80.

van de geïnterviewden het zegt: 'Ja, dat was duidelijk, daar rekende je op, dat dat duurzaam was, dat je daar invalide kon worden en wilde worden.'
Na de sluiting vonden enkele jongeren wel redelijk snel weer een goede baan. De meeste ouderen vonden ook weer werk, maar gingen erop achteruit in loon, zwaarte van het werk en reistijd. Door de sluiting was vooral hun fundamentele houding ten opzichte van werk geschokt. De verwachting, zeker te kunnen zijn van hun arbeidsplaats wanneer ze gedisciplineerd, betrouwbaar en gewetensvol werkten, was een illusie gebleken. Velen geloofden het bericht over de sluiting aanvankelijk niet. Nog jaren later deden geruchten de ronde dat het bedrijf weer zou opengaan. Bosch trekt hieruit de konklusie dat in het kapitalistisch systeem een individueel adekwaat arbeidsmarktgedrag onmogelijk is. De arbeidskrachten zijn onderhevig aan tegenstrijdige eisen waaraan ze niet tegelijkertijd kunnen voldoen. Enerzijds vanuit de ekonomische ontwikkelingen de eis van mobiliteit en aanpassing aan wisselende werksituaties. Anderzijds de eis vanuit het bedrijf, zich door eenzijdige kwalifikatie en door slijtage aan dat ene bedrijf te binden.
In de vragenlijsten en gesprekken kwam ook de mogelijkheid van kollektief verzet aan de orde. De meesten dachten dat dat niets zou hebben uitgehaald. De beslissing tot sluiting was niet in het eigen bedrijf genomen, maar door het koncern. Bovendien werden groepen werknemers tegen elkaar uitgespeeld door een deel van hen een plaats aan te bieden in een ander bedrijf van het koncern. Toch wezen dezelfde mensen kollektief verzet niet af. Individuele en kollektieve strategieën vormden een tegenspraak in het bewustzijn. Door eigen ervaringen met het sukses van individuele strategieën in de periode vóór de sluiting bleef men geneigd individueel te handelen. Gedachten aan kollektieve strijdmogelijkheden bleven vaag en dienden meer om achteraf uiting te geven aan verontwaardiging over de ondervonden behandeling.
De gevolgen van werkloosheid voor vrouwen worden meestal niet zo negatief ingeschat. Zij hebben immers hun rol als huisvrouw achter de hand om op terug te vallen, luidt vaak de redenering. Een onderzoek van een werkgroep van de Socialistische Vrouwenbond West-Berlijn stelde zich expliciet ten doel, deze opvatting te weerleggen. Deelname aan de maatschappelijke arbeid is ook onder kapitalistische verhoudingen een voorwaarde voor het menselijk leven en voor de ontwikkeling van de persoonlijkheid. In de privésfeer van het huishouden zijn de mogelijkheden zelf iets te beleven of zich te ontwikkelen zeer beperkt.
Op basis van dit uitgangspunt werden werkloze vrouwen uit verschillende kategorieën geïnterviewd, veertien vrouwen met alleen lager onderwijs, dertien met een beroepsopleiding, dertien met een akademische opleiding en dertien huisvrouwen. De interviews moesten 'bewustmakend' zijn ('agitatorisch') en dus beslist niet neutraal en objektief. 'Wij beschouwen de door ons geïnterviewde vrouwen als subjekten, die het schandaal van haar werkloosheid niet langer passief mogen akspeteren,

maar zich aktief moeten inzetten voor haar recht op arbeid', stelt de werkgroep. Huisvrouwen worden óók als werkloze vrouwen beschouwd, omdat ze net als de anderen niet deelnemen aan de maatschappelijke arbeid. Het enige waarin zij van de andere werkloze vrouwen verschillen, is dat zij haar werkloosheid vrijwillig op zich hebben genomen.
De verwachting dat vooral de ongeschoolde vrouwen zouden vervallen in passiviteit en berusting, bleek niet helemaal te kloppen: voor jonge vrouwen gold dit inderdaad, maar de ouderen hielden zich staande via een traditionele invulling van de huisvrouwenrol. Wel misten de meeste vrouwen het werk buitenshuis en de kontakten met kollega's. Ze vonden ook de financiële beperking van hun konsumptiemogelijkheden hinderlijk. Drie vrouwen grepen de gelegenheid aan om kursussen te volgen, één was aktief in een politieke partij. De anderen kwamen bijna het huis niet uit – alleen om te winkelen, wat door het geldgebrek weer frustrerend werkte – en voelden zich overbodig, nutteloos, minderwaardig en afhankelijk. De vrouwen met een beroepsopleiding waren nog duidelijker ontevreden met de situatie, maar zagen geen mogelijkheid hieraan door aktief ingrijpen iets te veranderen.
De akademische vrouwen zochten oplossingen enerzijds in verdere kwalifikatie en anderzijds ook in politieke aktiviteiten. De huisvrouwen vertoonden niet het verwachte passieve beeld, waarschijnlijk doordat de steekproef voornamelijk uit huisvrouwen met vrij hoge opleiding bestond. Toch zijn er tegenstrijdigheden te bespeuren. Zij voelden zich niet lusteloos of emotioneel verwaarloosd door haar gezinsleden, maar wèl vaak prikkelbaar en overbelast.
Belangrijk is dat een open vraag naar 'andere klachten' door alle groepen heen vergelijkbare en vaak uitvoerige antwoorden opriep, onafhankelijk van opleiding en sociale positie. De meeste vrouwen noemden angst voor het ouder worden, angst voor hoe het zal gaan als de kinderen de deur uit zijn, gevoelens van isolatie en minderwaardigheid, depressiviteit en lusteloosheid.[26]
Werkloosheid van meisjes bloeit pas de laatste jaren op als onderzoeksterrein. Tot voor kort bleven meisjes in onderzoek over jeugdwerkloosheid even verborgen als in de statistieken. In de kongresbijdragen in Marburg valt op dat een aantal onderzoeken zich specifiek op meisjes richten. Ook in de algemene verhalen over jeugdwerkloosheid worden meisjes nu niet meer over het hoofd gezien.
Het kritisch-psychologische uitgangspunt: 'deelname aan het arbeidsproces is voorwaarde voor de persoonlijke ontwikkeling en de enige weg om subjektieve invloed uit te oefenen op maatschappelijke om-

---

26. Zie Arbeitsgruppe des Sozialistischen Frauenbundes Westberlin, 'Wie Frauen Arbeitslosigkeit erleben. Eine Untersuchung über die psychischen Folgen von Arbeitslosigkeit bei Frauen', in: D. Roer (red.), *Persönlichkeitstheoretische Aspekte ...*, a.w., p. 85-112.

standigheden', bepaalt ook de interpretatie van de betekenis van werkloosheid voor meisjes. Heel duidelijk is dit in de bijdrage van Helga Bilden, Angelika Diezinger en Regine Marquart.[27] Zij beschouwen vanuit de vrouwelijke 'norm-biografie' de jeugd als de periode voor beroepsvoorbereiding — voor meisjes is dit een voorbereiding op zowel een beroep buitenshuis als op de huishoudelijke arbeid. Zij zien huishoudelijk werk wèl als maatschappelijke arbeid, die echter in een geïsoleerde privésituatie plaatsvindt.

De 'norm-biografie' houdt in dat bepaalde volgorden in het leven maatschappelijk en normatief georganiseerd zijn: een beroepsopleiding volg je, zodra je van het algemeen vormend onderwijs afkomt en niet meer als 23-jarige met een kind. Werkloosheid betekent daardoor voor meisjes een verlies van de beperkte tijd die hen voor het opdoen van beroepservaring is gegeven (tussen school en huwelijk). Hierdoor valt ook de mogelijkheid weg enige onafhankelijkheid van de ouders te verwerven. Werken buitenshuis is voor meisjes de belangrijkste mogelijkheid om uit de privésfeer van het gezin in het maatschappelijke leven te komen. Wanneer werkloosheid dit onmogelijk maakt, valt dat later moeilijk in te halen.

Jeugdwerkloosheid komt in verschillende bijdragen aan de orde. Uitgangsstelling is steeds dat individuen alleen door deel te nemen aan het arbeidsproces effektief invloed uit kunnen oefenen op de maatschappij. Persoonlijke ontwikkeling is afhankelijk van ervaringen die je opdoet in het arbeidsproces, ondanks alle daarin aanwezige beperkingen.[28]

Jürgen Grundnig kenschetst werkloosheid voor jongeren als een permanente stress-situatie.[29] De betrokkenen bevinden zich in een maatschappelijk veroorzaakte negatieve situatie, die hen toch individueel wordt aangerekend. Uit gesprekken met jongeren blijkt dat vooral de afhankelijkheid van uitkeringsinstanties en van de ouders problemen oplevert. Ook vrijetijdsbesteding wordt moeilijk: vrienden hebben meer geld en zijn overdag niet beschikbaar. Een voorbeeld: 'Langzaam gaat het je op de zenuwen werken. Je weet niet wat je moet, je maten zijn allemaal aan het werk... Je zit alleen in de kroeg. Lezen kun je niet, omdat je de kriebels hebt... Een museum bekijken, ho maar, dat interesseert je niet. Je hebt er de rust niet voor. Het staat zo ver van je af. Je gaat ook niet weg, je denkt de hele tijd: nou er zal wel iets van het arbeidsbureau

---

27. Zie H. Bilden, A. Diezinger, R. Marquardt, 'Was bedeutet Arbeitslosigkeit für junge Mädchen?', in: idem, p. 113-131.

28. Zie K. Wagenhals, 'Die Bedeutung der Arbeitslosigkeit für die politische Sozialisation Jugendlicher', in: W. Maiers, M. Markard (red.), *Lieber arbeitslos als ausgebeutet?*, a.w., p. 130-138.

29. Zie J. Grundnig, 'Jugendarbeitslosigkeit als permanente individuelle Ueberforderungssituation', in: idem, p. 139-150.

komen... Je zit maar te wachten, en je bent krankzinnig gespannen. Maar er komt niks.' Om toch nog wat geld te verdienen, wordt los werk aangenomen zonder enig toekomstperspektief. Op die manier ontstaat een zekere trots ook zonder vast werk uit de voeten te kunnen. Theoretisch interessant is vooral de benadering van Irmgard Kreft, Hedwig Vattes[30] en Frieder Wolf[31], die het begrip 'arbeidsreserveleger' uitwerken naar een indeling in verschillende groepen jongeren. Ze baseren deze indeling op eigen praktijkervaring in het jongerenwerk en op onderzoek van anderen naar de ervaringen van werkloze jongeren. In navolging van Marx onderscheiden ze drie vormen van het industrieel arbeidsreserveleger, die telkens verder uit de maatschappij uitgestoten worden.

Ten eerste onderscheiden zij *de vloeiende vorm*. Hieronder vallen jongeren die in principe over de nodige kwalifikaties beschikken om een baan te vinden. Ze zien zichzelf als 'werkzoekend' en verwachten door individuele inspanning aan de werkloosheid te kunnen ontsnappen. Voor deze groep bestaat het risiko dat ze bij langer durende werkloosheid afglijden naar een van de volgende vormen. Scholingsmaatregelen moeten erop gericht zijn dit afglijden te voorkomen. Uiteindelijk kan alleen het scheppen van arbeidsplaatsen er voor zorgen dat zij niet blijvend tot de overtollige beroepsbevolking gaan behoren en zo een gevaar gaan vormen voor het behoud van de reproduktievoorwaarden van de arbeidersklasse als geheel.

Als tweede vorm noemen Kreft, Vattes en Wolf *de stagnerende vorm*. Dit zijn jongeren die het zoeken naar een vaste arbeidsplaats hebben opgegeven en wisselend (vaak zwart) werken en werkloos zijn. Ze geloven niet meer in individuele konkurrentie. Kollektief-solidaire oplossingen (zelfhulpgroepen, arbeidsprojekten) spreken hen wel aan. Risiko's voor deze groep liggen vooral in kriminalisering door het chronische gebrek aan geld. Deze vorm van het industrieel arbeidsreserveleger heeft volgens de schrijvers in feite al de funktie, de strijd om betere lonen en arbeidsomstandigheden te ondergraven, doordat de betrokkenen noodgedwongen bereid zijn zwart te werken. Oplossingen voor hen moeten vooral gezocht worden in kwalifikatie-verhogende scholingsmaatregelen.

Tot *de verborgen vorm* behoren die jongeren die niet op de arbeids-

---

30. Zie I. Kreft, H. Vattes, 'Theoretischer Rahmen zur Erfassung psychosozialer Probleme der Jugendarbeitslosigkeit und zur Entwicklung praktischer Konsequenzen um eine dauernde gesellschaftliche Ausgrenzung von arbeitslosen Jugendlichen zur verhindern', in: W. Jantzen (red.), *Arbeit und Arbeitslosigkeit* ..., a.w., p. 145-150.

31. Zie F. Wolf, 'Die gegenwärtige Jugendarbeitslosigkeit als gesellschaftspolitisches Problem', in: W. Maiers, M. Markard (red.), *Lieber arbeitslos als ausgebeutet?*, a.w., p. 158-162.

markt verschijnen. Deels zijn dit jongeren die in kleine familiebedrijfjes meewerken waar eigenlijk niet voldoende werk voor hen is (landbouw, winkel), deels ook de niet-geregistreerde werkloze jongeren. Vooral meisjes die thuis in de huishouding helpen, behoren tot deze vorm, evenals buitenlandse jongeren zonder werkvergunning. Problemen voor deze groep komen voort uit hun totale financiële afhankelijkheid van ouders en familieleden. Hun geïsoleerde positie kan leiden tot kommunikatiestoornissen. Met name voor deze groep zijn scholingsprojekten hard nodig om langdurige uitstoting te voorkomen. Scholing zou minstens moeten bereiken dat deze jongeren worden teruggevoerd in de vloeiende vorm van het arbeidsreserveleger, waar ze enige kans op werk hebben naarmate ze ouder worden. De politieke betekenis van deze vorm is dat hierdoor steeds grotere aantallen mensen gedwongen zijn, onder het bestaansminimum te leven. Op de lange duur kan dit de normen ten aanzien van dit minimum aantasten.

Wat werkloosheid ondraaglijk maakt, is het ontbreken van de mogelijkheden, die loonarbeid in beperkte mate wèl biedt, om een enigszins menselijk bestaan te realiseren. Het gaat dan vooral om de mogelijkheid eigen vaardigheden en persoonlijkheid te ontwikkelen en zo samen met anderen te kunnen strijden voor een beter bestaan.

Isolatie en stigmatisering
Het bovenstaande geeft ten dele ook al een antwoord op de vraag hoe isolatie en stigmatisering van werklozen tot stand komen. Doordat het werk wegvalt, vervalt ook de koöperatieve basis voor kontakten met kollega's. Daar komt nog de konkurrentie om arbeidsplaatsen bij, die ook bij degenen die nog werk hebben al tot verslechtering van de onderlinge relaties leidt.

In het eerder aangehaalde onderzoek van Deppe komt een mogelijke verklaring voor het heersende vooroordeel over werklozen naar voren. De inhoud van het vooroordeel is (ook in Nederland) bekend genoeg: 'Afgezien misschien van de groep "echte" werklozen, vinden de meesten het mooi makkelijk en verdienen ze met een uitkering en wat zwart werk evenveel als vroeger.' Deppe wijst erop, dat dit vooroordeel te maken kan hebben met de wens, de ogen gesloten te houden voor het risiko de eigen arbeidsplaats te verliezen. Wie echt goed en betrouwbaar werkt, zou geen gevaar lopen. In de onderzoeken naar werkloze jongeren (onder andere dat van Grundnig) klinkt, met name in reakties van ouderen die zelf wèl werken, vaak ook een zekere jaloezie door, bijvoorbeeld over het lange uitslapen.

In een praktijkverslag van Käthe Gerstung[32] over een adviesbureau voor werkloze jongeren (in overgrote meerderheid meisjes) in een platte-

---

32. Zie K. Gerstung, 'Soziale Lage und Bewusstseinsformen arbeitsloser Mädchen', in: D. Roer, *Persönlichkeitstheoretische Aspekte ...*, a.w., p. 136-159.

landsgemeente, blijkt dat meisjes de vooroordelen ook op zichzelf betrekken. Zij wijzen verklaringen van de jeugdwerkloosheid op grond van luiheid of onhandigheid van de jeugd van tegenwoordig af. Ze weten immers zelf hoe hard ze naar een baan hebben gezocht. Toch gaan de verklaringen die ze zelf geven merendeels ook de kant op van eigen schuld: 'te laat begonnen met zoeken', 'mischien niet genoeg geprobeerd', 'een slecht eindrapport', 'verkeerde kleding bij een sollicitatie', enzovoort. Schuldgevoel en schaamte over de eigen werkloosheid worden in ander onderzoek naar de gevolgen van werkloosheid vaak als een van de oorzaken van de geïsoleerde positie van werklozen genoemd.[33] In de kongresbijdragen zijn hiervan geen voorbeelden te vinden.
Overigens blijkt de stigmatisering sterk samen te hangen met de tradities in een streek. In industriegebieden, waar werkloosheid van oudsher een bekend verschijnsel is, wordt ze werklozen veel minder persoonlijk aangerekend dan bijvoorbeeld op het platteland.

Organisatie
Tenslotte het organisatievraagstuk. Alleen al op grond van belangenbehartiging zou het voor werklozen voor de hand liggen zich te organiseren. Strijd voor het behoud van sociale voorzieningen en voor het scheppen van arbeidsplaatsen of een betere verdeling van de arbeid zou hen toch moeten aanspreken. Waarom laten zij zo weinig van zich horen?
Eén verklaring vanuit de kritische psychologie is hierboven al genoemd: doordat ze uit het arbeidsproces als het centrale strijdperk zijn buitengesloten, is ook kollektieve belangenbehartiging hen ontzegd. Waarschijnlijk houdt deze verklaring in dat alleen in het arbeidsproces de nodige machtsmiddelen (staking, sabotage) voorhanden zijn om effektief strijd te voeren. Dit wordt echter niet expliciet gezegd.
Een tweede reden is, dat door de geïsoleerde positie van werklozen de nodige sociale kontakten als basis voor solidariteit ontbreken. Frigga Haug noemt dit: 'gedwongen dekollektivering'.[34]
Ali Wacker[35] voegt in een korte kongresbijdrage hier nog een verklaring aan toe: de financiële en psychosociale druk waaronder werklozen staan, dwingt hen ertoe hun gezichtsveld te beperken tot de direkt

---

33. Zie A. Wacker (red.), *Vom Schock zum Fatalismus? Soziale und psychische Auswirkungen der Arbeitslosigkeit*, Frankfurt a. M. 1978; vgl. ook J. Bartman, *'Ik zeg altijd dankjewel'*, a.w.

34. F. Haug, 'Was hat materialistische Psychologie ...', a.w., p. 36.

35. Zie A. Wacker, 'Oekonomische Krise und politisches Lernen. Erfahrungen der amerikanischen Arbeitslosenbewegung in der 30er Jahren und die Situation heute', in: K.-H. Braun e.a. (red.), *Kapitalistische Krise ...*, a.w., p. 200-202.

noodzakelijke levensbehoeften. Daardoor kan een lange termijn perspektief zich niet ontwikkelen.
Toch valt dit gegeven nog wel enigszins te nuanceren. Zo blijkt dat mensen die voordat ze werkloos werden al politiek aktief waren, vaak wèl aktief blijven. Voor wie geen inzicht heeft in de maatschappelijke oorzaken van werkloosheid, is het verlies van de arbeidsplaats een soort natuurramp, waar je hulpeloos tegenover staat. Wie vroeger al aktief was, zal eerder de maatschappelijke oorzaken doorzien, en beschikt bovendien al over de vaardigheden om kollektief te handelen. Verwijdering uit de produktie hoeft dan niet meteen ook passiviteit in te houden.
Een mogelijke verklaring geeft Ulrich Hentschel: zolang de strijd tegen de werkloosheid wordt uitgevochten in diskussies tussen hoofdbesturen en beroepspolitici, kun je moeilijk verwachten dat werklozen plotseling strijdbaar worden. Verandering kan alleen voortkomen uit een effektieve vakbondspolitiek tegen de werkloosheid, die werklozen direkt aanspreekt en bij aktiviteiten probeert te betrekken.[36] Ook isolement komt van twee kanten en het gaat niet aan alleen werklozen zelf verantwoordelijk te stellen voor hun geringe geneigdheid zich te organiseren.
Een goede ontwikkeling is in dit verband dat in Nederland de FNV op 1 januari 1981 een sekretariaat voor uitkeringsgerechtigden heeft opgericht voor de belangenbehartiging van werklozen, arbeidsongeschikten en gepensioneerden.

Zonder werk geen subjekt?

Door uit te gaan van het begrip 'werkelijk menselijke arbeid' neemt de kritische psychologie in de theorievorming over arbeid en werkloosheid een voorsprong, waarmee ze duidelijk resultaten boekt. Tekortkomingen en tegenstellingen springen in het oog zodra het arbeidsbestel zoals wij dat kennen, wordt gekonstrasteerd met dit ideaalbeeld.
Daarom lijkt het mij goed nog eens preciezer te bekijken hoe dit beeld in de kritische psychologie uit de verf komt. Een aantal aspekten zijn in dit hoofdstuk geschetst. Wanneer de arbeid in handen is van de werkende mensen zelf, zal ze kunnen plaatsvinden in koöperatieve verhoudingen, met als doel het voorzien in het maatschappelijke levensonderhoud. Dwang of truuks zijn niet meer nodig om tot werken te motiveren — iedereen begrijpt, dat het gemeenschappelijke belang in het verlengde ligt van het eigenbelang. Op basis van de koöperatieve samenwerking kunnen solidaire relaties tussen mensen ontstaan, in plaats van de 'voor wat hoort wat' verhoudingen die we nu kennen.

36. Zie U. Hentschel, 'Individuelle Auswirkungen der Arbeitslosigkeit', in: W. Maiers, M. Markard (red.), *Lieber arbeitslos als ausgebeutet?*, a.w., p. 64-70.

Inhoud en organisatie van het werk maken het mogelijk eigen vaardigheden en persoonlijkheid te ontwikkelen. Krises en werkloosheid zijn voorgoed uitgebannen.
Ik kan me voorstellen dat deze samenvatting een licht ongeloof oproept. Ontstaan er geen nieuwe belangentegenstellingen tussen verschillende groepen arbeiders, of tussen doelstellingen op kortere en langere termijn? Hoe worden keuzen gemaakt tussen investeringen of konsumptie, tussen werkgelegenheid of milieubeheer? Toch lijken dit soort problemen niet onoplosbaar, zeker wanneer je er, zoals de kritische psychologie dat doet, van uitgaat dat met de veranderde maatschappelijke organisatie ook de mensen veranderen.
Moeilijker wordt het, wanneer je het theoretisch ruime arbeidsbegrip van de kritische psychologie probeert terug te vinden in de konkretisering die er in veel onderzoek en theorievorming op deelterreinen aan gegeven wordt. Bijna ongemerkt wordt het begrip arbeid telkens weer ingeperkt tot loonarbeid. Met name alle huishoudelijke arbeid verdwijnt daarmee uit het gezichtsveld. Sommigen gaan daarin zo ver dat ze huishoudelijke arbeid als 'onmaatschappelijk' bestempelen.
Er zijn echter ook aanzetten waarin het maatschappelijke karakter van huishoudelijke arbeid wel wordt erkend, maar vooral de geïsoleerde en geprivatiseerde arbeidssituatie in het huishouden wordt bekritiseerd.[37] In elk geval is het een stap in de goede richting dat een van de kongresbundels geheel aan de situatie van vrouwen is gewijd. Ook het werk van kunstenaars wordt wel degelijk als arbeid gezien, getuige een artikel van Klaus Holzkamp over kunst en arbeid.[38] De inperking tot loonarbeid is dus niet kenmerkend voor de theorie.
Toch steekt diezelfde inperking weer de kop op, zodra de vraag aan de orde komt hoe maatschappijverbetering moet worden bereikt. Zowel vrouwen als werklozen moeten eerst aan het werk, vóór ze eraan te pas komen in de strijd. Ik denk dat het klopt dat het moeilijker is je te organiseren vanuit een geïsoleerde positie — maar dat gebeurt wel. Daarom lijkt het mij niet juist te stellen dat zelfbewustzijn en solidariteit alléén in het arbeidsproces kunnen ontstaan. De vrouwenbeweging, en ook de kraakbeweging, de milieustrijd, de gekkenbeweging zijn zeker ook te zien als strijdvormen waarin mensen buiten het direkte arbeidsproces streven naar subjektieve bepaling van de omstandigheden waaronder ze leven. Het is daarom jammer dat bijvoorbeeld bij het overzicht van Braun en Wetzel van de politieke ontwikkelingen in de laatste jaren de milieubeweging als een strijd op deelbelangen wordt afgedaan en

---

37. Zie O. Dreier, 'Die Bedeutung der Hausarbeit für die weibliche Psyche', in: D. Roer (red.), *Persönlichkeitstheoretische Aspekte* ..., a.w., p. 31-46.

38. Zie K. Holzkamp, 'Kunst und Arbeit. Ein Essay zur "therapeutischen" Funktion künstlerischer Gestaltung', in: K. Holzkamp, *Gesellschaftlichkeit des Individuums. Aufsätze 1974-1977*, Keulen 1978.

vrouwen, krakers en gekken geheel buiten het beeld blijven.
Tenslotte nog een pluspunt uit de kritisch-psychologische theorievorming over arbeid: de stelling dat de betekenis van loon veel verder gaat dan het zeker stellen van konsumptiemogelijkheden. Dit wordt bijvoorbeeld bevestigd in het onderzoek van Buitelaar en anderen naar de oorzaken van de Rotterdamse havenstakingen in 1979: 'In genoemd (eisen)-pakket (...) is de onderlinge samenhang terug te vinden van het vraagstuk van het arbeidsloon, werkgelegenheid en arbeidsomstandigheden. (...) In het door de Vervoersbond en de Scheepvaart-Vereniging Zuid gesloten april-akkoord waren genoemde punten slechts in sterk gereduceerde vorm te herkennen: de problematiek van het arbeidsproces werd als het ware wegonderhandeld. Dit vormde de oorzaak van de staking (...). De havenstaking louter op te vatten als een loonkonflikt is onjuist en verengt dat stakingsgebeuren.'[39]

Hoe loonstrijd ook een symbool kan zijn van de strijd om de menselijke waardigheid laat het volgende stukje uit een recensie van de Poolse film *Arbeiders '80* zien: 'Hoewel de stakingen in Gdansk waren veroorzaakt door de ekonomische misère, is het terugwinnen van de menselijke waardigheid het Leitmotiv van de beweging geworden en het is fascinerend om de dikke koppen van de partijbonzen in paniek te zien raken omdat zij geen idee hebben waarover het gesprek met Walesa gaat. Ze proberen dat steeds in het spoor van de "feiten" te sturen: de ekonomische afspraken, iets toegeven, wat sjacheren, even vleien, meteen daarna onbeschoft proberen de zaak te bedonderen. Ze begrijpen niet dat er een nieuw sociaal feit, een zelfbewuste arbeidersklasse aan het ontstaan is.'[40]

---

39. W. Buitelaar, G. Evers, H. Peer, B. Westerveld, 'Werken in de Rotterdamse haven. Achtergronden van het arbeidskonflikt in het najaar van 1979', in: *Intermediair*, jrg. 16, nr. 35, 1980, p. 29-39.

40. Sasza Malko, 'Poolse film geeft uniek beeld van strijd arbeiders', in: *NRC-Handelsblad*, 13 februari 1981.

9

Wilmar Schaufeli

Therapie en hulpverlening

Belemmeringen in de persoonlijkheidsontwikkeling worden door de kritische psychologie, zowel we al in hoofdstuk 7 zagen, opgevat als het gevolg van stoornissen in het individuele *toeëigeningsproces*. Onder bepaalde omstandigheden kunnen deze stoornissen zulke vormen aannemen dat er gesproken kan worden van psychische gestoordheid in de zin van een gedeeltelijk verlies van het handelingsvermogen. Het toeëigeningsproces is in dubbele betekenis maatschappelijk van aard. Ten eerste heeft de toeëigening kwa inhoud steeds betrekking op een maatschappelijk objekt. En ten tweede houdt de vorm waarin het toeëigeningsproces plaatsvindt altijd verband met de specifieke maatschappelijk-historische kontext waarbinnen dit proces zich voltrekt. Vanwege het feit dat het individuele toeëigeningsproces een maatschappelijk karakter draagt wordt ook wel gesproken over het vermaatschappelijkingsproces. Psychische stoornissen zijn in deze konceptie dus niet het gevolg van aangeboren predisposities, maar van een verstoorde *verhouding* tussen een konkreet individu en diens maatschappelijke omgeving.

Deze visie op probleemgedrag heeft uiteraard ook speciale konsekwenties voor de behandeling van psychische stoornissen. De maatschappelijkheid die voor de menselijke existentie kenmerkend is, dringt op twee plaatsen door in het psychotherapeutische koncept van de kritische psychologie: zowel bij de diagnose als bij de therapie. Deze nadruk op de maatschappelijkheid bij het ontstaan en het opheffen van psychische stoornissen staat in konstrast met de individualiserende wijze waarop in de burgerlijke therapiekoncepties met psychische stoornissen wordt omgegaan (zie paragraaf 2). Het therapeutische proces zoals Holzkamp en Osterkamp dat zien, zal in paragraaf 3 verder worden besproken en in paragraaf 5 worden geïllustreerd met behulp van de kasus Lothar.

De kritische psychologie beschouwt haar psychotherapeutische konceptie nadrukkelijk niet als de zoveelste school op dit gebied; psychotherapie wordt opgevat als een zich ontwikkelende *maatschappelijke praxis*. Juist doordat de burgerlijke therapiekoncepties gekenmerkt worden door individualisering en privatisering van psychische stoornissen, sluiten zij zich noodgedwongen af van de maatschappelijke werkelijkheid. De psychotherapie als maatschappelijke praxis zal met name in paragraaf 4 aan de orde komen, waar de psychotherapeutische konceptie van de kritische psychologie besproken wordt in termen van een individueel politiseringsproces.

In paragraaf 6 worden tenslotte een aantal kritische kanttekeningen geplaatst, waarbij met name aandacht zal worden geschonken aan de relatie met andere progressieve hulpverleningspraktijken.

1. De ontwikkeling van de therapiekonceptie

Vertrekkend vanuit een omvattende funktioneel-historische analyse van de menselijke motivatiestruktuur (zie hoofdstuk 6) komt Osterkamp tot een fundamentele kritiek op de psychoanalyse. Zij vat de psychoanalyse op als *'meest ontwikkelde burgerlijke theorie van de empirische subjektiviteit van mensen in een kapitalistische maatschappij'*.[1] Het doel van deze kritiek is om aan te tonen dat de psychoanalytische opvatting over het wezen van de mens geen rekening houdt met diens maatschappelijkheid en daarmee wetenschappelijk onhoudbaar is. Bij de analyse van Osterkamp worden de freudiaanse koncepties telkens bij wijze van vraagstelling als uitgangspunt genomen, waarna vervolgens een konfrontatie met de eerder ontwikkelde kritisch-psychologische begrippen plaatsvindt; Osterkamp noemt dit het 'principe van de eenheid van kritiek leveren en verder ontwikkelen'.[2] Aldus komt Osterkamp, naast het op wetenschappelijke gronden afwijzen van de inhoud van een aantal begrippen, tot een *herinterpretatie* van bepaalde psychoanalytische opvattingen, waardoor er een kritisch-psychologisch konfliktmodel ontwikkeld wordt met als centrale basiskategorie het vergroten van het handelingsvermogen (zie ook hoofdstuk 7).

De psychoanalyse en de meeste andere therapievormen zoals rogeriaanse therapie en Gestalttherapie, zijn ontstaan vanuit een bepaalde *behandelingspraktijk*, waaruit dan vervolgens door middel van systematische reflexie een bepaald theoretisch model is ontwikkeld en waarbij de praktijk in feite richtinggevend blijft. Dit geldt ook voor de gedragstherapie, waarvan op het eerste gezicht lijkt alsof dit een schoolvoorbeeld is van een experimenteel geverifieerde theorie over de behandeling van psychische stoornissen.[3] Daarentegen is de kritisch-psychologische opvatting omtrent psychotherapie ontstaan vanuit een persoonlijkheidstheorie, nauwkeuriger gezegd een motivatietheorie, hetgeen het sterke punt ervan vormt. Dit blijkt bijvoorbeeld uit een vergelijking met wat

---

1. U. Holzkamp-Osterkamp, *Grundlagen der psychologischen Motivationsforschung*, deel 2, Frankfurt a. M. 1978, p. 194.

2. Idem, p. 192.

3. Zie W. Schaufeli, G. Schuitemaker, J. Zeelen, 'Gedragstherapie vanuit handelingstheoreties perspektief', in: *Psychologie en maatschappij*, nr. 12, september 1980, p. 409-427.

wel bekend staat als 'politiserende hulpverlening'[4], waarbij op geen enkele inhoudelijk-theoretische manier de relatie wordt aangegeven tussen individuele psychische problemen, 'bewustwording' en 'sociale aktie'. Dit theoretische vertrekpunt vormt echter ook een zwakte in verhouding tot de overvloed aan empirisch materiaal waaruit een meer pragmatische therapie als de gedragstherapie kan putten.
De eerste aanzet van Osterkamp om een therapiekonceptie te ontwikkelen blijft als gevolg van haar werkwijze noodzakelijkerwijs nogal abstrakt. Een mogelijkheid tot konkretisering van de therapiekonceptie deed zich voor het eerst voor rond een examenwerkstuk van Manfred Kappeler.[5] Kappeler was in opleiding voor 'psychagoog'[6] bij een psychoanalytisch instituut en werd in de loop van zijn opleiding zeer kritisch ten aanzien van de psychoanalyse. Dit kwam tot uitdrukking in zijn examenwerkstuk, waarin uitgebreid verslag gedaan wordt van een enkele jaren durende therapie en waarin tevens een poging wordt ondernomen om tot een marxistisch gefundeerde vorm van psychotherapie te komen. Een en ander werd hem niet in dank afgenomen door zijn afstudeerdocenten: het werkstuk werd als onvoldoende gekwalificeerd met als motivering dat Kappelers kritiek de facto neerkwam op een algehele verwerping van de psychoanalyse, waardoor hij dus niet tot het beroep van psychagoog kon worden toegelaten. Hiermee was het konflikt tussen Kappeler en het psychoanalytisch instituut een feit. Volgens hem ging het hier niet om een vakinhoudelijke maar om een puur politieke beslissing. Dit blijkt ook wel uit het feit dat Kappeler al geruime tijd politiek omstreden was; in 1973 werd hem als geëngageerd sociaal werker een 'Berufsverbot' opgelegd. Intussen bevestigden diverse beoordelaars, waaronder vooraanstaande Duitse psychoanalytici, de wetenschappelijke waarde van het kontroversiële werkstuk.[7] De examenkommissie hield echter voet bij stuk.
Pas in de loop van het konflikt ontstond een eerste kontakt tussen Kappeler en Holzkamp en Osterkamp. In de daarop volgende diskussies over het werkstuk bleken er duidelijke overeenkomsten te zijn tussen hun opvattingen. Kappeler had zijn werkstuk overigens geschreven zonder van de kritische psychologie op de hoogte te zijn. Er werd besloten tot een gezamenlijk te publiceren boek[8] met een tweeledig

4. Zie B. de Turck, *Politiserende hulpverlening*, Nijmegen 1980, p. 106 e.v.

5. M. Kappeler, 'Neurose und Bewusstseinsentwicklung. Kritik der Psychotherapie von Jugendlichen', in: M. Kappeler, K. Holzkamp, U. Holzkamp-Osterkamp, *Psychologische Therapie und politisches Handeln*, Frankfurt a. M. 1977, p. 28-147.

6. Een 'psychagoog' is een psychoanalytisch georiënteerde kindertherapeut; in Nederland kennen we een dergelijke aanduiding niet.

7. Zie M. Kappeler e.a., *Psychologische Therapie*, a.w., p. 312-323.

8. Het in noot 5 beschreven boek.

doel. Enerzijds móest het getuigen van de politieke disciplinering in de Bondsrepubliek en van de verstrengeling van de belangen van burgerlijke wetenschappers met die van de staat, anderzijds zou de konkrete kasusbeschrijving van Kappeler de mogelijkheid bieden tot 'kwasi-toetsing' en tot verdere aanscherping van de theoretische koncepties van de kritische psychologie.[9] Het resultaat van dit gelegenheidsgeschrift is een boek geworden met drie delen: een integrale presentatie van Kappelers werkstuk, een minitieuze kritisch-psychologische analyse van de geschetste therapie en tenslotte een uitvoerige dokumentatie van het politieke konflikt rond het werkstuk zelf.

De kritisch-psychologische analyse is vooral een *theoretische* interpretatie en rekonstruktie achteraf en geen uitwerking vanuit de behandelingspraktijk zelf.[10] Een dergelijk proces van het in de praktijk verder ontwikkelen van de theorie over de behandeling van psychische stoornissen vindt men wel bij de Deen Ole Dreier.[11] Dreier werkt bij de praktische behandeling van een arbeidersgezin met een 'probleemkind' met kritisch-psychologische basiskategorieën die ontwikkeld zijn in een funktioneel-historische analyse van het gezin. Een voorbeeld van een dergelijke basiskategorie is het koncept 'reguleringsvormen'. Met behulp van specifieke reguleringsvormen worden in het gezin de in de individualiteitsvormen (zie hoofdstuk 6) besloten maatschappelijke tegenstellingen op een zodanige wijze omgezet, gekanaliseerd en versluierd dat hieruit toch een bepaald handelingsvermogen voor de gezinsleden resulteert. Op basis van deze aanpak komt Dreier tot een verdere theoretische uitbouw en verfijning van het theoretische begrippenapparaat, zowel wat betreft de methodische aspekten van psychotherapie als wat betreft het inzicht in de wijze waarop maatschappelijke verhoudingen in het alledaagse leven doordringen.

Weer een andere relatie tussen theorie en behandelingspraktijk vinden we bij Wolfgang Jantzen[12] die als praktizerend orthopedagoog probeert te komen tot een omvattende theorie op materialistische grondslag over het ontstaan en de behandeling van psychische stoornissen. Jantzen maakt hierbij gebruik van eerder ontwikkelde theoretische koncepties

---

9. Zie idem, p. 12.

10. Konkrete toepassingen in de psychotherapeutische en pedagogische behandeling vindt men beschreven in: K.-H. Braun, K. Holzkamp (red.), *Bericht über den 1. Kongress Kritische Psychologie in Marburg, deel 1*, Keulen 1977, p. 189-218 en *pädagogisches und therapeutisches Problem*, Keulen 1980, p. 58-64, 127-135, 136-142, 163-169 en 170-181.

11. Zie O. Dreier, *Familiäres Sein und familiäres Bewusstsein*, Frankfurt a. M. 1980.

12. Zie W. Jantzen, *Behindertenpädagogik, Persönlichkeitstheorie, Therapie*, Keulen 1978; en W. Jantzen, *Grundriss einer allgemeinen Psychopathologie und Psychotherapie*, Keulen 1979.

van de Russische kultuurhistorische school, de handelingsstruktuurtheorie, de kritische psychologie van Holzkamp en Osterkamp, de neuropsychologie van Lurija, de persoonlijkheidstheorie van Sève en de anti-institutionele aanzetten van de Italiaanse demokratische psychiatrie. Hierdoor draagt het door Jantzen gehanteerde integratieve theoretische kader weliswaar een eklektisch karakter, maar daar staat dan weer een bredere toepassingsmogelijkheid in behandelingssituaties tegenover.

Samenvattend blijkt dat de kritisch-psychologische therapiekonceptie niet vanuit een behandelingspraktijk is ontwikkeld zoals vele andere vormen van psychotherapie. Anderzijds is de konceptie slechts in grote lijnen uit een algemene psychologische theorie afgeleid. Een herinterpretatie van een min of meer toevallig aanwezige kasus heeft de beslissende stoot gegeven tot het meer systematisch ontwikkelen van een psychotherapeutisch koncept.

2. Algemene uitgangspunten

'Wat is psychotherapie'? Deze vraag blijkt even simpel te stellen als moeilijk te beantwoorden. Er vigeren talloze opvattingen omtrent wat psychotherapie nu eigenlijk is en hiermee korresponderen dan weer evenzovele soorten therapie. Het lijkt er echter op alsof de onderstaande omschrijving, die door enkele invloedrijke Nederlandse verenigingen gehanteerd wordt, een soort grootste gemene deler vormt van de vele uiteenlopende opvattingen: 'Psychotherapie is het op wetenschappelijk verantwoorde wijze behandelen door een deskundige die daarvoor is opgeleid, van patiënten, in de zin dat zij hulp behoeven voor psychiatrische moeilijkheden, konflikten en stoornissen, door middel van het op methodische wijze vestigen, struktureren en hanteren van een relatie, teneinde die psychiatrische moeilijkheden, konflikten en stoornissen op te heffen of te verminderen.'[13]

Wat allereerst aan deze omschrijving opvalt is dat er gesproken wordt van een aparte expertise die noodzakelijk geacht wordt voor het beoefenen van psychotherapie. Dit wordt vooral begrijpelijk tegen de achtergrond van de professionalisering van het psychotherapiebedrijf in Nederland.[14] Een tweede opvallend punt vormt het feit dat er in de omschrijving een duidelijke scheiding wordt aangebracht tussen enerzijds de therapeut die als subjekt over een bepaalde specialistische kennis en

---

13. De bedoelde verenigingen zijn het Nederlands Instituut voor Psychologen (NIP), de Nederlandse Vereniging voor Psychotherapie (NVP) en de Instituten voor Multidisciplinaire Psychotherapie (IMP's).

14. Vgl. C. Brinkgreve, J.H. Onland, A. de Swaan, *De opkomst van het psychotherapeutisch bedrijf*, Utrecht/Antwerpen 1979

dito vaardigheden beschikt, en anderzijds de 'patiënt' die als objekt van therapeutisch handelen hulp behoeft voor 'psychiatrische moeilijkheden, konflikt en stoornissen'. Opvallend is tenslotte dat het therapeutische instrumentarium in de omschrijving wordt aangeduid als 'het vestigen, struktureren en hanteren van een relatie', waarmee in feite de grenzen van het therapeutisch werkveld zijn aangegeven: in principe de vier muren die het therapievertrek omsluiten, waarbinnen twee individuen een bijzondere relatie met elkaar aangaan.

Bij wijze van inleiding zal in het onderstaande op de drie bovengenoemde punten ingegaan worden vanuit het perspektief dat de kritisch-psychologische therapiekonceptie biedt. De centrale doelstelling van de kritisch-psychologische therapie is in eerste instantie niet zozeer gelegen in het opheffen of verminderen van psychische stoornissen of symptomen, maar in *herstel en vergroting van het handelingsvermogen*. Op grond van dit handelingsvermogen zijn individuen in staat tot een optimale kontrole over hun levensomstandigheden en daarmee opgewassen tegen konflikten die inherent zijn aan het maatschappelijk leven zelf. Door deze konflikten op een adekwate wijze te verwerken, wordt konfliktafweer leidend tot psychische moeilijkheden vermeden (zie ook hoofdstuk 7).

De kritische psychologie veronderstelt weliswaar bepaalde kennis- en vaardigheidsaspekten bij de therapeut aanwezig, maar op een minder specifiek niveau. Zo wordt er konsekwent over het *pedagogisch-therapeutisch* proces gesproken, waarmee wordt aangegeven dat er binnen de psychotherapie wel degelijk plaats dient te zijn voor het tot ontwikkeling brengen van bepaalde pedagogische vaardigheden. Volgens de burgerlijke wetenschapsindeling behoort dit traditioneel tot het vakgebied van de pedagogie en andragologie. In de tweede plaats is het verschil in kennis en inzicht dat aan het begin van de therapie tussen kliënt en therapeut bestaat van tijdelijke aard. De therapeut beschikt aanvankelijk slechts over algemene en *abstrakte* kennis over de samenhang tussen de objektieve maatschappelijke omstandigheden en de individueel-historische ontwikkeling. De kliënt 'beschikt' in het begin alleen over zijn of haar eigen *konkrete* individuele biografie, inklusief de psychische problemen die daarin tot ontwikkeling zijn gekomen. In de loop van het therapeutische proces komen twee bewegingen op gang. De kliënt verkrijgt in toenemende mate kennis van en inzicht in de objektieve bepaaldheid van de geprivatiseerde en schijnbaar puur persoonlijke problemen. Tegelijkertijd leert de therapeut zijn of haar algemene abstrakte kennis te konkretiseren en te toetsen aan de biografie van de kliënt. Aldus wordt het *'kompetentieverschil'* tussen kliënt en hulpverlener in de loop van de therapie gereduceerd.[15]

---

15. Zie U. Osterkamp, *Motivationsforschung 2*, a.w., p. 460.

Aan de hand hiervan wordt eveneens duidelijk dat er binnen de kritisch-psychologische therapiekonceptie géén rigoreuze scheiding tussen subjekt en objekt aanwezig is, zoals in de eerder aangehaalde omschrijving van psychotherapie. Immers voor beiden, kliënt en therapeut, vormt het therapeutisch proces in essentie een *leerproces*. De therapeut bezit geen a priori kennis over de kliënt (zoals bijvoorbeeld in de vorm van een algemeen menselijke situatie als het Oedipuskomplex), die hij of zij min of meer mechanisch, steeds weer volgens hetzelfde stramien, aanwendt. Integendeel, bij elke kliënt verkrijgt de therapeut meer inzicht in de samenhang tussen objektieve maatschappelijke omstandigheden en individueel-historische ontwikkeling.

Wat vormt nu het eigenlijke objekt van het therapeutisch handelen? Binnen de kritisch-psychologische therapiekonceptie is dit noch de kliënt, noch diens psychische konstellatie, maar het *toeëigeningsproces*. Dit proces betreft het ontwikkelen van die kennis, vaardigheden, inzichten en motieven van de kliënt, die uiteindelijk moeten leiden tot herstel of vergroting van diens handelingsvermogen. De toeëigening vormt het voorwerp van gemeenschappelijk handelen van therapeut en kliënt, waardoor zich het *'solidaire therapeutische bondgenootschap'*[16] tussen hen kan ontwikkelen. Ook vanuit dit perspektief bestaat er dus geen scheiding tussen subjekt en objekt zoals in de traditionele vormen van psychotherapie; in het therapeutisch bondgenootschap is deze scheiding omgezet in een relatie tussen twee subjekten.

Omdat de kritische psychologie psychische problemen niet ziet als het gevolg van een reeks individueel-biografische toevalligheden, maar als een individueel aspekt van maatschappelijk-historische processen, kan het therapeutisch ingrijpen niet uit een zuiver 'psychologische' behandeling van de problemen van de kliënt bestaan. Als dit wel zo is, moeten we veronderstellen dat psychische problemen uit andere psychische gegevenheden ontstaan — aldus zou dan het ene psychische verklaart moeten worden uit het andere psychische, waarmee de cirkel gesloten is. In plaats hiervan ontstaan psychische problemen volgens de kritische psychologie als weerspiegeling van objektieve maatschappelijke omstandigheden die op een bepaalde wetmatige wijze als psychische verschijnselen gerepresenteerd worden. Hieruit volgt dat een psychologische therapie zich nimmer geheel binnen de vier muren van het therapievertrek kan afspelen en zich nooit uitsluitend kan beperken tot psychische verschijnselen. De kritische psychologie ziet de therapie als een verlengstuk van de dagelijkse levenspraktijk van de kliënt. In de therapie staat het alledaagse leven van de kliënt centraal. In deze reële levenspraktijk zelf en niet in de geïsoleerde therapeutische situatie ligt het moment van verandering besloten. In het alledaagse leven zal de kliënt zich de nodige kennis, vaardigheden, inzichten en motieven moeten toeëigenen om tenslotte

16. Zie M. Kappeler e.a., *Psychologische Therapie*, a.w., p. 219-227.

een groter handelingsvermogen te verkrijgen en daarmee een betere kontrole over de eigen levensomstandigheden.

Met andere woorden: vanaf het moment dat de kliënt bewust de eigen levenssituatie begint te handelen komt een toeëigeningsproces op gang dat, met ondersteuning van de therapeut, zal leiden tot een vergroting van het handelingsvermogen. De centrale vraag luidt dan natuurlijk hoe de therapeut de kliënt tot een dergelijk handelen kan aanzetten, gegeven diens subjektief ervaren hopeloosheid en machteloosheid. Dus onder welke, door de therapeut gestruktureerde, omstandigheden is het mogelijk voor de kliënt om als bewust handelend individu op te treden.

Samenvattend: (1.) de doelstelling van de therapie is het vergroten van het handelingsvermogen van de kliënt waardoor deze beter dan voorheen in staat zal zijn om invloed uit te oefenen op de eigen levenssituatie; (2.) psychotherapie is een wederzijds leerproces voor kliënt en therapeut, waarbij het gestoorde individuele toeëigeningsproces van de kliënt centraal staat; (3.) in het solidaire therapeutische bondgenootschap wordt de scheiding tussen subjekt (therapeut) en objekt (kliënt) opgeheven; (4.) alleen door aktief te handelen in de eigen alledaagse levenssituatie kan de kliënt zichzelf veranderen.

3. Het therapeutische proces[17]

Zoals we al in de vorige paragraaf zagen, is de therapiekonceptie van de kritische psychologie niet primair gericht op het opheffen of doen verminderen van psychische stoornissen, maar op het vergroten of herstellen van het handelingsvermogen van de kliënt. Een dergelijke formulering van een doelstelling voor psychotherapie heeft natuurlijk alles te maken met de visie van de kritische psychologie op het ontstaan van psychische stoornissen. In deze visie staat centraal dat de oorzaak van psychische stoornissen primair gelegen is in de maatschappelijke levenssituatie van de kliënt. Konsekwent doorgeredeneerd betekent dit dat deze maatschappelijke levenssituatie in het middelpunt van het therapeutische proces moet staan. Bovendien betekent dit voor de kliënt dat deze niet binnen zichzelf op zoek moet gaan naar de faktoren die te maken hebben met het ontstaan en het verloop van diens problemen. De kliënt moet er tijdens de therapie toe gebracht worden te zoeken naar de *maatschappelijke omstandigheden* die de persoonlijkheidsontwikke-

---

17. Bij het schrijven van de paragrafen 3 tot en met 5 is vooral gebruik gemaakt van U. Osterkamp, *Motivationsforschung 2*, a.w., p. 396-484; M. Kappeler e.a., *Psychologische Therapie*, a.w., p. 9-293; U. Holzkamp-Osterkamp, 'Erkenntnis, Emotionalität, Handlungsfähigkeit', in: *Forum Kritische Psychologie*, nr. 3, 1978, p. 13-90; en L. van Buchem, E. Elbers, M. van Elteren, *Psychotherapie en maatschappelijk handelen*, Psychologisch Geschrift, Rijksuniversiteit Utrecht 1980, p. 61-99.

ling hebben belemmerd dan wel nog steeds belemmeren. Deze omstandigheden staan niet ver van de kliënt af, omdat diens konkrete leefsituatie zelf de maatschappelijke situatie is. De strukturele kenmerken en eigenschappen van ons maatschappelijk bestel vormen een kader voor de konkrete levenssituatie van elk individu. Begripsmatig wordt dit aspekt uitgedrukt in de eerder gebruikte term individualiteitsvorm (zie hoofdstuk 6). In ieders leven van alledag wordt de belemmering van de ontwikkeling van de eigen persoonlijkheid als gevolg van de huidige kapitalistische maatschappijformatie zichtbaar: op het werk (slechte arbeidsomstandigheden, ontslag, geen medebeslissingsrecht), op school (onderlinge konkurrentie, prestatiedruk) in het gezin (paternalisme, gefixeerde sekserollen) en in de vrije tijd (konsumptiedwang).

We zullen nu de hoofdvraag die in deze paragraaf beantwoord moet worden weer oppakken: hoe wordt het therapeutisch proces zodanig gestruktureerd dat het handelingsvermogen van de kliënt wordt hersteld of vergroot?

Allereerst moet worden opgemerkt dat er drie verschillende aspekten aan het handelingsvermogen kunnen worden onderscheiden: een kognitief, een emotioneel-motivationeel en een handelingsaspekt. In het geval van de psychische stoornis worden deze aspekten volgens de kritische psychologie als volgt zichtbaar: de kliënt handelt zonder inzicht en bewustzijn in het wilde weg, de kliënt beschikt over weinig zelfvertrouwen en voelt zich angstig, machteloos, afhankelijk, overbodig en hulpeloos, en tenslotte is de kliënt niet in staat om eenduidig, gestruktureerd en planmatig te handelen.

Het meest centrale aspekt wordt gevormd door de kognitie: het hebben van inzicht (in de zin van *begrijpend kennen* – zie hoofdstuk 5) in de relatie tussen de objektief-maatschappelijke omstandigheden en het eigen psychisch en sociaal funktioneren. Begrijpend kennen wordt als een noodzakelijke voorwaarde gezien voor het elimineren van psychische problemen. Het oriënterend kennen waarin de kliënt gevangen zit, moet daarom getransformeerd worden in begrijpend kennen. De oppervlakkige, aanschouwelijke kenvorm moet worden overwonnen ten gunste van de kenvorm die tot het wezen van de dingen doordringt, die de maatschappelijkheid van het eigen bestaan laat zien. Voor de kliënt wil dit zeggen dat de diverse kognitieve *afweerprocessen* opgegeven moeten worden, waardoor een *verwerking* in plaats van een afweer van de psychische konflikten mogelijk wordt. Bij kognitieve afweerprocessen wordt verwezen naar personalisering, individualisering en naturalisering, waarbij de, het psychisch evenwicht bedreigende maatschappelijke gebeurtenissen en omstandigheden worden toegeschreven aan respektievelijk de persoonlijke eigenschappen van de ander, die van de persoon zelf of die van een onveranderbare, van nature gegeven maatschappij.

In de therapie wordt nu geprobeerd om een *ontsubjektiveringsproces* op gang te brengen door de subjektieve reakties van de kliënt te relateren aan hun objektieve bestaansgrond om hiermee de kognitieve afweerprocessen te bestrijden. Hiertoe worden in de beginfase van de therapie allereerst de objektieve levensomstandigheden van de kliënt in kaart gebracht, waarbij tegelijkertijd inzicht wordt verkregen in de reëel aanwezige handelingsruimte van de kliënt. Het proces van ontsubjektivering dat de kliënt uiteindelijk in staat zal stellen tot begrijpend kennen, vindt kontinu plaats op basis van het al eerder genoemde wederzijdse leerproces, waarbij de therapeut algemene kennis van en inzicht in de samenhang tussen maatschappelijke omstandigheden en menselijke subjektiviteit, en de kliënt een specifieke levensgeschiedenis inbrengt. De politieke konsekwenties van een en ander zullen verderop aan de orde komen.

Het begrijpend kennen van de eigen situatie sluit bovendien een *taktisch bewustzijn* in. Dit houdt in dat de kliënt een bewuste en reële afweging kan maken van de mogelijkheden om op suksesvolle wijze een konfrontatie met de omgeving aan te gaan, waardoor een grotere omgevingskontrole mogelijk wordt. Op grond van dit soort afwegingen is een taktisch uitstel van de produktieve behoeftebevrediging noodzakelijk indien de maatschappelijke machtsinstanties op dat moment sterker lijken waardoor de poging tot bevrediging van de produktieve behoefte gefrustreerd kan worden.

Inzicht in de maatschappelijkheid van het eigen bestaan door begrijpend kennen ontstaat niet zomaar, als gevolg van wilskracht of iets dergelijks, maar er moet voor gehandeld worden. Juist in het bewuste handelen van de kliënt zelf, dus in het zich aktief inzetten om die maatschappelijke omstandigheden die mede de oorzaak van het probleem vormen te veranderen, ligt een belangrijke mogelijkheid besloten om tot begrijpend kennen te komen. Met dit handelen geeft de kliënt tegelijkertijd vorm èn richting aan het eigen bestaan in plaats van zich langer machteloos en hulpeloos te voelen tegenover de als onveranderbaar waargenomen eigen levensomstandigheden. De kliënt vergroot al handelend het handelingsvermogen en oefent daarmee tegelijkertijd meer kontrole uit over de eigen levensomstandigheden.

Hoe motiveert de therapeut de kliënt nu om te gaan handelen? Hoe wordt het proces in gang gezet? Hoe wordt de kliënt over de drempel geholpen? Met deze vragen komen we bij het tweede aspekt van het handelingsvermogen: het motivationeel-emotionele aspekt.

Direkt bij het begin van de therapie moet er al begonnen worden om een leerproces bij de kliënt op gang te brengen dat het mogelijk maakt de eigen behoeften, belangen en interesses te artikuleren en konform hieraan te handelen. Dus niet de therapeut moet de direkte behoeften van de kliënt bevredigen en opkomen voor diens belangen, maar de kliënt zelf moet ertoe gebracht worden dit te doen. Dit impliceert dat de therapeut niet zonder meer aan de behoefte tot vermindering van het lijden van de kliënt tegemoet moet komen. Wel dient de therapeut de voorwaarden te scheppen die het de kliënt mogelijk maken om de eigen

behoeften, belangen en interessen te leren kennen en te aksepteren. Het is met name de *emotionaliteit* van de kliënt die een belangrijke hoeveelheid informatie geeft over die eigen behoeften en belangen. De emotionaliteit van de kliënt moet dan ook serieus worden genomen en een belangrijke rol spelen in de therapie.
Wat dient er volgens de kritische psychologie nu precies onder emotionaliteit te worden verstaan? Emotionaliteit als kwalitatief aspekt van de menselijke levensaktiviteit wordt omschreven als de positieve of negatieve waardering van kognities. Maatstaf voor deze beoordeling is de mate waarin bepaalde kognitief weerspiegelde gegevenheden bijdragen aan een voor de menselijke ontwikkeling noodzakelijke vergroting van de kontrole over de eigen levensomstandigheden. Uit een kognitie vloeit geen handelingsnoodzaak voort, pas na een emotionele waardering van de kognitie ontstaat er een bepaalde *handelingsbereidheid*. De emotionaliteit vervult als handelingsbereidheid een mediërende rol tussen kognitie en handeling.
Uit de bovenstaande omschrijving van emotionaliteit blijkt het belang ervan voor de therapie. De kennis die in de emotionaliteit ligt opgeslagen over de eigen behoeften, belangen en interessen moet voor de kliënt toegankelijk worden gemaakt, terwijl bovendien de handelingsimpulsen vanuit de emotionaliteit ook daadwerkelijk de richting van het handelen moeten aangeven. Om de emotionaliteit deze beide funkties in de therapie te laten vervullen is het volgens de kritische psychologie van wezenlijk belang dat de emotionaliteit zich gedurende het therapeutisch proces toespitst. Dit leidt dan in tweeërlei opzicht tot een verduidelijking bij de kliënt: in de eerste plaats van diens eigen subjektieve psychische lijden en in de tweede plaats van diens ongenoegen met de eigen situatie. Een dergelijke toespitsing van de emotionaliteit heeft een sterke toename van handelingsimpulsen tot gevolg. De handelingsmotivatie wordt vergroot en de impulsen worden ook in daadwerkelijke handelingen omgezet wanneer de kliënt enig perspektief ziet om de kontrole over de eigen levensomstandigheden te vergroten. Dit laatste impliceert niet alleen een analyse van de externe situatie maar ook een reële inschatting van de eigen kwaliteiten, mogelijkheden en vaardigheden op dit punt.
De konfrontatie met de omgeving vindt dus plaats op grond van een zeker inzicht in de noodzakelijkheid om de eigen behoeften te bevredigen en op te komen voor de eigen belangen. Daarnaast spelen ook de analyse van de machtsrelaties binnen de situatie en een inschatting van de eigen mogelijkheden een rol.
Essentieel in deze fase van de therapie is het feit dat de kliënt zich onvoorwaardelijk gesteund weet door de therapeut. Deze emotionele rugdekking motiveert de kliënt extra de konfrontatie met de omgeving aan te gaan zonder te hoeven vrezen dat de therapeut zich terugtrekt. Deze specifieke solidaire relatie tussen therapeut en kliënt wordt het *therapeutisch bondgenootschap* genoemd. Daarbij kiest de therapeut voort-

durend en onvoorwaardelijk, maar niet kritiekloos, voor de kliënt. Dit principe staat diametraal tegenover de strikte neutraliteitseis van de psychoanalyse en andere therapievormen. Zo wordt het fenomeen van de tegenoverdracht, waarbij de persoon van de therapeut zelf in het geding komt, door de psychoanalyse juist als een komplikatie van de therapie gezien.

In het voorafgaande zagen we al dat het niveau van de *vaardigheidsontwikkeling* een rol speelt bij de handelingsmotivatie. Daarmee komen we bij het derde en tevens laatste aspect van het handelingsvermogen. Pas indien een kliënt van zichzelf meent over voldoende vaardigheden of kapaciteiten te beschikken, zal er voldoende motivatie zijn om een konfrontatie met de omgeving aan te gaan. De vaardigheidsontwikkeling speelt dus een duidelijke rol bij de totstandkoming van de handelingsmotivatie en vormt als zodanig een belangrijk element in het therapeutische proces. Allerlei vaardigheden die de kliënt in staat zullen stellen om effektiever de omgeving te kontroleren, zullen ook in de therapie geoefend moeten worden. Het gaat hierbij uitdrukkelijk niet alleen om dat type sociale en psychologische vaardigheden dat normaliter in bijvoorbeeld een gedragstherapie geoefend wordt, maar meer in het algemeen om verbale, artistieke, ambachtelijke en intellektuele vaardigheden. Om dit nog eens te benadrukken wordt er in de kritische psychologie dan ook steeds van een *'pedagogisch-therapeutisch'* proces gesproken in plaats van een psychotherapeutisch proces zonder meer. Deze grote diversiteit van bij de kliënt te ontwikkelen vaardigheden maakt het praktisch onmogelijk dat één enkele therapeut de begeleiding van een kliënt op zich neemt. Vandaar dat er door de kritische psychologie voor een *'meer-therapeuten-methode'* wordt gepleit waarbij twee of meer therapeuten ieder met een verschillende inhoudelijke kompetentie de begeleiding van een kliënt verzorgen. Een voorbeeld van een dergelijke werkwijze volgens het meer-therapeuten-principe vindt men bij het legasthenieprojekt (zie hoofdstuk 11).

In het bovenstaande is voor het gemak steeds in algemene zin over vaardigheden en behoeften gesproken, maar in de therapiekonceptie van de kritische psychologie gaat het juist om het ontwikkelen van *produktieve* vaardigheden en behoeften. Dat zijn vaardigheden en behoeften die de kliënt in staat stellen om aktief en bewust te kunnen deelnemen aan het maatschappelijke produktie- en reproduktieproces om hiermee de kontrole over de algemene en de eigen levensomstandigheden te vergroten.

Vatten we samen: aan het handelingsvermogen van de kliënt dat in de therapie hersteld dan wel vergroot moet worden, zijn analytisch drie aspekten te onderscheiden: een kognitief aspekt, een emotioneel-motivationeel aspekt en een vaardigheidsaspekt. Deze drie verschillende aspekten zijn integraal met elkaar verbonden en beïnvloeden elkaar dan ook sterk. De konsekwentie van deze komplexe samenhangen voor de therapie is dat de therapeut zowel op kognitief als op emotioneel-motivationeel niveau en wat betreft de vaardigheidsontwikkeling moet proberen om een proces bij de kliënt in gang te zetten, dat uiteindelijk moet leiden tot het opgeven van de tendens tot konfliktafweer ten gunste van een adekwate konfliktverwerking. Een eerste stap in de richting van een dergelijke konfliktverwerking wordt gezet door aktief en doelbewust handelend de konfrontatie met de omgeving aan te gaan, een omgeving immers die de kliënt in de verdere ontwikkeling van diens persoonlijkheid belemmert.

4. Psychotherapie als individuele politisering

Tot nu toe is misschien de suggeste gewekt dat de kritisch-psychologische therapiekonceptie niet wezenlijk verschilt van andere vormen van psychotherapie waarbij het handelen dan wel het gedrag van de kliënt in diens dagelijkse leven centraal staat, zoals bij de kognitieve gedragstherapie het geval is. Ook in de gedragstherapie gaat het er immers om dat de kliënt leert om meer greep te krijgen op de omgeving; denk hierbij bijvoorbeeld aan assertiviteitstrainingen. Een kruciaal verschil met de kritische psychologie is dat het verkrijgen van invloed op de eigen omgeving als *individuele* en niet als *maatschappelijke* aangelegenheid wordt gezien. Op het maatschappelijke karakter van het handelen van de kliënt en de therapeut zullen we in deze paragraaf nader ingaan.

Het uitoefenen van kontrole over de eigen levensomstandigheden draagt volgens de kritische psychologie een kollektief moment in zich, omdat deze eigen levensomstandigheden het resultaat vormen van een maatschappelijk produktie- en reproduktieproces, dat noodzakelijkerwijs een koöperatief karakter bezit. Slechts *geintegreerd in koöperatieve samenwerkingsverbanden* met anderen die in dezelfde objektieve maatschappelijke omstandigheden verkeren, is de kliënt in staat om de algemene en daarmee de eigen levensomstandigheden te kontroleren. In dit verband verwijst het begrip kontrole zowel naar de *politieke kontrole* over het maatschappelijk leven als naar het maatschappelijke *produktieproces* waarvan het resultaat immers eveneens beschreven kan worden in termen van beheersing van de omgeving. Voor de kliënten betekent dit dat zij zich bewust moeten engageren in de politieke strijd en in het arbeidsproces.

Dit wil dus zeggen dat er naast een relatie met de therapeut juist ook diverse koöperatieve relaties met individuen buiten de therapeutische situatie moeten worden opgebouwd. In feite vormt de relatie van de kliënt met de therapeut hiertoe slechts een instrument. Op het moment dat de kliënt een integraal onderdeel vormt van een koöperatief samenwerkingsverband, vindt het therapeutische proces dan ook zijn *'natuurlijke einde'*.[18] Op dit punt gekomen is het voor de kliënt mogelijk om het in-

---

18. Zie M. Kappeler e.a., *Psychologische Therapie*, a.w., p. 277.

dividuele handelingsvermogen verder zelfstandig uit te breiden door samen met anderen te streven naar meer kontrole over de eigen levensomstandigheden. Dit zou men het politiserende element van de kritisch-psychologische therapiekonceptie kunnen noemen: het aktiveren van de kliënt om in samenwerking met anderen te strijden voor een grotere maatschappelijke en politieke kontrole over de algemene en daarmee de eigen levensomstandigheden. Door de kritische psychologie wordt hierbij wel een duidelijke begrenzing aangegeven van het therapeutische werkveld, in die zin dat de maatschappelijke omstandigheden die hebben bijgedragen aan de totstandkoming van de stoornis niet rechtstreeks door de therapie kunnen worden veranderd.[19]

Bij het politiseringsproces is het uitdrukkelijk niet de bedoeling om de kliënt van diens vrijheid of verantwoordelijkheid te beroven. Integendeel, het gaat er in de therapie juist om de aandacht te richten op de kliënt als *subjekt* dat autonoom richting en inhoud aan het eigen leven geeft. De traditionele psychotherapeutische opvattingen, die zich uitdrukkelijk afzetten tegen iedere politisering, werken paradoxaal genoeg wèl aan de beïnvloeding van het bewustzijn en de emotionaliteit van de kliënt, waardoor diens gemotiveerd en doelgericht handelen, juist ook buiten de therapie, beïnvloed wordt. Tegelijkertijd echter weigert men de reële gevolgen die dit handelen van de kliënt heeft voor diens maatschappelijke leefsituatie in het therapeutisch proces te betrekken. Het formuleren van de konkrete therapeutische doelstellingen wordt vaak aan de kliënt zelf overgelaten, terwijl deze nu juist in therapie komt omdat hij of zij de greep op het eigen leven en daarmee ook de oriëntatie op bepaalde levensdoelen verloren heeft. Aldus gaat de therapeut een ondersteunende relatie met de kliënt aan waarbij deze wordt benaderd als *objekt* van zowel therapeutisch als maatschappelijk handelen.

In het geval van de psychoanalyse wordt er door de kritische psychologie gesproken van *'psychologiserende ontpolitisering'*.[20] De verhouding tussen de subjektiviteit van de kliënt en diens maatschappelijke levensomstandigheden wordt op zijn kop gezet. In plaats van in de konkrete en objektieve levensomstandigheden van het individu de sleutel tot het psychisch funktioneren te zien, gaat de psychoanalyse er van uit dat bepaalde vroegkinderlijke konflikten bepalend zijn voor het ervaren van de latere levensomstandigheden, die daarmee tegelijk tot loutere privé-aangelegenheden worden verklaard.

Hoe krijgt het politiserende element in de therapiekonceptie van de kri-

---

19. Een dergelijke standpunt werd wel aangehangen door het Sozialistisches Patienten-Kollektiv, dat de leuze hanteerde 'kapitalisme = ziekte, ziekte = kapitalisme'. Op grond daarvan organiseerde men de zieken en ging men frontaal, doch zonder sukses, in de aanval tegen 'het systeem'. Vgl. SPK, *Aus der Krankheit eine Waffe machen*, München 1972.

20. Zie M. Kappeler e.a., *Psychologische Therapie*, a.w., p. 283.

tische psychologie gestalte? Allereerst wordt er door de kritische psychologie gesteld dat het bedrijven van psychotherapie op zich al een politieke aangelegenheid is. De psychotherapie heeft in het kapitalisme de funktie om konflikten op te lossen en aanpassingsmoeilijkheden te verhelpen met behulp van bepaalde theorieën en methoden om zodoende de bestaande verhoudingen te stabiliseren en te rechtvaardigen. Aan deze objektieve funktie die de psychotherapie vervult kan zij zich niet onttrekken. De meest reële mogelijkheid die voor een politiek bewuste psychotherapeut overblijft is om de positie van *'vrijwillige onderwerping'*[21] bewust te problematiseren en te onderzoeken op haar objektieve determinanten.[22]

In de psychotherapeutische praktijk zelf zal geprobeerd moeten worden om de afhankelijkheid van grote delen van de bevolking van die maatschappelijke machtsinstanties die haar ontwikkelingsmogelijkheden belemmeren, te verminderen. Konkreet betekent dit voor de therapeuten dat zij zich in samenwerking met anderen moeten inzetten voor een andere organisatievorm van psychotherapeutische hulpverlening, waarbij er ruimte moet zijn voor multidisciplinaire samenwerking met juristen, sociaal werkers enzovoort. De scheiding tussen materiële en immateriële hulpverlening en tussen psychotherapeutische en pedagogisch-didaktische hulpverlening moet worden opgeheven. Het zwaartepunt van de therapie moet worden verlegd van de spreekkamer naar de reële leefwereld van de kliënt. Bovendien zou de therapeut zich samen met andere progressieve krachten moeten inzetten voor een daadwerkelijke verbetering van de situatie van de kliënt.

Het is duidelijk dat het bovenstaande nogal wat van de therapeut vergt. Behalve het aangaan van een solidair therapeutisch bondgenootschap met de kliënt, hetgeen ook voor de therapeut zelf een stuk angst en onzekerheid met zich meebrengt, moet de therapeut ook allerlei koöperatieve relaties aangaan met anderen buiten de therapie met het doel om de psychotherapeutische hulpverlening als maatschappelijke praxis in progressieve zin verder te ontwikkelen. Dit laatste gaat uiteraard ook met problemen en konflikten gepaard die zich in principe niet onderscheiden van die van de kliënt. Ook de therapeuten moeten zich om zich verder te kunnen ontwikkelen in hun konkrete werksituatie dusdanig maatschappelijk en politiek engageren dat daardoor de kontrole over de eigen omgeving wordt vergroot. In feite betekent dit dat de therapeut een voorbeeld vormt voor de kliënt. Dit voorbeeld dat de therapeut kan geven wordt nog eens versterkt door het volstrekt open karakter van het therapeutisch bondgenootschap. Dat open karakter staat de

---

21. Vgl. U. Osterkamp, 'Erkenntnis ...', a.w., p. 80.

22. De andere twee mogelijkheden — beroep en politiek scheiden of psychotherapie achterwege laten — worden door Osterkamp als respektievelijk linksopportunistisch en linksradikaal van de hand gewezen.

therapeut nadrukkelijk toe de eigen politieke en maatschappelijke strijdervaring in te brengen, zoals verderop bij de kasus Lothar nog zal blijken. Wat betekent het feit dat het psychotherapeutisch proces moet worden begrepen als een individueel politiseringsproces voor de evaluatie van het sukses van een therapie? Al eerder hebben we gesteld dat de algemene doelstelling van de kritisch-psychologische therapiekonceptie niet bestaat uit het opheffen of verminderen van psychische problemen zonder meer. Derhalve ligt het sukses van een therapie niet primair in het zich subjektief prettiger voelen van de kliënt. Het sukses van een therapie kan volgens de kritische psychologie alleen maar worden afgemeten aan het *reële dagelijkse leven* dat de kliënt leidt en waarin de toestand van machteloosheid en het blind uitgeleverd zijn aan de ondoorzichtige en onbegrepen maatschappelijke omstandigheden plaats moeten hebben gemaakt voor een bewuste beheersing van de eigen levensvoorwaarden. De gebruikelijke methoden om de voortgang en het sukses van de therapie te beoordelen zijn onbruikbaar voor de kritische psychologie omdat daarbij van de vooronderstelling wordt uitgegaan dat de resultaten binnen de therapie zelf vast te stellen zijn. Hiermee wordt de vervlochtenheid van de therapie met de historisch-maatschappelijke kontext, waarvan deze zelf ook weer deel uitmaakt, uit het oog verloren. Juist omdat de therapeutische bemoeienis zich in de kritische psychologie primair richt op de alledaagse levenssituatie van de kliënt, ligt hierin het uiteindelijke kriterium voor het sukses van de therapie. Binnen de objektieve handelingsruimte die de kliënt in het dagelijks leven tot zijn beschikking heeft is een vergroting van het handelingsvermogen mogelijk, maar de kliënt is vrij om deze mogelijkheden al dan niet te benutten. Steeds weer zal er in geval van psychische konflikten bij de kliënt een afweging moeten plaatsvinden tussen een oplossing die voordelen biedt op korte termijn en een oplossing die ontwikkelingsperspektieven op langere termijn opent. Er is sprake van een geslaagde therapie, wanneer het resultaat van een dergelijke afweging niet als een soort natuurlijke gegevenheid of als een voldongen feit voor de kliënt verschijnt, maar als een uitdrukking van diens eigen subjektiviteit.

Samenvattend: we hebben in deze paragraaf gezien dat het politiserende karakter van de kritisch-psychologische therapiekonceptie voortvloeit uit de opvatting dat het voor het vergroten van het handelingsvermogen noodzakelijk is om doelbewust maatschappelijk en politiek in de eigen levenssituatie op te treden. Essentieel hierbij is dat het steeds een handelen moet zijn dat ingebed is in een koöperatief samenwerkingsverband met anderen. De therapeut zelf zal vanuit diens specifieke positie als hulpverlener ook maatschappelijk en politiek moeten handelen om de voorwaarden waaronder psychotherapeutische hulpverlening geboden wordt in progressieve richting te veranderen. Ten aanzien van het sukses van psychotherapie betekent dit dat het uiteindelijke kriterium voor een geslaagde therapie in de reële leefsituatie van de kliënt zelf ligt. Deze leefsituatie draagt een uniek historisch en subjektief-maatschappelijk karakter waardoor uitspraken en voorspellingen over toekomstig handelen van de kliënt niet zinvol zijn en een ontoelaatbare reduktie van diens subjektiviteit inhouden.

5. De kasus Lothar

In juni 1969 begon Kappeler met de psychotherapeutische behandeling van Lothar W. Die behandeling zou ruim twee jaar duren en meer dan tweehonderd sessies omvatten. De veertienjarige jongen kwam bij Kappeler met de volgende symptomen: kontaktmoeilijkheden en school- en opvoedingsproblemen. Of, zoals de diagnose letterlijk luidt: 'een neurotische ontwikkeling'.
In de probleemanalyse, als eerste fase van de therapie, probeert de therapeut om de problemen te verklaren uit de objektieve omstandigheden waarin de familie W. leeft. Centraal in Kappelers analyse staat dat de ouders Lothar te weinig ruimte hebben gelaten om eigen behoeften te ontwikkelen, waardoor zijn persoonlijkheidsontwikkeling belemmerd wordt. De ouders beheersen het leven van hun zoon volledig door het stellen van regels omtrent zakgeld, haardracht, thuiskomen enzovoort. Lothar ziet geen andere mogelijkheid zich hiertegen te verweren dan via allerlei subtiele vormen van verzet zoals het 'vergeten' boodschappen te doen, afwas 'per ongeluk' laten vallen, en door een apathische houding te ontwikkelen. De opvoedingsideologie van de ouders bepaalt sterk hun houding tegenover Lothar.
De opvoedingsideologie wordt door de therapeut in verband gebracht met de objektieve levensomstandigheden van de ouders, met als belangrijkste kenmerk de klassepositie van de vader, die opgeklommen is van arbeider naar ambtenaar, waarbij het gezin zich dienovereenkomstig een kleinburgerlijke gezins- en opvoedingsideologie heeft toegeëigend. Kenmerkend voor deze ideologie zijn discipline, zuinigheid, konformisme, een strenge moraal, bescheidenheid en vlijt.
Lothar komt op het gymnasium voortdurend in botsing met deze ideologie, omdat hij daar in aanraking komt met kinderen uit hogere sociale milieus. De hieruit resulterende expansieve behoeften van Lothar worden door zijn ouders als een reële bedreiging van hun kleinburgerlijke bestaan gezien, hetgeen resulteert in een uitermate restriktieve houding tegenover Lothars wensen. Als tweede objektieve faktor van de problemen bij Lothar wordt het gebrek aan *kompensatie-mogelijkheden* gezien die in andere milieus wel aanwezig zijn. Proletarische kinderen kunnen de straat op waardoor ze aan de hoede van hun ouders ontsnappen en kinderen uit de rijkere buurten kunnen meer deelnemen aan aktiviteiten in verenigingen en hebben meer mogelijkheden voor hobby's, enzovoort. *Extra belastende omstandigheden* zijn volgens Kappeler in

het geval van Lothar de rol van de inwonende grootouders, de dood van Lothars moeder bij diens geboorte en de kleine woning.
Als eerste konkrete aangrijpingspunt voor de therapie doet zich het probleem van Lothars expansieve behoeften voor. Aan de hand hiervan wil Kappeler het 'ingeslepen rollensysteem' van het gezin in beweging brengen. Enerzijds moet Lothar zijn eigen behoeften als legitiem leren kennen en zijn angst voor konflikten overwinnen om daardoor een openlijke konfrontatie met zijn ouders aan te kunnen gaan. Anderzijds moeten de ouders hun starre opvoedingsideologie liberaliseren; de marge hiervoor hangt echter van de objektieve levensomstandigheden van het gezin af, die niet direkt therapeutisch beïnvloedbaar zijn.
Na zo'n zes maanden doen zich belangrijke veranderingen in de therapie voor. Lothar is zich zijn ambivalentie ten opzichte van zijn ouders bewust. Aan de ene kant beperken zij de mogelijkheden tot het realiseren van zijn behoeften, terwijl hij aan de andere kant zelf een groot deel van hun waarden- en normenpatroon verinnerlijkt heeft. Lothar begint in lange monologen en in rollenspelen met de therapeut denkbeeldige konflikten door te werken die thuis zouden kunnen optreden. Daarbij vergewist hij zich telkens van de steun van de therapeut. Deze bevestigt en ondersteunt hem, zij het soms met enige relativering, en ontwikkelt hierdoor een band van solidariteit, het therapeutisch bondgenootschap, met Lothar. Deze band stelt Lothar in staat het konflikt met zijn omgeving aan te gaan. Inderaad komt het spoedig tot een uitbarsting in het gezin: Lothar begint zich openlijk en bewust te verzetten tegen zijn ouders. Kappeler probeert het konflikt in de therapie te *veralgemeniseren* en te *depersonificeren*, hetgeen niet direkt de gewenste resultaten oplevert. De ouders reageren geschrokken en eisen ingrijpen van de therapeut. De kans op het afbreken van de therapie is in dit stadium reëel, vandaar dat de ouders nu ook zelf expliciet bij de therapie betrokken worden. Ze geven toe dat Lothars apathie doorbroken is, maar konstateren tegelijkertijd dat dit ten koste van de andere gezinsleden gegaan is. Hiermee geven ze dus de facto de gezinsideologie van belangenharmonie op. In plaats van de vroegere schijnharmonie is er nu sprake van een konfrontatie van belangen.
Inmiddels heeft Lothar geleerd dat hij zijn eigen toestand kan verbeteren door een bewuste konfrontatie met zijn omgeving aan te gaan. Op school gaat hij nu eenzelfde soort konfrontatie aan, en wel als lid van de scholierenbeweging. Doordat hij een samenwerkingsrelatie met andere oppositionele scholieren aangaat, doorbreekt hij het sociale isolement waarin hij sinds zijn kleuterleeftijd verkeerde. Bij zijn aktiviteiten in de scholierengroep breidt Lothar zijn handelingsrepertoire gestadig uit. De school reageert als sociale institutie anders op kollektieve oppositie dan het gezin op Lothars provokaties. Aan de hand van het optreden van leraren en de schoolleiding wordt het repressieve karakter van de school duidelijk. Anders dan bij konflikten in het gezin, dat door zijn afgeslotenheid van de maatschappij personaliserende interpretaties van de ge-

zinsrelaties in de hand werkt, vormen de konflikten op school een aanzet tot een maatschappelijke interpretatie van de situatie van leerlingen. Hierin komt een *'dominantie-wisseling'* tot uitdrukking, waarin een levenssfeer centraal komt te staan die haar maatschappelijke karakter gemakkelijker prijsgeeft en daardoor een beter aanknopingspunt vormt voor het begrijpend kennen van de eigen levenssituatie. Tegelijkertijd met deze dominantie-wisseling verplaatst zich het bondgenootschap van de therapeut naar de schoolkameraden. Hiermee verschuift de ondersteuning van de therapeut van emotioneel naar intellektueel; hij geeft Lothar politieke scholing, terwijl de nieuwe ervaringen van de kliënt 'begrijpend' worden 'gespiegeld'.
Wat Kappeler al lang voorzag maar niet kon tegenhouden omdat Lothars taktisch bewustzijn onvoldoende ontwikkeld is, gebeurt: hij wordt als ergste raddraaier van school gestuurd. In de drie maanden die hierop volgen neemt de therapie haar beslissende wending. Dit komt omdat de prestatiedruk van de school is weggevallen èn omdat Lothar heeft geleerd de inzichten en ervaringen uit de scholierenbeweging toe te passen in het gezin. Op tweeërlei wijze gaat de situatie thuis onder invloed van Lothars ervaringen op school een tegenstrijdig karakter dragen. Doordat hij de gevoeligheid van zijn ouders voor zijn eigen agressiviteit ontdekt, wordt zijn inzicht in hun subjektieve ervaringen vergroot. Hij ontwikkelt een zeker 'invoelingsvermogen'. Ten tweede is Lothar op school koöperatieve relaties met anderen aangegaan terwijl hij zich thuis ten koste van anderen overeind houdt. In deze fase van de therapie maakt Lothar duidelijk zijn levensgeschiedenis en met name de relatie met zijn ouders, systematisch te willen bespreken. Nu pas slaagt Lothar er met behulp van de therapeut in zijn agressie en persoonlijke verwijten ten aanzien van zijn ouders te relativeren. Hij begint de materiële en bewustzijnsgrenzen van zijn ouders te akspeteren en te begrijpen vanuit hun klassegebonden levensomstandigheden. Anders gezegd, hij komt tot begrijpende kennis over de positie waarin zijn ouders verkeren.
Bij het zoeken naar een nieuwe school voor Lothar ontwikkelt zich een zekere mate van solidariteit tussen vader en zoon, niet in het minst omdat daarbij een groot aantal administratieve en bureaukratische horden genomen moeten worden. Hun gezamenlijke pogingen hebben uiteindelijk sukses: Lothar wordt op een school voor middelbaar algemeen vormend voortgezet onderwijs geplaatst. Toch vragen Holzkamp en Osterkamp zich af of de verwijdering van het gymnaisum niet een tè hoge prijs geweest is voor het bereikte therapeutische resultaat. Aan de ene kant zou het aksent in de therapie wat meer op het ontwikkelen van een taktisch bewustzijn hebben moeten liggen, aan de andere kant zou Kappeler meer aan vaardigheidsontwikkeling hebben moeten doen, met name voor wat betreft de exakte vakken, waardoor Lothars motivatie in deze richting positief beïnvloed zou worden. Holzkamp en Osterkamp stellen dat het standpunt van Kappeler over vaardigheidsont-

209

wikkeling nog gevangen is in kleinburgerlijke therapieopvattingen.[23]
Als afsluiting van deze beschrijving van de kasus Lothar nog een enkele opmerking over de *rol van de therapeut*. Volgens de kritische psychologie bestaat er geen recept voor het therapeutisch ingrijpen. Juist omdat de interventies van de therapeut voortdurend betrokken moeten zijn op de zich steeds wijzigende gebeurtenissen en omstandigheden in de leefwereld van de kliënt, kan er geen standaardpakket van therapeutische ingrepen aangeboden worden. Kappeler heeft in de kasus Lothar een aantal wisselende rollen als therapeut gespeeld. In eerste instantie heeft hij een luisterende rol, terwijl Lothar zich kan uitspreken om duidelijkheid over zijn eigen problematiek te verkrijgen. Vervolgens gaat de therapeut een solidair bondgenootschap aan met Lothar, waarbij onder andere gediskussieerd wordt over politiek-maatschappelijke aspekten van diens aktiviteiten. In de laatste fase, waarin het bondgenootschap buiten de therapie met anderen wordt voortgezet, werkt de therapeut met Lothar diens levensgeschiedenis systematisch door, waarvan Lothars begrijpende interpretatie uiteindelijk de doorbraak levert in de problematische gezinsverhoudingen.

6. Enige kritische kanttekeningen

De opvattingen van de kritische psychologie vormen een waardevolle aanzet om de maatschappelijkheid van de individuele mens ook op het niveau van de behandeling van psychische problematiek recht te doen wedervaren. Sinds de jaren zestig wordt er vooral onder invloed van de *antipsychiatrie* en in Nederland ook de alternatieve hulpverlening een heftige diskussie gevoerd, zowel binnen als buiten de hulpverlening, over de invloed van maatschappelijk-strukturele faktoren op het individuele funktioneren. Kenmerkend voor deze diskussie is dat het individu als *objekt* op abstrakte wijze geplaatst wordt tegenover de maatschappij als *subjekt*.[24] Dit vloeit enerzijds voort uit het praktische uitgangspunt van de antipsychiatrie. Zij richt zich op een nieuw en humaner behandelingsperspektief door aktief verzet tegen het repressieve karakter van de traditionele psychiatrie, die opgevat wordt als een maatschappelijke machtsinstantie met een specifieke sociale konfrolefunktie. Anderzijds leidt ook het relatief zwak ontwikkelde theoretische uitgangspunt van de antipsychiatrie tot een 'subjektief idealisme'.[25] Dit laat slechts twee

---

23. Zie M. Kappeler e.a., *Psychologische Therapie*, a.w., p. 262.

24. Zie I. Gleiss, 'Der konservative Gehalt der Antipsychiatrie', in: *Das Argument*, nr. 89, 1975; en Autorenkollektiv, 'Psychiatrie und Politik', in: *Das Argument*, nr. 76, 1973.

25. Zie J. Lensink, 'Reformisme en radikalisme in de antipsychiatrie', in: *Psychologie en maatschappij*. nr. 8, juni 1979, p. 45-62.

mogelijkheden voor het individu open: ofwel zich volledig aanpassen aan de repressieve maatschappelijke orde, ofwel zich hierbuiten plaatsen door een devianten-rol op zich te nemen. Juist op het punt van het abstrakt tegenover elkaar stellen van individu en maatschappij zou de kritische psychologie in principe een theoretisch gefundeerd alternatief kunnen bieden.
De Italiaanse demokratische psychiatrie, de op praktisch niveau suksesvolle antipsychiatrische stroming[26], is zich in tegenstelling tot de Angelsaksische antipsychiatrie veel meer bewust van de zwakke theoretische onderbouwing. Het is juist om deze reden dat de demokratische psychiatrie in diskussie is getreden met de kritische psychologie.[27]
Uit de uiteenzetting van de therapiekonceptie van de kritische psychologie zal duidelijk zijn geworden dat deze op veel punten nog onvoldoende is uitgewerkt en op een aantal andere punten een nogal problematisch karakter vertoont. Er is dus geenszins sprake van een tot in detail systematisch uitgewerkte konceptie, die bij wijze van spreken alleen nog maar hoeft te worden toegepast. Het tegendeel is eerder het geval, de therapiekonceptie van de kritische psychologie en de daaruit afgeleide therapeutische handelingsstrategie draagt een voorlopig en globaal karakter en biedt op dit moment nauwelijks meer dan wat algemene handelingsaanwijzingen. De therapiekonceptie zal met name in en door de praktijk verder ontwikkeld en gekonkretiseerd moeten worden. In het onderstaande zal in het kort worden ingegaan op een aantal lakunes en tekortkomingen in de therapiekonceptie van de kritische psychologie.[28]
Een principieel bezwaar tegen de vorm waarin de therapiekonceptie is uitgewerkt betreft het *achteraf rekonstrueren* en theoretisch interpreteren van het therapieverhaal van Kappeler door Holzkamp en Osterkamp. Zo wordt geenszins duidelijk waarom de ontwikkeling van Lothars anderhalf jaar jongere halfbroer kennelijk zo'n ander verloop heeft genomen, ondanks de nagenoeg identieke objektieve kondities waaronder beiden zijn opgegroeid. Het heeft er derhalve alle schijn van

---

26. Zie J. Haafkens, E. van der Poel, 'Antwoord op de inrichtingspsychiatrie. Over de beweging van de demokratische psychiatrie in Italië', in: *Psychologie en maatschappij*, nr. 12, september 1980, p. 301-330; en J. Haafkens, E. van der Poel, 'Het opheffen van de inrichtingen', in: *Marge*, jrg. 3, nr. 4, 1980, p. 84-92.

27. Zie W. Meeus, Q. Raaijmakers, ' "We moeten de inrichtingen afbreken om het werkelijke gezicht van het psychisch lijden te laten zien." Interview met Agostina Pirella', in: *Psychologie en maatschappij*, nr. 12, september 1980, p. 331-353; en A. van der Beek, N. de Boer, A. ter Laak, R. Rijkschroeff, 'Demokratische psychiatrie, Holzkamp en Foucault. Praktijken van macht en tegenmacht ter diskussie', in: *Comenius*, jrg. 1, nr. 1, 1981, p. 9-44.

28. Voor een meer uitgebreide kritiek op de therapiekonceptie van de kritische psychologie, zie: L. van Buchem e.a., *Psychotherapie* , a.w., p. 108-157.

dat 'toevallige' biografische gebeurtenissen, zoals de dood in het kraambed van Lothars moeder en een voortdurend wisselen van de vaste opvoeder in de eerste anderhalf jaar van Lothars leven een duidelijker stempel op diens ontwikkeling hebben gedrukt dan gesuggereerd wordt. In tegenstelling tot de psychoanalyse, die ertoe neigt biografische faktoren te verabsoluteren, is er bij de kritisch-psychologische interpretatie duidelijk sprake van een onderwaardering van het belang van een aantal van dergelijke voorvallen. In praktisch de enige methodische aanwijzing voor de diagnostiek wordt een onderscheid gemaakt tussen de bijkomende extra-belastende faktoren, zoals de dood van Lothars moeder, en de objektieve plaatsbepaling van de levenssferen waarbinnen de kliënt zich beweegt: de school en het gezin. Op het niveau van de etiologie van de problematiek blijft het echter onduidelijk hoe deze beide diagnostische kategorieën zich tot elkaar verhouden.

Doordat de therapeutische strategie weinig is uitgewerkt blijft ook de specifieke *rol van de therapeut* nogal onduidelijk. Dit wordt nog versterkt door het feit dat deze in de verschillende fasen van de therapie steeds weer andere aktiviteiten tentoonspreidt. Het is een wat al te gemakkelijke oplossing om dan maar te stellen dat er geen recept voor therapeutisch handelen bestaat. Uiteraard dient de therapeut wel over een aantal *kwaliteiten op het persoonlijke vlak* te beschikken, zoals Kappeler ook aantoont: een zeker invoelingsvermogen in de problematiek van de kliënt, een bepaalde emotionele verbondenheid met de jongerenkultuur waarbinnen Lothar zich beweegt en last but not least een duidelijk inzicht in de samenhang tussen objektieve maatschappelijke omstandigheden en individueel psychisch funktioneren dat verkregen is uit eigen maatschappelijk-politieke strijdervaringen.

Omdat er ook niet systematisch ingegaan wordt op de technieken die in een therapie gebruikt kunnen worden, blijven de specifieke *vaardigheden* waarover een therapeut moet beschikken eveneens onbesproken. Tussen de regels door blijkt het overigens zeer wel mogelijk om in het kader van een kritisch-psychologische therapie gedragstherapeutische technieken toe te passen om bijvoorbeeld bepaalde vaardigheden te oefenen. In het geval van Lothar zou het rollenspel dat hij op een gegeven moment met de therapeut speelt, bewust en systematisch aangewend kunnen worden om hem middels een bepaalde gedragstraining voor te bereiden op het opvangen van de gevolgen van een konfrontatie met zijn ouders. Dit ligt bovendien in de lijn van Osterkamp, die in een later artikel stelt dat het voorbereiden van de kliënt op de te verwachten weerstand bij het doorbreken van afhankelijkheidsrelaties, een centraal onderdeel van de therapie dient te vormen.[29]

Het therapiekoncept van de kritische psychologie is *intellektualistisch* van aard en primair gericht op het verkrijgen van inzicht in de samen-

---

29. Zie U. Osterkamp, 'Erkenntnis ...', a.w., p. 70.

hang tussen het eigen beleven en handelen enerzijds en maatschappelijke kondities anderzijds. In dit opzicht is de kritische psychologie dus te vergelijken met de psychoanalyse, waar het immers ook gaat om het verkrijgen van inzicht. In het geval van de psychoanalyse betreft dat inzicht de intra-psychische determinanten van het eigen funktioneren. Voor de kritische psychologie geldt dat het hebben van inzicht in de vorm van begrijpend kennen een *absolute voorwaarde* vormt voor een bewuste levenspraxis. Wel wordt er gesteld dat inzicht in en door het handelen ontstaat, maar de totstandkoming van de handelingsmotivatie wordt afhankelijk gesteld van ditzelfde inzicht. De *kognitie* vormt dus het centrale aspekt van de menselijke subjektiviteit. Aanvankelijk werd er door de kritische psychologie geen zelfstandige plaats gegeven aan de *emotionaliteit*. De emotionaliteit werd gereduceerd tot een funktionele voorwaarde voor de motivatie. In een later werk van Osterkamp[30] wordt niet zozeer de betekenis van de kognitie voor de bewuste menselijke aktiviteit verminderd, maar wordt er aan de emotionaliteit een zekere kennisfunktie toebedacht. Emoties geven namelijk informatie, ze bevatten kennis over behoeften, belangen en interessen die gefrustreerd worden en waarvan de verdere ontwikkeling stuit op belemmeringen in de alledaagse levenssituatie.

Alhoewel het alleszins te waarderen valt dat de emotionaliteit hierdoor een belangrijker plaats gekregen heeft, blijft het toch nog steeds zo dat alle relaties tussen mensen onderling, ook die tussen therapeut en kliënt, primair worden beschouwd onder het aspekt van de koöperatieve integratie. Daarmee wordt verondersteld dat alle menselijke relaties gericht zijn op gemeenschappelijke kontrole over de eigen levensomstandigheden. Holzkamp duidt deze specifieke menselijke relatievorm aan met *subjektrelatie*, die in emotioneel opzicht wordt gekenmerkt door het ontbreken van angst en door openheid en eenduidigheid.[31] Hiertegenover worden door hem de *instrumentele relaties* geplaatst met als bijbehorende emoties: onzekerheid, angst en ambiguïteit. Door aldus de menselijke relaties en de daarin tot ontwikkeling komende emoties uitsluitend onder het aspekt van de gemeenschappelijke kontrole over de levenssituatie te beschouwen, worden de sociale relaties die niet primair gericht zijn op het vergroten van de realiteitskontrole verwaarloosd. Hierbij moet gedacht worden aan seksuele en vriendschappelijke relaties en affektieve relaties tussen ouders en kinderen.

Door de kritische psychologie wordt duidelijk gesteld dat een bewuste levenspraxis alleen mogelijk is vanuit het inzicht in de noodzaak een eigen individuele bijdrage te leveren aan de georganiseerde maatschappelijke en politieke strijd die gericht is op het vergroten van de kontrole over de algemene levensomstandigheden. Konkreet vertaald betekent

---

30. Zie idem.

31. Zie K. Holzkamp, 'Zur kritisch-psychologische Theorie der Subjektivität II', in: *Forum Kritische Psychologie*, nr. 5, 1979, p. 7-46.

dit voor een kliënt dat deze zich uiteindelijk moet engageren in een politieke partij, een vakbond of een andere maatschappelijke organisatie die direkt of indirekt verbonden is met de georganiseerde arbeidersbeweging. De vraag is dan natuurlijk of dit voor de ontwikkeling van de persoonlijkheid van iedere individuele kliënt inderdaad noodzakelijk is, afgezien van het feit of dit in elk afzonderlijk geval realiseerbaar is. Denk hierbij aan bepaalde groepen psychiatrische patiënten, aan geestelijk gehandikapten en aan jongere kinderen.

Het lijkt meer voor de hand te liggen om bij iedere kliënt afzonderlijk zowel de ter beschikking staande objektieve handelingsruimte als diens subjektieve handelingsmogelijkheden te analyseren. Van daaruit moet het mogelijk zijn om een stapsgewijze ontwikkeling bij de kliënt in gang te zetten die nauwkeuriger aansluit bij de gestagneerde ontwikkeling, zonder daarbij noodzakelijkerwijs uit te komen bij de hiervoor al genoemde georganiseerde maatschappelijke en politieke strijd. Het zal bij een dergelijke aanpak blijken dat het voor de verdere persoonlijkheidsontwikkeling van de ene kliënt inderdaad een logische en noodzakelijke stap is dat deze zich in de werksituatie engageert, terwijl in het geval van een andere kliënt blijkt dat deze in diens ontwikkeling al een stap verder is als hij of zij lid wordt van een voetbalklub, waardoor de sociale isolatie potentieel doorbroken wordt; voor weer een andere kliënt zal het zelfstandig en alleen boodschappen doen al een vergroting van de kontrole over de eigen levenssituatie betekenen. Gemeenschappelijk aan al deze gevallen is dat de kliënt geaktiveerd wordt om te handelen, waardoor een proces van ontwikkeling van het handelingsvermogen in gang wordt gezet. Het is een miskenning van de grote verschillen in subjektieve en objektieve handelingsmogelijkheden, om het leveren van een individuele bijdrage aan de georganiseerde strijd voor de vergroting van de kontrole over de algemene levensomstandigheden te beschouwen als een reëel perspektief voor iedere kliënt.

Al met al kunnen we konkluderen dat het ontwikkelen van een kritisch-psychologische therapiekonceptie met als uitgangspunt het herstellen dan wel vergroten van het handelingsvermogen van de kliënt niet zonder moeilijkheden verloopt, zoals uit dit hoofdstuk duidelijk zal zijn. Tot op dit moment verkeert zij nog in het stadium van *'rudimentaire ideaaltypische beschrijving'*[32] en kan dus nog niet op één lijn geplaatst worden met de traditionele vormen van psychotherapie, noch wat betreft konsistentie en uitgewerktheid van de theorievorming, noch wat betreft de praktische toepasbaarheid. Verdere inhoudelijke invulling en precisering door empirisch onderzoek en theoretische reflexie is een vereiste voordat de kritisch-psychologische therapiekonceptie de grondslag kan vormen voor een progressieve behandelingspraktijk. In principe biedt de kritische psychologie hiertoe zeker de mogelijkheid omdat in haar

---

32. L. van Buchem e.a., *Psychotherapie* ..., a.w., p. 157.

theorievorming de objektieve levensomstandigheden en hun invloed op het handelen en beleven van de individuele en konkrete mens centraal staan. Hierdoor wordt een onvruchtbaar en abstrakt tegenover elkaar stellen van individu en maatschappij vermeden. Dit is kenmerkend voor allerlei alternatieve vormen van hulpverlening die zichzelf als progressief begrijpen, delen van de antipsychiatrie en de alternatieve en politiserende hulpverlening. De kritisch-psychologische therapiekonceptie kan daarentegen juist op het niveau van het konkrete individu iets aangeven van de wijze waarop de objektieve maatschappelijke levensomstandigheden het individuele handelingsvermogen beïnvloeden. Van hieruit kan een therapeutisch perspektief geboden worden op het herkrijgen van de kontrole over het eigen handelen.

Peter van den Dool
Onderwijs en vorming

Voor de ontwikkeling van individuele subjekten is, in de visie van de kritische psychologie, de toeëigening van kulturele ervaring van doorslaggevend belang. Deze toeëigening vindt vooral plaats middels de samenwerking tussen volwassenen en kinderen, of tussen mensen met meer en mensen met minder kennis en inzicht. Het spreekt daarom vanzelf dat de kritische psychologie aandacht besteedt aan theorievorming over onderwijs- en vormingsprocessen.

Dit hoofdstuk gaat in op de relevantie van de kritisch-psychologische theorievorming voor de onderwijspraktijk. Het omvat drie paragrafen. In de eerste paragraaf zullen de in hoofdstuk 5 behandelde problemen rondom de ontwikkeling van het kennen worden opgepakt en verder uitgewerkt tot aanzetten voor een onderwijsleertheorie, gebaseerd op inzichten uit de kritische psychologie. Deze uitwerking zal vooral gebaseerd zijn op Bernard Wilhelmers *Lernen als Handlung*.[1] Wilhelmer zet in het eerste deel van zijn boek uiteen welke kenmerken een materialistische onderwijsleertheorie moet hebben. In de tweede paragraaf zal aan de hand van het tweede deel van Wilhelmers studie een konkrete toepassing van de algemene inzichten worden behandeld. Het gaat hier om de strukturering van een vakbondsscholingsprogramma dat erop gericht is om vakbondskaderleden verlies- en winstrekeningen van bedrijven te leren lezen. In de derde paragraaf zal tenslotte worden ingegaan op een aantal thema's uit de onderwijspsychologie, waarop vanuit de kritische psychologie nieuw licht geworpen kan worden. Tevens zullen een aantal kritische kanttekeningen gemaakt worden bij de empirische studie en de daaraan ten grondslag liggende uitgangspunten van Wilhelmer.

Op deze plaats zij alvast opgemerkt dat waar de kritische psychologie in het algemeen een verdere uitwerking is van de kultuurhistorische school in de Sovjet-psychologie, dit nog duidelijker tot uitdrukking komt bij de vertaling van de kritische psychologie naar onderwijssituaties. Vanuit de kritische psychologie grijpt men dan al snel naar werk uit de kultuur-

---

1. B. Wilhelmer, *Lernen als Handlung. Psychologie des Lernens zum Nutzen gewerkschaftlicher Bildungsarbeit*, Keulen 1979.

historische school. En niet zonder reden: zeker op het terrein van leren en onderwijzen is er veel te halen bij de Sovjet-psychologie.²

Elementen van een materialistische leertheorie

In de hoofdstukken 4 en 5 zijn al heel wat bouwstenen aangedragen voor een kritisch-psychologische theorie over onderwijsleerprocessen. De daar behandelde twee lijnen in de ontwikkeling van de mens als soort zijn ook voor de ontwikkeling van de mens als individu van belang. Deze twee lijnen staan evenwel in de fylogenese in een andere verhouding tot elkaar dan in de ontogenese.
In een specifieke fase van de fylogenese, namelijk het dier-mens-overgangsveld, wordt de natuurlijk-biologische ontwikkeling als het ware overvleugeld door de kultuurhistorische ontwikkeling. De natuurlijk-biologische komponent van de fylogenese heeft een zeer lange adem en veranderingen erin zijn dan ook niet wezenlijk zichtbaar in het bestek van één mensenleven. De natuurlijk-biologische ontwikkeling vindt haar neerslag in de erfelijkheid. De kultuurhistorische ontwikkeling bouwt voort op het resultaat van de natuurlijk-biologische ontwikkeling en vindt haar neerslag vooral in de produktieverhoudingen, de taal, de kultuur, de wetenschap en de techniek. Gedurende de geschiedenis van de mens als soort blijft het genotype vrijwel hetzelfde, maar het fenotype wijzigt zich sterk. Dit betekent dat er meer psychologische dan biologische verschillen zijn tussen de mensen in de oertijd en de mensen nu.
In de ontogenese zet de natuurlijk-biologische ontwikkeling zich ook na de geboorte door in de vorm van rijping en groei. Direkt na de geboorte doet echter ook de kultuurhistorische ontwikkeling zich gelden: het kind voegt zich in de bestaande kultuurhistorische ontwikkeling. Onderwijs en opvoeding en meer in het algemeen de omgang van het kind met de volwassenen geven vorm aan dit invoegingsproces. Hierin verwerft het kind het historisch gegroeide kulturele erfgoed van de (sub)kultuur waarin het opgroeit. De twee ontwikkelingslijnen zijn in de ontogenese van het subjekt sterk met elkaar verweven. Wel kun je stellen dat in de loop van de ontogenese de kultuurhistorische ontwikkelingslijn de overhand krijgt.
Deze algemene theoretische noties hebben vèrgaande konsekwenties voor het denken over de relatie tussen onderwijs en ontwikkeling. Seidel en Ulmann stellen de vraag: 'Wat is het intelligentiebegrip van de

---

2. Vgl. J.F. Vos, *Onderwijskunde en marxisme*, Groningen 1976; C.F. van Parreren, J.A.M. Carpay, *Sovjetpsychologen over onderwijs en cognitieve ontwikkeling*, Groningen 1980; C.F. van Parreren, J.M.C. Nelissen, *Met Oosteuropese psychologen in gesprek*, Groningen 1979; en M.A.D. Wolters, *Van rekenen naar algebra*, Rijksuniversiteit Utrecht, 1978.

toeëigeningstheorie?' Hun antwoord luidt dat wat in het algemeen als intelligentie wordt aangemerkt, niet iets is wat zich uit een vermeende aanleg ontwikkelt. Een individu is niet *begaafd*, maar hem of haar worden de maatschappelijke kennis en inzichten *aangegeven*. Het is dan ook beter om te spreken van mentale vaardigheden of geestelijke bekwaamheden dan van intelligentie, begaafdheid of iets dergelijks.[3]

Intelligentie moet worden opgevat als het fylogenetisch gegeven vermogen van mensen om intellektuele vaardigheden te verwerven. Het is namelijk onmogelijk dat mensen in aanleg verschillende intellektuele vaardigheden bezitten op het niveau waarop ze in de huidige maatschappij voorkomen. Deze intellektuele kwaliteiten kwamen niet voor in de oergemeenschap, op het moment dat de natuurlijk-biologische ontwikkeling werd overvleugeld door de kultureel-historische ontwikkeling. We hoeven hierbij maar te denken aan het niveau van wiskundige vaardigheden. 'Aanleg-faktoren' kunnen bij de ontwikkeling van intellektuele vaardigheden slechts een rol spelen voorzover ze een aantal eigenschappen van het fysiologisch substraat beïnvloeden (denk aan het zenuwstelsel).

Op grond van deze inzichten in de evolutie van de menselijke soort kunnen we nu toekomen aan een aantal elementen van een materialistische theorie over het leren. Wilhelmer noemt in dit verband drie kenmerken, waarbij hij zich baseert op inzichten van de kultuur-historische school in de Sovjet-psychologie en met name op het werk van Gal'perin.

Het *eerste kenmerk* van het menselijk leren is de *bewuste weerspiegeling* door het subjekt van de omgeving. Het woordje 'bewust' moet hier onderstreept worden, omdat hiermee het specifieke kenmerk van de menselijke weerspiegeling wordt aangeduid. Lagere organismen beschikken ook over een psychische weerspiegeling van de omgeving. Als deze niet adekwaat is, zal het organisme niet overleven; het zal zich niet op de juiste wijze aanpassen. Bewuste weerspiegeling houdt evenwel in dat het subjekt niet alleen tot aanpassing in staat is, maar ook tot het omgekeerde: aktieve aanpassing van de omgeving aan de eigen doelstellingen.

Met deze aktieve bewerking van de omgeving zijn we bij het *tweede kenmerk* aangekomen, namelijk de specifiek menselijke aktiviteit. Deze specifiek menselijke aktiviteit wordt weergegeven in het begrippenpaar *toeëigening* en *objektivering*. Toeëigening is het proces waardoor het individu zich (onderdelen van) de totale menselijke ervaring eigen maakt, al dan niet in gegeneraliseerde vorm. Deze toeëigening bestaat uit een nooit voltooide ontwikkeling van het individu, die het individu in staat stelt tot het verrichten van nieuwe zelfstandige aktiviteiten, gericht op

---

3. Zie R. Seidel, G. Ulmann, 'Gibt es einen Intelligenzbegriff in der Aneignungstheorie?', in: K.-H. Braun, K. Holzkamp, *Bericht über den 1. Internationalen Kongress Kritische Psychologie in Marburg, deel 2: Diskussion*, Keulen 1977, p. 139-154.

aanpassing van de wereld. Deze bewerking van de wereld vindt plaats in de vorm van arbeid en wordt beschreven met de term 'objektivering'. Toeëigening en objektivering zijn komplementair: zonder objektivering zou er geen kultuurgoed ontstaan en is geen toeëigening door het individu mogelijk; zonder toeëigening is het individu niet tot objektivering in staat. Toeëigening en objektivering vinden plaats in de vorm van specifieke handelingen. Deze handelingen vormen de basiseenheden van de bewuste, algemeen-menselijke aktiviteit.
Het proces van toeëigening vindt plaats door de *interiorisatie*. Deze interiorisatie is het *derde kenmerk* van een materialistische leertheorie. In dit interiorisatieproces verwerft het individuele subjekt het kulturele erfgoed, de gekumuleerde maatschappelijke ervaring. Bij de interiorisatie gaat het om de verinnerlijking van zaken die buiten het subjekt gegeven zijn. In de interiorisatie spelen de handelingen als bestanddelen van de aktiviteit een hoofdrol. Uitwendige handelingen kunnen materiële handelingen zijn, inwendige handelingen zijn psychische handelingen.
Het is van belang er hier op te wijzen dat de uitwendige handelingen ook andere dan materiële handelingen kunnen zijn, namelijk spraakhandelingen of andere taalhandelingen dan wel denkhandelingen. Bij die denkhandelingen moet bijvoorbeeld gedacht worden aan de denkprocessen die door theoretische begrippen mogelijk gemaakt worden.
Wilhelmer wijst in dit verband terecht op een diskussiepunt. Er zijn verschillen van opvatting over de aard van de uitwendige handeling en over het verloop van het proces van verinnerlijking.[4] Aan de ene kant is er de opvatting dat de uitwendige handeling een materiële dan wel op z'n minst een gematerialiseerde handeling moet zijn. Aan de andere kant wordt gesteld dat het proces van verinnerlijking ook kan plaatsvinden via de taal, met behulp van symbolen, theoretische noties, begrippen. Deze opvattingen sluiten elkaar niet uit, maar vullen elkaar aan. Op dit moment houden we het erop dat er bij de interiorisatie sprake is van verinnerlijking van al of niet materiële uitwendige handelingen met objekten of met modellen of begrippen. In wezen gaat het bij de interiorisatie om een sociaal proces. De psychische funkties van het individu zijn verinnerlijkte sociale funkties: wat oorspronkelijk intermenselijke, sociale funkties waren, worden in de ontogenese intramenselijke, psychische funkties. Denk hierbij aan een kind dat in een onderwijssituatie de handelingen in eerste instantie ontleent aan het voorbeeld of de instruktie van de volwassene, vervolgens die instruktie hardop sprekend overneemt en later alleen in gedachten voor zichzelf deze aanwijzingen gebruikt. Bij de bespreking van het onderzoek van Wilhelmer komen we nog op deze kwestie terug.

1. Zie D. Willhelmer, *Lernen als Handlung*, a.w., p. 121 e.v.

Een van de eerste pogingen om de materialistische leertheorie voor de onderwijspraktijk te benutten is het idee van de fasengewijze vorming van mentale handelingen. De theorie van de fasengewijze opbouw van psychische processen in het onderwijs is vooral uitgewerkt door de Sovjet-psycholoog Gal'perin. Wilhelmer geeft een vrij getrouwe weergave van diens ideeën. We zullen deze weergave hier kort behandelen en daarbij tevens de kanttekeningen en kritiek van Wilhelmer aangeven, om globaal de kritisch-psychologische inbreng te karakteriseren.[5]

Volgens Gal'perin zijn er bij de verinnerlijking van uitwendige naar inwendige handelingen vijf fasen te onderscheiden. In eerste instantie is er de materiële of gematerialiseerde handeling (de lerende manipuleert respektievelijk met objekten of met schema's en modellen). Vervolgens wordt het materiële handelen vervangen door het verbale handelen; de handeling wordt nu uitgevoerd door hardop te spreken. Het hardop spreken wordt in een volgende fase overgenomen door het zogenaamde 'spreken voor zichzelf', ofwel het innerlijk spreken. In de laatste fase wordt het innerlijk spreken verkort tot een mentale handeling. We zien dat de ontwikkeling van de geautomatiseerde mentale handeling tot stand komt op basis van verkortingen van de konkrete materiële handeling.

Voordat een lerende in een onderwijsleersituatie met een materiële handeling kan aanvangen, is er nog een voorafgaande fase in het leerproces noodzakelijk, namelijk de oriënteringsfase. In de oriënteringsfase maakt de lerende kennis met de uit te voeren handeling. Het aanbieden van een oriënteringsbasis kan op diverse wijzen geschieden. Gal'perin wijst zelf op een drietal mogelijkheden. De derde mogelijkheid, namelijk die van een onvolledige oriënteringsbasis, wordt door Wilhelmer nog verder uitgewerkt.[6] Bij de konstruktie van een oriënteringsbasis doen zich op z'n minst twee hoofdproblemen voor die in de volgende vragen kunnen worden samengevat. Waar haal ik de informatie vandaan die in de oriënteringsbasis wordt opgenomen? En wat is de verhouding van de aangeboden informatie tot de uit te voeren handeling, oftewel: hoeveel ruimte laat ik aan de lerende zelf om ontbrekende informatie in te vullen en op te sporen? De eerste vraag naar de fundering van de oriënteringsbasis betreft de rechtvaardiging van de keuze van inhouden voor het onderwijsleerproces. De tweede vraag naar de volwaardigheid heeft te maken met de didaktische aanpak die gehanteerd zal worden. Op dit algemene analyseniveau zijn onderwijsinhoud en -aanpak wel uit elkaar te halen,

---

5. Vergelijk voor de theorie van Gal'perin: C.F. van Parreren, J.A.M. Carpay, *Sovjetpsychologen* ..., a.w., p. 33 e.v.; N.F. Talyzina, 'De theorie van de trapsgewijze vorming van mentale handelingen', in: *Handboek voor de onderwijspraktijk*, Deventer 1980; en J.M.C. Nelissen, 'De theorie van P.Ja. Gal'perin in diskussie', in: *Pedagogische Studiën*, jrg. 57, nr. 9, 1980, p. 305-321.

6. Zie B. Wilhelmer, *Lernen als Handlung*, a.w., p. 204.

maar op het niveau van de leergangkonstruktie zullen deze twee aspekten nauw aan elkaar gerelateerd (moeten) zijn.
Wilhelmer wijst in dit verband terecht op de mogelijkheid om in de oriënteringsbasis de historisch reeds voorhanden zijnde objektieve kennis over het onderwerp in algemene vorm aan te bieden, zodat de lerende hieruit een vrij direkte afleiding kan maken met het oog op de te leren handeling. Dit kan onder andere gebeuren met behulp van zogenaamde algoritmen. Algoritmen zijn volledig omschreven en uitgewerkte standaardprocedures of voorschriften voor achtereenvolgens uit te voeren stappen bij de oplossing van een probleem. In deze situatie is dus sprake van een direkt gestuurd leerproces. Echter, met name bij problemen en onderwerpen waar geen sprake is van een eenduidige oplossingsstrategie of waar een meerzijdige definiëring van het probleem mogelijk is, zal de oriënteringsbasis een ander karakter krijgen.
In de sfeer van de maatschappij-wetenschappelijke problemen zijn er overwegend niet-eenduidig oplosbare problemen. De vormgeving van de oriënteringsbasis zal dan kunnen bestaan uit een slechts gedeeltelijke systematisering van het betreffende probleem. Deze systematisering kan op diverse wijzen gestalte krijgen. Belangrijk element hierin is het opsporen en onderkennen van tegenstellingen. De tegenstellingen in de ontwikkeling van het probleem moeten worden onderzocht in een samenspraak tussen lerenden en onderwijzenden. In deze samenwerking tussen leerling en leraar moet de leerling leren de juiste vragen te stellen. Op deze wijze gaat het analyseren van het probleemgebied samenvallen met het leerproces. In de oriënteringsfase is er sprake van probleem-analyse.
Wat zijn nu de instrumenten die gehanteerd kunnen worden bij het analyseren? Je kunt de oriënteringsbasis zien als een vergrootglas waarmee het objekt wordt bekeken. Bij het zoeken naar tegenstellingen kan het subjekt gebruik maken van de reeds voorhanden zijnde maatschappelijke ervaring met het objekt in de vorm van theoretische begrippen en begripssystemen. Door deze begrippen te hanteren kan het subjekt tot begrijpend kennen komen (zie hoofdstuk 5). Deze begrippen vormen de neerslag van reeds voorhanden zijnde ervaringen en hebben als het ware het glas geslepen waardoor het lerende individu de werkelijkheid bekijkt. De konfrontatie van de lerende met de abstrakte begrippen zal in het leerproces door diskussie verbonden moeten worden met de konkrete verschijnselen uit het probleemgebied.
Het subjekt maakt zich de begrippen dus eigen door aktiviteiten. Het gebruik maken van de wetenschappelijke kennis en het omgaan met de daarin besloten inzichten zal in een didaktische kontext bemoeilijkt worden door het bij de lerende reeds aanwezige systeem van begrippen en verklaringen rond het objekt. Dit systeem kan een ideologisch karakter hebben en slechts betrokken zijn op de schijn, de uiterlijkheid van het onderwerp. In de reeds genoemde diskussie en interaktie in het leerproces moeten deze 'onjuiste' inzichten gebruikt worden om de waarde

van de historisch gegroeide, wetenschappelijk verkregen begrippen duidelijk te maken. Wilhelmer stelt dat het 'objektief wezenlijke' door het leerproces en de konfrontatie met de begrijpende kennis overgaat in het 'subjektief wezenlijke'. Het individu kan die algemene inzichten begrijpen en toepassen.

Tot zover de beschrijving van Wilhelmers verwerking van de theorie van Gal'perin over het fasengewijze interiorisatieproces. Voor degenen die reeds eerder kennis genomen hadden van de theorie van de fasengewijze opbouw van het leerproces zal wel duidelijk geworden zijn dat Wilhelmer vanuit andere inzichten een aantal nieuwe elementen invoert. We doelen hierbij met name op het werken met theoretische begrippen en op de uitwerking van de oriënteringsbasis. In de afsluiting van het theoretische deel van zijn boek worden enkele van deze punten nog verder uitgewerkt. Alvorens hierop in te gaan, geven wij nu eerst een beschrijving van het empirische onderzoek van Wilhelmer. Om in de stijl van zijn onderwijsopvatting te blijven, zullen we van het algemene niveau van abstrakte verhandelingen toewerken naar het specifieke niveau van konkrete voorbeelden.

Politieke ekonomie in het vakbondsvormingswerk

Aan de Universiteit van Oldenburg werd een kursus 'kritisch balans lezen' ontwikkeld binnen een samenwerkingsverband van deze universiteit met een vakbond. De inhoudelijke opbouw van de kursus is gebaseerd op een door het Institut für Marxistische Studien und Forschungen ontwikkelde methode om de versluiering van winsten bloot te leggen. In deze methode zijn de verst ontwikkelde inzichten van de politieke ekonomie verwerkt. De kursus is bedoeld voor deelnemers aan het vakbondsvormingswerk. De kursus is ook te volgen voor mensen zonder bedrijfsekonomische voorkennis. In algemene zin is de kursus erop gericht om feitelijke gegevens over het klassekarakter van de maatschappij aan het licht te brengen in een maatschappelijke situatie waarin de klassentegenstellingen door het kapitaal en door de staat worden verdoezeld en ontkend. Door mensen konkreet inzicht te verschaffen in de uitbuitingsgraad wil men een vaag klassebewustzijn aktiveren en handelingsperspektieven openen.

Deze overweging vormt de aanleiding voor het eerste deel van de oriënteringsbasis, namelijk de behandeling van de maatschappelijke kontext van het onderwerp. De konstruktie van een oriënteringsbasis als onderdeel van de opzet van een leergang of kursus heeft een tweeledige funktie, namelijk inbedding van het onderwerp en het motiveren van de lerenden. Dit laatste is voor vakbondskaderleden natuurlijk niet zo noodzakelijk. Het is voor deze doelgroep vanzelfsprekend dat het leren analyseren van balansen en het opsporen van de winstversluiering daarin direkt hun eigen belangen raakt. Het eerste deel van de oriënteringsbasis beoogt het ontstaan en het gebruik van winsten in het bedrijfsleven in een kontext te plaatsen. Daartoe worden eerst een aantal begrippen, ontwikkelingen en feiten geïntroduceerd die voor het begrijpen van deze kontext van belang zijn. In dit konkrete geval gaat het om zaken als monopolieposities, naamloze vennootschappen, koncentratie van kapitaal, relaties tussen winst, investeringen en werkgelegenheid, het bestaan van in de Bondsrepubliek wettelijk verplichte openbare verlies- en winstrekeningen voor naamloze vennootschappen, de hoogte van winsten van naamloze vennootschappen, enzovoort. Deze algemene informatie wordt op een vrij traditionele wijze overgedragen door bespreking van het brochuremateriaal dat ter beschikking is gesteld door het IMSF.

Het tweede deel van de oriënteringsbasis is gericht op het specifieke onderwerp waar het om te doen was, namelijk de kritische balansanalyse. De vormgeving van dit kursusonderdeel is geïnspireerd door de theorie van de fasengewijze vorming van mentale handelingen. Aan de deelnemers wordt een balans en een verlies- en winstrekening van een naamloze vennootschap uitgereikt. Een balans bevat een overzicht van posten waaruit de opbouw van het totale vermogen op een zeker tijdstip moet blijken. Een verlies- en winstrekening geeft meer inzicht in de ontwikkelingen die zich in een bepaalde periode hebben voorgedaan. De beweging van het kapitaal wordt verduidelijkt door de analyse van de diverse posten. Vervolgens wordt ingegaan op het ontstaan van de winst. Deze uitweiding in de oriënteringsfase heeft de funktie om het fenomeen winst te plaatsen en inzichtelijk te maken welke ekonomische processen zich rondom die winst afspelen. Aan de hand van de doelstellingen van ondernemers wordt duidelijk gemaakt dat het daarbij in wezen om het verwerven van winst gaat en niet om al die zaken die in de burgerlijke massamedia zo dik worden opgeklopt, zoals het kreëren van arbeidsplaatsen, het produceren van noodzakelijke goederen, enzovoort. Bij de analyse van het ontstaan van winst komen begrippen aan de orde als meerwaarde, de verhouding tussen kapitaal en arbeid, arbeidskracht als waar, produktiemiddelen, uitbuiting, klassentegenstellingen, loonstrijd enzovoort.

Het lijkt alsof deze leerstof zo maar eventjes overgedragen kan worden. Hoewel deze fase in de kursus van Wilhelmer geen onoverkomelijke problemen opleverde, gebeurt hier wel degelijk iets wezenlijks. Er worden namelijk theoretische begrippen geïntroduceerd, begrippen die het mogelijk maken om tot begrijpend kennen te komen. Door middel van deze begrippen kan de lerende tot het wezenlijke van de verschijnselen doordringen in plaats van bij de uiterlijkheden te blijven staan: 'Waar zit die meerwaarde nou? Ik kan haar niet zien op deze verlies- en winstrekening!' Uit andere pogingen om theoretische begrippen in het onderwijs in te voeren blijkt echter dat het niet altijd zo eenvoudig is om leerlingen met theoretische begrippen vertrouwd te maken. In het Nederlandse onderzoeksprojekt ter verdere ontwikkeling van een vakdidaktiek maatschappijleer door Niels Brouwer, Sabine Cohen-Tervaert, Thomas Wijsman en Han Hak wordt mede op basis van inzichten uit de kritische psychologie gewerkt aan het invoeren van theoretische begrippen bij maatschappijleer-lessen en daar blijken naast suksessen ook veel problemen op te treden.[7] (In de volgende paragraaf zullen we nog uitvoeriger op dit onderzoek ingaan.) In de kursus balans lezen wordt gewerkt met vakbondskaderleden, dat wil zeggen een selekte groep mensen wat betreft motivatie en politieke houding ten opzichte van winstversluiering in het bedrijfsleven.

Dat Wilhelmer vrij makkelijk met het niet eenvoudige politiek-ekonomische verhaal uit de voeten kon, is voor een belangrijk deel terug te voeren op de specifieke uitgangssituatie van zijn doelgroep. Deze was hoog gemotiveerd en kwa instelling en voorkennis ook niet geheel onbekend met aspekten van de marxistische (waarde)leer. Wilhelmer vermeldt wel dat het er voor de vakbondskaderleden bij het werken in de oriënteringsfase vaak om ging bepaalde verschijnselen anders te leren zien ('umzulernen'). Hij maakt duidelijk dat hier de nodige specifieke problemen aan vastzitten. Er zijn namelijk een groot aantal ideologische mechanismen werkzaam, die het anders leren zien bemoeilijken.

Ter illustratie noemen we een tweetal voorbeelden van taalgebruik waarmee klassentegenstellingen worden verdoezeld. Als er gesproken wordt van 'sociale partners', dan suggereert die term dat werkgevers en werknemers twee gelijkwaardige groepen zijn. De begrippen 'werkgevers' en 'werknemers' stellen de werkelijkheid verwarrend voor. Wie *geeft* er nu eigenlijk werk, de kapitalist of de arbeider? De kapitalist werkt niet, de arbeider wel. De kapitalist neemt het arbeidsprodukt af en geeft er — door aftrek van de meerwaarde — een gedeeltelijke vergoeding, namelijk het bedongen loon, voor terug. Hieruit blijkt dat naar z'n wezen de kapitalist de werk*nemer* is en de arbeider de werk*gever*. Wilhelmer wijst erop dat in dit deel van het leerproces zeer systematisch de bestaande vooroordelen moeten worden opgepakt en behandeld en dan stap voor stap moeten worden weggenomen. Hoe dit dan precies in zijn werk gaat, wordt helaas niet vermeld. Op dit probleem zullen we aan de hand van het maatschappijleer-onderzoek nog terugkomen.

Tot zover is de kursus van Wilhelmer nog vrij traditioneel van opzet en is een aanpak à la Gal'perin nog niet toegepast. Een uitvoerige oriëntatie met de introduktie van theoretische begrippen is in deze kursus nodig om de kontekst van het begrip 'winst' en de redenen van de winstversluiering duidelijk te maken.

Het volgende onderdeel van de oriënteringsfase is het langslopen van een aantal posten op de uitgereikte balansen en verlies- en winstrekenin-

---

7. Zie N. Brouwer, P.C. van den Dool, *Sovjetpsychologie en maatschappijleer-onderzoek*, Universiteit van Amsterdam, 1980; opgenomen als hoofdstuk 4 in N. Brouwer, *Maatschappijleer met een bord en een krijtje*, werkstuk, Universiteit van Amsterdam, 1981.

gen. Aan de deelnemers worden veertig kaarten ter beschikking gesteld. Vierendertig van deze kaarten bevatten de diverse posten van een verlies- en winstrekening. Deze kaarten zijn in een aantal kleuren uitgevoerd; zo zijn alle kaarten die betrekking hebben op de produktiekosten geel, en de kaarten die over belastingen en afdracht gaan zijn rood. De diverse kleuren vertegenwoordigen een aantal kategorieën die bij de uiteindelijke winstanalyse gebruikt worden. Vijf witte kaarten geven aanwijzingen voor de stappen die bij deze analyse gezet moeten worden. Kaart 40 bevat een legenda met uitleg van symbolen en afkortingen die op de andere kaarten gebruikt zijn. De vijf kaarten met handelingsaanwijzingen vormen in feite de kern van de oriënteringsbasis.

De fase van de gematerialiseerde handeling bestaat eruit dat de lerenden aan de hand van de kaarten waarop de posten van de verlies- en winstrekening staan, zo'n rekening nalopen en de betreffende bedragen invullen. Het is niet nodig om deze posten uit het hoofd te leren, omdat bij het werken met de kaarten deze zaken als vanzelf geleerd zullen worden. Het is niet altijd direkt duidelijk wat moet worden ingevuld, maar de diverse kaarten bevatten aanwijzingen en de kaarten die met een bepaald soort posten te maken hebben, zijn van eenzelfde kleur. Op deze wijze kan een verlies- en winstrekening post voor post worden afgewerkt. De behandelde kaarten worden per kleur op stapels gelegd en deze diverse stapels geven dan de diverse kategorieën aan die bij de uiteindelijke herberekening gebruikt moeten worden. Voor deze herberekening dienen de laatste, witte kaarten waarop aangegeven is wat bij wat geteld moet worden.

De diverse kleuren vertegenwoordigen dus een aantal stappen die gezet moeten worden om tot een begroting van de werkelijke netto winst te komen. Al werkend met deze kaarten zal de lerende duidelijkheid krijgen over de betekenis van de diverse stappen. Hier is dus geen sprake van domweg uit het hoofd leren. In de kursus wordt in groepen gewerkt. Wanneer voor een deelnemer de betekenis van wat er op een bepaalde kaart staat niet duidelijk is, dan kan daarover gediskussieerd worden en eventueel kunnen een aantal stappen teruggezet worden. Aan de hand van een of meer kaarten kan het probleem besproken worden. Het blijkt dat de kaarten een zinvolle leerhulp bieden, omdat ze steeds houvast geven wat betreft de te volgen procedure, zodat de kursist zich volledig kan richten op de inhoudelijke problemen rondom een bepaalde post. De kaarten bieden dus een steun voor de oriëntatie van de lerende. De oriënterende aktiviteit is gericht op het vinden van diverse inhoudelijke problemen.

Als alle kaarten zijn doorgewerkt en de berekeningen zijn uitgevoerd, dan vinden de kursisten de afgelegde weg wel zinvol en juist, maar ze kunnen nog niet zonder het gebruik van de kaarten. De diverse stappen zijn wel duidelijk geworden, maar het overzicht over de hele procedure ontbreekt nog. Bij het wegvallen van de leerhulp zal de oriënterende denkaktiviteit voldoende geworteld moeten zijn, zodat de lerende zelf diverse inhoudelijke problemen kan vinden. In de kursus wordt daarom aan de hand van een ander voorbeeld de hele procedure nogmaals herhaald, maar hierbij worden al wel op een aantal punten verkortingen ingevoerd. Met name wordt het werken met de kaarten waar mogelijk vervangen door verwoording van de te zetten stappen.

In de volgende fase vindt op steeds meer punten een verschuiving naar het hardop spreken plaats. In de eerste fase heeft diskussie en vragen stellen al een rol gespeeld naast het werken met de kaarten, maar nu worden langzamerhand de kaarten geheel vervangen door het bespreken van de diverse stappen. Wilhelmer is van mening dat bij deze kursus met volwassenen een strikte doorvoering van de door Gal'perin onderkende fasen en stappen niet op zijn plaats is.[8] Bij problemen met andere toepassingen van de analyse zal de lerende van de mentale vorm van handelen moeten kunnen teruggrijpen op de handelingsvorm van het innerlijk of het uiterlijk spreken, dan wel op de gematerialiseerde vorm met de kaarten.

Uit recente publikaties over het werk van Gal'perin wordt eveneens duidelijk dat de trapsgewijze opbouw niet receptmatig moet worden opgevat, wil het gebruik ervan niet tot rigide onderwijsprocedures leiden.[9] Wilhelmer is zich ervan bewust dat een strikt opgevatte materialisering van de winstanalyse uitgevoerd zou kunnen worden met fiches of blokjes die hoeveelheden geld representeren. Daarmee zou evenwel slechts het resultaat van de handeling gematerialiseerd worden en niet het proces van de handeling.

Met name voor het inzichtelijk beheersen van procedures en onderzoeksvaardigheden is het in het leerproces nuttig om de te verrichten handelingen te ondersteunen door ze te materialiseren (hier dus door middel van de veertig kaarten). Nelissen wijst op een veel voorkomende misvatting rond dit probleem door te laten zien dat bepaalde Gal'perin-recepties ertoe kunnen leiden dat lerenden idiosynkratische procedures ontwikkelen. Bijvoorbeeld in het rekenonderwijs worden bij het aanleren van bepaalde bewerkingen de getallen gematerialiseerd (door blokjes, eikeltjes of wat dan ook) in plaats van de uit te voeren bewerking, terwijl de kinderen juist hiermee de meeste problemen hebben.[10]

Bij het leren analyseren van de balans en de verlies- en winstrekening wordt in de leergroep tussen de deelnemers onderling en tussen hen en de begeleiders uitvoerig gediskussieerd over de betekenis van de diverse posten en over de interpretatie van de kaarten. Op deze wijze is de fase

---

8. Overigens wordt dit door Gal'perin zelf ook aangegeven; zie het verslag van een gesprek met hem over specialistisch onderwijs aan volwassenen in: C.F. van Parreren, J.M.C. Nelissen, *Met Oosteuropese psychologen in gesprek*, a.w., p. 26-30.

9. Vgl. J.M.C. Nelissen, 'De theorie van Gal'perin...', a.w., p. 309.

10. Vgl. idem, p. 309.

van het hardop spreken en het innerlijk spreken onderdeel van het kommunikatieproces dat zich in de onderwijsleersituatie afspeelt. Met name voor het type problemen dat in deze kursus wordt behandeld is het niet verwonderlijk dat er op deze manier wordt gewerkt. Het gaat immers om het werken met ideeën en noties die in de vorm van begrippen, dus in het algemeen van taaluitingen, overdraagbaar en kommuniceerbaar zijn. De kaarten funktioneren hierbij als steun.

De rapportage van Wilhelmer beperkt zich tot een weergave van de opzet van de kursus en een kwalitatieve beschrijving van een aantal resultaten. Gezien de beperkte omvang van de toepassing was het nog niet zinvol om meer kwantitatief onderzoek uit te voeren. Volstaan wordt met de vermelding dat de deelnemers aan de kursus de voorbewerkte kaarten als nuttige hulpmiddelen bleven ervaren en dat docenten uit het vakbondsvormingswerk positief waren over de resultaten van deze kursus in vergelijking met de problemen die optraden bij een traditionele behandeling van het betreffende onderwerp.

Kritische psychologie over didaktiek

In de laatste paragraaf van dit hoofdstuk zullen we nog een aantal problemen en mogelijkheden behandelen die optreden wanneer we inzichten uit de kritische psychologie willen betrekken op problemen bij de konstruktie van en bij onderzoek naar onderwijssituaties. We zullen op een aantal opgeworpen vragen terugkomen en een aantal van de door Wilhelmer genoemde oplossingen bespreken. Tenslotte willen we aandacht schenken aan een Nederlands onderwijsonderzoek, gebaseerd op inzichten van de kritische psychologie.

Wilhelmer is met z'n onderzoeksaanpak voortdurend in diskussie met de ideeën van het exemplarisch leren zoals ontwikkeld door Oskar Negt. De interventie van Wilhelmer in het vakbondsvormingswerk moet gezien worden als een kritiek op en een verwerking van het ervaringsleren zoals dat in de methode van het exemplarisch leren is uitgewerkt. We hebben niet de ruimte om deze diskussie hier in z'n geheel weer te geven. In een bespreking van het boek van Wilhelmer geven Van Dungen en Hens een kritiek op de opvattingen van Wilhelmer inzake het ervaringsleren.[11] Wij volstaan hier om met Wilhelmer te stellen dat de invoering van de eigen ervaringen van leerlingen in het onderwijsleerproces een nuttige en noodzakelijke aangelegenheid is. Het inbrengen van eigen ervaringen van leerlingen in het leerproces kan positief zijn voor de motivatie van de lerenden, het leerobjekt kan verbonden worden met eigen problemen. Hierdoor kunnen te behandelen inzichten levend gemaakt worden. Deze ervaringen kunnen in de oriënteringsbasis worden ingevoerd door diskus-

---

11. J. van den Dungen, H. Hens, 'Boekbespreking Lernen als Handlung', in: *Tijdschrift voor arbeid en bewustzijn*, jrg. 4, nr. 6, 1980, p. 47-49.

sie en inbreng van de lerenden, zodat een breed skala aan konkrete ervaringen naar voren komt.[12] De ervaringen vormen een onderdeel van de oriënteringsbasis en geen leerobjekt of leermethode zoals de methode van het exemplarisch leren voorstaat. Die eigen ervaringen moeten onderwerp van onderzoek en reflexie worden, bij het exemplarisch leren worden de eigen ervaringen teveel gelaten voor wat ze zijn, ze worden niet geproblematiseerd. Overschatting van de eigen ervaringen betekent tegelijkertijd een geringschatting van de gekumuleerde historische ervaring in de vorm van beschikbare inzichten en kennisbestanden. Bovendien geldt dat de eigen ervaringen veelal betrekking hebben op direkt waarneembare verschijnselen en zoodende geen garantie bieden voor de ontwikkeling van theoretische inzichten. Als de ervaringskennis al te vanzelfsprekend voor generalisatie gebruikt wordt, dan wordt de oppervlakkige schijn van het bestudeerde eerder bevestigd dan doorbroken. Analyse van de verschijningsvormen is dan nog moeilijker geworden. Wilhelmer geeft hierbij het voorbeeld van de zon die om de aarde lijkt te draaien. Dit idee kan alleen maar doorbroken worden door een analyse van de wezenlijke aspekten van deze verschijningsvorm. Vanuit de kritische psychologie wordt tegenover het exemplarisch leren gesteld dat oriënterend kennen wel een funktie heeft, maar pas in het kader van begrijpende kennis van nut is bij het onderkennen van wezenlijke tegenstellingen.

Het is op dit punt nodig om wat uitvoeriger in te gaan op het onderscheid tussen empiristische en theoretische begrippen.[13] Empiristische begrippen verwijzen naar konkrete zaken, naar verschijningsvormen. Theoretische begrippen daarentegen verwijzen naar processen van verklaring van de achterliggende gebeurtenissen waarvan de verschijningsvormen een uitdrukking zijn. Empiristische begrippen zijn star en konkreet, theoretische begrippen zijn beweeglijk en abstrakt. Door het hanteren van theoretische begrippen is een subjekt in staat een konkrete verschijningsvorm als een bijzonder geval van een algemener proces te zien. Hierdoor kan het subjekt afzien van het specifieke van een verschijningsvorm en doordringen tot het wezen van het achterliggende proces. Empiristische begrippen zijn kenmerkend voor het oriënterend kennen; voor het begrijpend kennen zijn theoretische begrippen nodig.

Als we nu de eigen konkrete ervaring beschouwen als een empirische basis waarop het subjekt een empiristisch begrip loslaat, dan zien we dat

---

12. Vgl. hierover ook het hoofdstuk over onderwijs in: H. Boutellier, L. Wouda (red.), *Progressieve ontwikkelingen in de psychologie. Kongresboek*, Amsterdam 1981.

13. Vgl. V.V. Davydov, *Arten der Verallgemeinerung im Unterricht*, Berlijn 1977; L.S. Vygotskij, *Denken und Sprechen*, Berlijn 1964; J.F. Vos, *Onderwijswetenschap en marxisme*, a.w., p. 255-266, 275-277 en 283-406; en N. Brouwer, *Maatschappijleer ...*, a.w., p. 81-97.

het subjekt alleen de verschijningsvorm beschouwt. Door in het onderwijsleerproces de eigen ervaringen te relateren aan theoretische begrippen kan een adekwatere doordenking van die eigen ervaringen mogelijk gemaakt worden.
Wilhelmer plaatst in een afsluitende diskussie bij het theoretische deel van zijn boek ons inziens een aantal relevante kanttekeningen bij de theorie van de fasengewijze verwerving van mentale handelingen. De vragen die hij opwerpt spelen ook een rol in de Nederlandse diskussie over de beoordeling van de Sovjet-onderwijsleertheorie. Belangrijk is de vraag voor welke leerinhouden de theorie van Gal'perin toepasbaar is. Het maakt nogal wat uit of het gaat om empiristische dan wel om theoretische begrippen.
Wilhelmer verwijst in zijn betoog ook naar Davydov, een belangrijk Sovjet-psycholoog, die vooral werk verricht op het terrein van de ontwikkeling van het theoretisch denken. Hij hecht groot belang aan de vakdidaktische voorbewerking van de leerinhoud, de zogenaamde logische analyse, waarin het erop aankomt de hoogst ontwikkelde stand van de kennis als leerinhoud te presenteren. Davydov onderscheidt naast deze logische, vakinhoudelijke analyse, de psychologische analyse van de wijze waarop de lerende zich de leerstof eigen maakt. In deze psychologische analyse kan de theorie van Gal'perin een bescheiden rol spelen. Hieruit is niet moeilijk te begrijpen dat Davydov in Gal'perins theorie met name de oriënteringsbasis wel waardeert.[14] Het belang van praktische materiële handelingen moet niet zozeer gezocht worden in de opbouw van mentale handelingen, maar in de ondersteuning die zij kunnen bieden bij komplexe leerprocessen.
Het inbrengen in de oriënteringsbasis van geavanceerde wetenschappelijke kennis is schijnbaar in tegenspraak met de bevordering van de zelfstandige denkontwikkeling van het individu. Dit moeten we onderkennen als een schijntegenstelling, omdat het wezenlijk gaat om het aanreiken van denkinstrumenten in de vorm van begrippen, die juist door hun algemeenheid de zelfstandigheid van de lerende in de zin van inzicht en reflexie bevorderen. De aangereikte begrippen worden opgevat als dragers van de kognitieve ontwikkeling van het subjekt. Bij het verwerven van dit soort begrippen is het bestaan van een leergroep en de samenwerking en diskussie daarbinnen tussen lerenden die op verschillend niveau opereren van groot nut. Het is namelijk mogelijk dat lerenden op het ene niveau lerenden op het andere niveau helpen: het funktioneren van een medeleerling op een hoger niveau biedt een oriënteringshulp voor een lerende die nog op een lager niveau werkt.

---

14. Vgl. J.M.C. Nelissen, A.C. Vuurmans, M.A.D. Wolters, 'Wat Tanečka niet leert zal Tanja nooit weten', in: C.F. van Parreren, J.M.C. Nelissen, *Met oosteuropese psychologen in gesprek*, a.w., p. 137.

Het koncept van de verst ontwikkelde stand van de wetenschap als leidraad voor de vormgeving van het leerproces is gezien de problematische en schoksgewijze ontwikkeling van de wetenschap niet altijd een hanteerbaar uitgangspunt. Wilhelmer konstateert dit probleem wel, maar doet er verder niet veel mee. We sluiten daarom hier de uiteenzettingen over Wilhelmer af, aangezien Seidel op dit punt meer te melden heeft.

Seidel heeft onderzoek gedaan naar de wijze waarop de psychologie het oplossen van problemen bestudeert.[15] In zijn boek analyseert hij een aantal probleemstellingen en probleemoplossingen die in de geschiedenis een belangrijke rol hebben gespeeld. Door deze voorbeelden laat Seidel vooral de maatschappelijke herkomst van problemen zien. Deze historische kontext is net zo belangrijk voor het stellen en oplossen van problemen als de kognitieve aktiviteiten van de kant van de probleemoplosser. De traditionele probleemoplossingspsychologie beperkt zich in het merendeel van haar onderzoek tot de zogeheten 'goed gedefinieerde', dat wil zeggen welomschreven problemen, waarbij ze zich vooral richt op de probleemoplosfase en niet op de fase van het stellen van een probleem.

Seidel laat daarentegen zien dat de fase van het stellen en definiëren van het probleem van doorslaggevend belang is voor de oplossing ervan. Is een probleem eenmaal goed gedefinieerd, dan blijkt het al voor meer dan de helft te zijn opgelost, want vanaf dat punt hoeft de oplossing alleen nog maar uitgevoerd te worden. De manier waarop in een bepaalde historische situatie een probleem gesteld kan worden, is afhankelijk van de op dat moment voorhanden zijnde kennis over het betreffende werkelijkheidsgebied. Tegelijkertijd is het probleemoplossende individu gebonden aan de ruimte die zijn of haar positie en ontwikkelingsmogelijkheden bieden (individualiteitsvorm). Seidel wijst op de positie van de loonafhankelijke arbeiders, die in hun maatschappelijke situatie met voorgeschreven problemen gekonfronteerd worden. Dit heeft gevolgen voor de denkvaardigheden die dan ontwikkeld kunnen worden.

Wanneer gesteld wordt dat het onderwijs kinderen vertrouwd moet maken met probleemoplossings- en onderzoeksvaardigheden, dan moeten we in de onderwijsleersituatie in eerste instantie werken aan de formulering van probleemstellingen. Een voorwaarde hiervoor is dat leerlingen probleembewust en probleemgevoelig gemaakt worden. Het middel bij uitstek hiertoe is het laten zien en laten onderkennen van tegenstellingen. Het benoemen van tegenstellingen roept de vraag op naar de funktie en de historische gewordenheid van deze tegenstellingen. We zien hier verwantschap met een aantal kenmerkende eigenschappen van theoretisch denken: het vragen naar achterliggende processen en naar verklaringen.

---

15. Zie R. Seidel, *Denken. Psychologische Analyse der Entstehung und Lösung von Problemen*, Frankfurt a.M. 1977; en N. Brouwer, 'Probleme? Geh' historisch an sie heran!', in: *Psychologie en maatschappij*, nr. 5, september 1978, p. 65-87.

Daarmee zijn we weer terug op het punt waar we de uiteenzetting over Wilhelmer hebben verlaten, namelijk het probleem hoe de meest ontwikkelde stand van de wetenschap in de oriënteringsbasis kan worden ingevoerd. De opvattingen van Seidel en Holzkamp brengen ons ertoe om te stellen dat het invoeren van de meest vooruitgeschoven wetenschappelijke inzichten niet voldoende is, maar dat de leerling ook vertrouwd moet raken met de instrumenten en met de werkwijze van de wetenschap. Kortom, leerlingen moeten vertrouwd gemaakt worden met onderzoeksvaardigheden. In de opvatting van de kritische psychologie is de werkwijze van de wetenschap die van de dialektiek: het onderzoek naar het wezen van de verschijningsvormen en naar de objektieve tegenstellingen zoals die historisch zijn gegroeid.

Deze uitspraken klinken voor veel mensen waarschijnlijk wel aardig, maar laten ook een wat flauwe bijsmaak achter in de trant van: 'Maar wat betekent dat nu konkreet voor bijvoorbeeld leerplanontwikkeling en een reëel onderwijsleerproces?' Het is daarom prettig dat tot slot van deze paragraaf het reeds aangekondigde onderzoek inzake de maatschappijleer-didaktiek als een uitwerking van bovenstaande ideeën kan worden gepresenteerd. Het onderzoek loopt nog, dus we kunnen hier niet meer doen dan de opzet, achtergronden, werkwijze en eerste resultaten aanduiden.[16]

De doelstelling van het onderzoek is het (verder) ontwikkelen van een kritische didaktiek voor het vak maatschappijleer. De inspiratiebron werd gevormd door de kritische psychologie. Later is daar het werk van de kultuurhistorische school bijgekomen. Het onderzoek heeft de vorm van een ontwikkelingsprojekt: de onderzoekers hebben zelf de lessen gegeven op een school voor middelbaar beroepsonderwijs. De te ontwikkelen didaktiek is met name gericht op het bevorderen van het begrijpend kennen van de leerlingen. Aansluiting wordt gezocht bij de dialektische methode van Marx en de omwerking hiervan tot een strukturering van het onderwijsleerproces in de klas door Wolfgang Christian. In het onderzoek is deze strukturering gekonkretiseerd in de vorm van de volgende leerstappen: 1. onderwerp kiezen; 2. voorkennis peilen; 3. onderwerp uitpluizen; 4. vragen stellen; 5. toetsing eigen onderzoeksplanning; 6. nagaan of je ideeën kloppen; 7. maatschappelijke stellingname.

De eerste drie stappen zijn bedoeld om de diskrepantie tussen 'bekend' en 'onbekend' aan het licht te brengen: wat weet de lerende al en wat nog niet? Dit verschil moet eerst duidelijk uit de verf komen voordat er vragen voor eigen onderzoek gesteld kunnen worden. Pas als het voor de leerling zelf duidelijk is, zal er sprake zijn van motivatie voor het verder werken aan een onderwerp en zullen er vragen gesteld worden. Door de eigen onderzoeksinspanning moet er nieuwe informatie op tafel komen.

---

16. Zie S. Cohen-Tervaert, *'Het was een les en het was óók over onze problemen!' Een onderzoek naar de leerlingenbeleving van lessen maatschappijleer*, werkstuk, Universiteit van Amsterdam, 1980; en N. Brouwer, *Maatschappijleer ...*, a.w.

Deze nieuwe informatie moet tot slot zodanig verwerkt worden, dat er bij de lerenden een verschuiving plaatsvindt ten opzichte van hun oorspronkelijke ideeën. Het verschil tussen bekend en onbekend verandert hiermee, mede door de begeleiding en de sturing van het onderzoeksproces door de leerkracht. Een van de dingen die de leerkracht inbrengt zijn theoretische begrippen die de behandelde verschijnselen inzichtelijker kunnen maken.

Hier kan worden gewezen op enkele verbanden tussen eerder in dit hoofdstuk genoemde zaken en de hier geformuleerde leerstappen. Het vragen stellen in stap 4 en het door Seidel benadrukte belang van de fase van het stellen van een probleem komen overeen. Het benoemen van tegenstellingen blijkt tijdens het gehele onderwijsleerproces een prima stimulans voor de aktiviteit van de lerenden. Je kunt de reeks leerstappen vergelijken met onderzoeksvaardigheden. Aan de hand van de leerstappen werden thema's behandeld als gastarbeid, vakantiewerk, toekomstmogelijkheden enzovoort. Reeds tijdens de uitvoering van de lessen werd duidelijk dat naast de leerstappen de keuze van de inhouden minstens even belangrijk was voor het slagen van de lessen. De keuze van inhouden moet gerelateerd worden aan een logische analyse van het vakgebied. Deze analyse levert de theoretische begrippen die voor een goed begrip van de betreffende leerstof gewenst zijn.

Bij het introduceren van begrippen zijn in het onderzoek gelijke ervaringen opgedaan als die Wilhelmer formuleert, namelijk dat de leerlingen bij bepaalde begrippen vaak al een skala aan konnotaties hebben, waar in het leerproces aan gewerkt zal moeten worden. Met name bepaalde empiristische invullingen van begrippen zullen moeten worden overwonnen door ze in het onderwijs te bespreken. Deze persoonlijke invullingen van een begrip zijn dikwijls emotioneel geladen. Hieruit blijkt dat in een onderwijssituatie kognitie en emotie sterk met elkaar verbonden zijn. Daarom zal de verdere theorievorming zich met name daarop moeten richten. Voorts leveren de leservaringen in het projekt een groot aantal voorbeelden waarin naar voren komt dat het denken in tegenstellingen en het onderkennen daarvan door een groot aantal ideologische mechanismen wordt belemmerd.

De evaluatiekomponent van het projekt bestaat uit protokol-analyse van de lessen, afname en verwerking van interviews met leerlingen en de analyse van vragenboekjes die door hen zijn ingevuld. Er zijn twee soorten onderzoeksvariabelen gehanteerd, namelijk betreffende kognitie en emotie. Onder 'kognitie' wordt gekeken naar de mate waarin de leerlingen zelf problemen stellen, hun historisch besef, begripsvorming, methodenbewustzijn en maatschappelijke stellingname. Onder 'emotie' vallen de variabelen solidariteit, zelfvertrouwen en veranderingsbereidheid. Samenvattend kunnen we stellen dat vanuit de kritische psychologie heel wat afleidingen te maken zijn over de didaktiek. Voordat die evenwel tot echte aanwijzingen worden, is nog veel ontwikkelingsonderzoek nodig.

leerproces in gang te zetten. Met behulp van een zogenaamde leertest kunnen beide zones worden vastgesteld. Tegelijkertijd wordt zo al binnen de diagnostische fase het therapeutisch proces uitgestippeld. Dat kan omdat zo'n leertest aansluit bij de logische struktuur van de leerstof. Door op de leerstof een logische analyse toe te passen kunnen de voor de verwerving van die leerstof noodzakelijke vaardigheden worden opgespoord.

Uit het geheel van gegevens moeten ook aanwijzingen komen voor de manier waarop met de ouders en de leerkrachten kan worden samengewerkt, teneinde de ontwikkeling van het kind ook langs die weg te optimaliseren. In het bijzonder moet inzicht ontstaan in de aktuele en toekomstige mogelijkheden van de ouders om de ontwikkeling van het kind thuis en op school te ondersteunen. De eerste fase van de diagnose wordt afgesloten met het opstellen van een rapport met een voor iedereen toegankelijk overzicht van de konstateringen, de toekomstverwachtingen en de geplande maatregelen. Op basis van deze gegevens wordt een à twee maal per week een therapeutische bijeenkomst georganiseerd voor zes kinderen van ongeveer gelijke leeftijd.[7] De begeleiding is in handen van twee therapeuten.

Men heeft voor een groepstherapie gekozen omdat het probleem ook binnen een sociale kontext is ontstaan. Daarom moet het kind worden geholpen binnen een nieuw sociaal verband van kleinere omvang en zonder de negatieve implikaties van het reguliere onderwijs. Een individuele therapie zou ook een ontkenning betekenen van het sociale karakter van leerprocessen. Bovendien zou de transfer van de in de therapie ontwikkelde vooruitgang naar latere groepssituaties worden bemoeilijkt. Legasthenie wordt gekenmerkt door het gegeven dat de taal door het kind niet als een werktuig wordt ervaren. Het heeft de taal niet leren kennen als middel tot ingrijpen in de eigen omgeving. Daardoor is het kind onvoldoende gemotiveerd om aktief met de taal om te gaan.

De therapeutische doelen kunnen in eerste instantie slechts gerealiseerd worden op basis van non-verbale en pas later door verbale kommunikatie. Deze kommunikatie is verbonden met het handelen en de sociale betrekkingen in de therapiegroep. Op deze wijze zal het kind het werktuigkarakter van de taal ervaren. Deze ervaring is een eerste stap op weg naar de toeëigening van de taal.

De eerste stappen van de therapie worden gevormd door pogingen de motivatie te herstellen. Een absolute voorwaarde hiervoor is de volledige akseptatie van het kind. Daardoor zal het de ervaring opdoen dat het binnen de groep op een veilige manier kan handelen. Een sfeer van emotionele geborgenheid en affektie biedt een basis voor de ontwikke-

---

7. Op het legasthenie-centrum wordt ook wel aan individuele therapie gedaan, maar die dient dan alleen om het kind op de groepstherapie voor te bereiden. Ook in het kader van de nazorg wordt wel aan individuele therapie gedaan.

ling van zelfvertrouwen. De duur van deze fase varieert sterk per kind en kan zeer lang duren. Tegelijkertijd wordt er gewerkt aan het kreëren van situaties waarin het kind de kommunikatie kan ervaren als een zinvol en produktief middel bij de gezamenlijke aktiviteiten. Deze aktiviteiten moeten zo worden gepland dat de aanwezigheid van de andere kinderen en de kommunikatie met hen als zinvol voor het uitvoeren van die aktiviteiten worden ervaren.

Die situatie kan worden opgeroepen met behulp van een zoveel mogelijk gezamenlijk opgesteld aktiviteitenplan. Daarbij kan worden gedacht aan het maken van reizen, het verkennen van de buurt, het houden van voordrachten, sport- en spelaktiviteiten, handenarbeid enzovoort. Het is de opzet dat elk kind aan de planning, uitvoering en evaluatie bijdraagt. De aard van die bijdrage wordt, zeker in de eerste tijd, geheel vrijgelaten. Op basis van de eigen bijdrage aan de handelingen en de kommunikatie kan het kind de eigen identiteit opbouwen. De totale akseptatie en de groepsaktiviteiten moeten emotionele zekerheid en een gevoel van geborgenheid oproepen op basis waarvan de motivatie om aktief met anderen te handelen kan ontstaan.

Dit proces verloopt niet eenvoudig. Men is er de afgelopen jaren steeds meer toe overgegaan door volledige akseptatie en emotionele ondersteuning het kind in de eerste fase van de therapie te leren de eigen behoeften en verlangens te onderkennen. Het kind wordt aangemoedigd deze behoeften en verlangens door te zetten tegen de eisen van de anderen in. Men akseptert dat het kind in deze eerste fase agressief en welddadig is en weigert om met de andere kinderen en de therapeuten te spreken en samen te werken. In die situatie krijgt het kind gelegenheid om aan te geven waar en wanneer de gezamenlijke aktiviteit moet starten en wat voor aktiviteit dat moet zijn. Dit gedrag wordt opgevat als een uiting van het nastreven van de eigen behoeften en als een kompensatie van de ondervonden restrikties thuis en op school. De uitingsvormen leiden soms tot chaotische situaties, maar zullen langzaam overgaan in gezamenlijke aktiviteit. De motivatie tot toeëigening is in het begin van de therapie vaak niet aanwezig, zoals blijkt uit het volgende protokol:

'Gedurende de eerste therapie-uren was er niets aan de hand. De kinderen namen kennis van het door ons, voor het werken aan hun problemen met de schriftelijke taal, uitgewerkte materiaal en gingen meer of minder braaf aan het werk. In de pauzes werd gespeeld en daarna verder gewerkt. Maar de pauzes werden door de kinderen meer en meer verlengd. Doordat we niet zoals de leerkrachten restriktief reageerden, weigerden de kinderen meer en meer met het materiaal aan de slag te gaan.'[8]

---

8. M. Leonard, D. Pilz, 'Kinder unterwegs — Therapeuten auf ihrer Spur?', in: D. Pilz, S. Schubenz (red.), *Schulversagen* ..., a.w., p. 49.

De volledige akseptatie, de eerste vormen van koöperatie en het daaruit volgende herstel van een open houding ten opzichte van personen en objekten leiden tot het volgende beeld:
'Door de nieuw verkregen relatieve vrijheid binnen de therapie ontstond voor Kalle (elf jaar) een speelruimte voor het handelen, waarover hij vroeger niet de beschikking had en ook tegenwoordig — buiten deze situatie van relatieve vrijheid — alleen thuis kan beschikken. Onder de premissen van onbegrensd vertrouwen en het *onder alle omstandigheden aksepteren* van de eigen verantwoordelijke handelingen van de kinderen, ontstonden voor Kalle niet vermoede mogelijkheden, die schijnbaar onbegrensd waren. Voor Kalle begon na de onzeker makende entreefase van de wederzijdse kennismaking, de fase van de zich koncentrisch vergrotende aktieve toeëigening van de omgeving. Kalle begon met een uitvoerig onderzoek van de therapieruimten en de inventaris (...), ging alle kamers langs, vergaderruimten en kantoren, lift, kelder, daken van de huizen en oriënteerde zich daarna op de nabije omgeving.'[9]
De situaties waarin gezamenlijk wordt gehandeld, bieden het kind de ervaring dat spreken handelingen kan initiëren en daarmee veranderingen mogelijk maakt. Het kind leert met toenemende durf en motivatie de eigen behoeften en belangen onder woorden te brengen en tracht ze samen met anderen te realiseren. Indien het kind voldoende van dergelijke ervaringen heeft opgedaan, kan diens aandacht gevraagd worden voor het verwerven van de schriftelijke taal.
Het werken met twee therapeuten heeft een dubbele funktie. De begeleiders kunnen zich gezamenlijk bezighouden met de planning, uitvoering en evaluatie van de therapie. Gezien het komplexe karakter van de therapie is het hanteren van het twee-therapeuten-principe geen overbodige luxe. Daarnaast tonen de samenwerkende therapeuten aan de kindergroep een vorm van koöperatie, die als voorbeeld kan gaan werken. De samenwerking, taakverdeling en de daaruit voortvloeiende kommunikatie berust op de onderscheiden bijdragen van de therapeuten aan het groepsproces. Het plannen, tussentijds bijsturen en kontroleren van het proces moet zo inzichtelijk mogelijk plaatsvinden, zodat het leereffekt voor de groep optimaal is en het voorbeeld kan worden overgenomen. De feitelijke overname heeft tot gevolg dat in latere fasen het therapeutisch proces meer en meer een koöperatief karakter krijgt. De inhoud en vorm van de samenwerking tussen de kinderen en de therapeuten wordt daarbij steeds bepaald door de eisen van de samen geplande aktiviteit. Ieder levert daarbij een bijdrage overeenkomstig de eigen mogelijkheden.
De feitelijke toeëigening van de schriftelijke taal wordt tot stand gebracht met behulp van de morfeemmethode. Deze methode komt tege-

9. Idem, p. 54.

moet aan de beide doelstellingen van de therapie. Niet alleen wordt met deze methode het lezen en schrijven aangeleerd, maar tegelijkertijd wordt op exemplarische wijze het leren als zodanig ervaren. De morfeemmethode is aan het eind van de zestiger jaren ontwikkeld op basis van een analyse van de struktuur van de taal.

Het morfeem kan worden omschreven als de kleinste betekenisdragende eenheid van de taal. Alle woorden zijn uit deze elementen opgebouwd. De woordverwantschap die in de morfeemstruktuur tot uiting komt, wordt zo het draagvlak van het aanleren van de lees- en schrijfvaardigheid. De morfemen hebben een stabiele betekenis en een gelijkblijvende schrijfwijze.

De waarde van de methode berust vooral daarin dat de opbouw is gebaseerd op de historisch ontwikkelde regelmatigheden van de taalstruktuur. De te nemen leerstappen en de systematiek van het aanbieden van de taalelementen komen uit die regelmatigheden voort. Met name op dit punt verschilt deze methode van de gebruikelijke methoden, zoals de analytische en synthetische methoden. De regelmatigheden in de taalstruktuur komen voort uit de funktie van de schriftelijke taal als betekenisdragend kommunikatiemiddel. Het meest direkt en systematisch komt deze funktie tot uitdrukking in de morfeemstruktuur. Dat betekent dat de morfeemmethode aansluit bij het wezenlijke karakter van de schriftelijke taal. Zo wordt het mogelijk de taal systematisch aan te leren. De genoemde andere methoden kennen ook een 'systematische' opbouw. Ze laten de toeëigening van de lees- en schrijfvaardigheid plaatsvinden op basis van de letter- respektievelijk woordstruktuur van de taal, maar die 'systematiek' is te willekeurig. Het aanleren van het lezen en schrijven op letter- of woordniveau is niet voldoende. Het hanteren van de letter- of woordstruktuur is slechts zinvol in samenhang met het morfeemprincipe.

De regelmatigheden waarop de morfeemmethode is gebaseerd en waarin de samenhang van de verbale en schriftelijke taal tot uitdrukking komt zijn het fonematische principe, het morfeemprincipe en het frekwentieprincipe. Het eerste geeft aan dat er sprake is van betrekkingsregels tussen klank (foneem) en schrift (grafeem). Deze komen voort uit maatschappelijke afspraken. Tussen klanken en schrifttekens bestaat geen één-op-één-verhouding. Zo wordt bijvoorbeeld de geluidskwaliteit van een letter vastgelegd door de positie van die letter in een woord. Voor de toeëigening van de schriftelijke taal is dit betrekkingssysteem als uitgangspunt dan ook niet geschikt. Het ontbreken van eenduidigheid brengt de kinderen tot 'trial-and-error leren'. Er wordt bij het hanteren van deze methode bovendien een veel te grote druk uitgeoefend op de geheugenfunktie. Het geheugen moet de ontbrekende systematiek vervangen.

De kern van het morfeemprincipe is dat de kinderen de struktuur en de regelmatigheden van de taal leren doorzien in samenhang met de betekenis van de taalelementen. Deze methode kan pas werkelijk metho-

disch worden vormgegeven, wanneer ze wordt verbonden met het frekwentieprincipe. Dat principe geeft rekenschap van de relatieve frekwentie van de verschillende taaleenheden. Uit de frekwentie waarmee bepaalde morfemen optreden kan een indikatie worden verkregen omtrent de betekeniswaarde en relevantie van het morfeem. De meest frekwent voorkomende morfemen zullen de belangrijkste aspekten van de dagelijkse levensrealiteit 'beschrijven'. Deze moeten dan het eerst worden aangeleerd. Daarom is uit een lijst van de achtduizend meest voorkomende woorden (op een totaal van vijfhonderdduizend) de relatieve frekwentie van zestienhonderd morfemen vastgesteld (op een totaal van drieduizend). De beheersing daarvan staat gelijk aan de beheersing van vijfentachtig procent van de morfemen in een gemiddelde tekst. In de therapie wordt begonnen met een systematische aanbieding van de meest frekwent voorkomende morfemen. Het aanleren van de meest frekwent voorkomende morfemen maakt al snel een redelijke beheersing van teksten mogelijk. Dat geldt zowel voor het lezen als het schrijven. Het aanleren van de morfemen vindt steeds plaats in samenhang met het aanleren van het lezen en schrijven van letters, woorden en zinnen.
Het ontbreekt aan ruimte om hier in te gaan op de systematische planning en het gebruikte materiaal bij het leren lezen en schrijven. Ik wil slechts een aantal afsluitende opmerkingen maken. De morfeemmethode maakt het mogelijk op basis van een nauwkeurige vaststelling van het startniveau van het kind wat betreft de beheersing van letters, morfemen en woorden, de toeëigening in de zone van de naaste ontwikkeling te laten plaatsvinden. Het werktuigkarakter van de taal wordt binnen de therapiegroep duidelijk gemaakt. De systematische opbouw van de toeëigening via het morfeemprincipe maakt inzichtelijk leren mogelijk. Het kind is daardoor in staat het eigen handelen zelfstandig te begrijpen en te korrigeren. Van groot belang is tenslotte, dat met deze methode kan worden ervaren dat de taal, een essentieel deel van de levensrealiteit, logisch en inzichtelijk is gestruktureerd en als zodanig ook valt te leren. Uit die ervaring kan het kind de lering trekken dat het zelf tot leren in staat is, wat een belangrijke stimulerende werking kan hebben voor de verwerving van weer andere vaardigheden.
De opbouw van emotionele zekerheid, van de vaardigheid, behoefte en motivatie om met de personen en objekten in de therapiegroep om te gaan, vormt de basis voor de toeëigening van de taal. Wanneer die toeëigening met sukses verloopt en een transfer van de aangeleerde vaardigheden en van de nieuwe wijze van psychisch funktioneren mogelijk wordt geacht, kan het kind de therapie afsluiten.

Kritische kanttekeningen

Ik wil aan dit beknopte en selektieve overzicht van de aktiviteiten en ideeën van het legasthenie-centrum slechts enkele kritische opmerkingen toevoegen.[10] Daarmee wil ik geen afbreuk doen aan de grote waarde van deze kritische praktijk, die een belangrijke voorbeeldfunktie kan vervullen. Zo valt er veel te leren van de wijze waarop in de afgelopen jaren getracht is de theoretische en politiek-maatschappelijke noties van de kritische psychologie praktisch vorm te geven. De gehanteerde therapeutische middelen zijn te waarderen als belangrijke vernieuwende methodieken. Mijn kritiek heeft betrekking op de mate waarin men werkt aan de theorie-ontwikkeling rond het fenomeen legasthenie en het daarop gerichte therapeutische handelen. Er is geen sprake van een uitgebalanceerde therapeutische praktijk. De bestaande praktijk wordt niet gesteund door een omvattende en eenduidige theorie.

Hoewel niet kan worden gezegd dat de theoretische reflexie ontbreekt, kan gesteld worden dat in het centrum weinig wordt gewerkt aan de ontwikkeling van een theoretische basis. Deze theorie-ontwikkeling zou moeten starten vanuit de eigen specifieke hulpverleningspraktijk en een adekwaat begrip moeten opleveren van de eigen aard, ontwikkeling en remediëring van het probleem legasthenie. In dit verband moet worden opgemerkt dat het centrum zich betrekkelijk weinig richt op de theoretische ontwikkelingen binnen de kritische psychologie, ook al is het waar dat zich daaruit niet direkt pedagogisch-therapeutische suggesties laten afleiden. Het centrum kent door de geheel eigen eisen van de praktische hulpverlening ook een eigen identiteit. Het gevolg daarvan is dat de door de kritische psychologie ontwikkelde aanzetten naar mijn mening te weinig worden verbonden met de ervaringen en aanzetten tot theorievorming van het centrum zelf. De werkers binnen het legasthenie-centrum wekken de indruk dat de zeer komplexe praktijk hen geheel in beslag neemt. Daarnaast lijkt er een duidelijke vrees te bestaan zich vast te leggen op één enkel theoretisch kader. Zo lijkt er zich binnen het centrum een situatie te gaan ontwikkelen die wordt gekenmerkt door een geringe theoretische gerichtheid. Deze situatie biedt uiteindelijk onvoldoende garanties voor een adekwate hulpverlening en verdere ontwikkeling van het centrum.

10. Zie voor verdere kritiek *Forum Kritische Psychologie*, nr. 7, 1980, dat geheel gewijd is aan de diskussie rond legasthenie.

Beknopte bibliografie

In deze bibliografie zijn uitsluitend publikaties opgenomen die direkt voortkomen uit het werk op het psychologisch instituut van de Freie Universität te Berlijn (de 'Texte zur Kritischen Psychologie') of daar nauw bij aansluiten (de 'Studien zur Kritischen Psychologie'). Daarnaast worden nog enkele overige publikaties vermeld. Voor diskussies rond de kritische psychologie raadplege men het 'huisorgaan' *Forum Kritische Psychologie*. Tot slot van deze bibliografie volgt nog een lijst van Nederlandse publikaties over de kritische psychologie.

'Texte zur Kritischen Psychologie'
(De 'Texte' staan in volgorde van nummering; achter elke titel staat het nummer tussen haakjes vermeld.)

K. Holzkamp, *Sinnliche Erkenntnis. Historischer Ursprung und gesellschaftliche Funktion der Wahrnehmung*, Frankfurt a.M. 1978 (vierde druk; oorspr. 1973). (1)
G. Ulmann, *Sprache und Wahrnehmung*, Frankfurt a.M. 1975 (2)
V. Schurig, *Naturgeschichte des Psychischen I. Psychogenese und elementare Formen der Tierkommunikation*, Frankfurt a.M. 1975 (3.1.)
V. Schurig, *Naturgeschichte des Psychischen II. Lernen und Abstraktionsleistungen bei Tieren*, Frankfurt a.M. 1975 (3.2.)
U. Holzkamp-Osterkamp, *Grundlagen der psychologischen Motivationsforschung I*, Frankfurt a.M. 1975 (4.1.)
U. Holzkamp-Osterkamp, *Grundlagen der psychologischen Motivationsforschung II. Die Besonderheit menschlicher Bedürfnisse. Problematik und Erkenntnisgehalt der Psychoanalyse*, Frankfurt a.M. 1976 (4.2.)
V. Schurig, *Die Entstehung des Bewusstseins*, Frankfurt a.M. 1975 (5)
R. Seidel, *Denken. Psychologische Analyse der Entstehung und Lösung von Problemen*, Frankfurt a.M. 1976 (6)
F. Haug, *Erziehung und gesellschaftliche Produktion. Kritik des Rollenspiels*, Frankfurt a.M. 1977 (7)
S. Jaeger, I. Staeuble, *Die gesellschaftliche Genese der Psychologie*, Frankfurt a.M. 1978 (8)
E. Leiser, *Widerspiegelungscharakter von Logik und Mathematik. Methodische Grundlagen der Kritischen Psychologie 1*, Frankfurt a.M. 1978 (9)
U. Schneider, *Sozialwissenschaftliche Methodenkrise und Handlungsforschung. Methodische Grundlagen der Kritischen Psychologie 2*, Frankfurt a.M. 1980 (10)

'Studien zur Kritischen Psychologie'
(De 'Studien' staan in volgorde van nummering; achter elke titel staat het nummer tussen haakjes vermeld.)

K.-H. Braun, K. Holzkamp, *Bericht über den Kongress Kritische Psychologie vom 13.-15. Mai 1977 in Marburg. Deel 1: Einführende Referate. Deel 2: Diskussion*, Keulen 1977 (1 en 2)
K. Holzkamp, *Gesellschaftlichkeit des Individuums. Aufsätze 1974-1977*. Keulen 1978 (3)
K.-H. Braun, *Einführung in die politische Psychologie. Zum Verhältnis von gesellschaftlichem und individuellem Subjekt*, Keulen 1978 (4)

P. Keiler, M. Stadler (red.), *Erkenntnis oder Dogmatismus? Kritik des 'Dogmatismus'-Konzepts*, Keulen 1978 (5)

E. Leiser, *Einführung in die statistischen Methoden der Erkenntnisgewinnung*, Keulen 1978 (6)

F. Walter, *Zur Kritik des Behaviorismus*, Keulen 1978 (8)

M. Jäger, K. Kersten, E. Leiser, W. Maschewsky, U. Schneider, *Subjektivität als Methodenproblem. Beiträge zur Kritik der Wissenschaftstheorie und Methodologie der bürgerlichen Psychologie*, Keulen 1978 (9)

W. Jantzen, *Behindertenpädagogik, Persönlichkeitstheorie, Therapie*, Keulen 1978 (10)

K.-H. Braun, *Kritik des Freudo-Marxismus. Zur marxistischen Aufhebung der Psychoanalyse*, Keulen 1979 (12)

D. Pilz, S. Schubenz (red.), *Schulversagen und Kindergruppentherapie. Pädagogisch-psychologische Therapie bei psychischer Entwicklungsbehinderung*, Keulen 1979 (13)

B. Wilhelmer, *Lernen als Handlung. Psychologie des Lernens zum Nutzen gewerkschaftlicher Bildungsarbeit*, Keulen 1979 (15)

P.J. Gal'perin, *Grundfragen der Psychologie*, Keulen 1976 (16)

M. Geier, *Kulturhistorische Sprachanalysen*, Keulen 1979 (17)

G. Keseling, *Sprache als Abbild und Werkzeug. Ansätze zu einer Sprachtheorie auf der Grundlage der kulturhistorischen Psychologie der Wygotski-Schule*, Keulen 1979 (18)

W. Jantzen, *Grundrisse einer allgemeinen Psychopathologie und Psychotherapie*, Keulen 1979 (19)

F. Haug (red.), *Gesellschaftliche Arbeit und Individualentwicklung*, (Bericht nr. 1), Keulen 1979 (20)

W. Maiers, M. Markard (red.), *Lieber arbeitslos als ausgebeutet? Probleme des psychologischen Umgangs mit psychischen Folgen der Arbeitslosigkeit*, (Bericht nr. 2), Keulen 1979 (21)

K.-H. Braun, U. Holzkamp-Osterkamp, H. Werner, B. Wilhelmer (red.), *Kapitalistische Krise, Arbeiterbewusstsein, Persönlichkeitsentwicklung*, (Bericht nr. 4), Keulen 1979 (22)

D. Roer (red.), *Persönlichkeitstheoretische Aspekte von Frauenarbeit und Frauenarbeitslosigkeit*, (Bericht nr. 5), Keulen 1979 (23)

W. Jantzen (red.), *Arbeit und Arbeitslosigkeit als pädagogisches und therapeutisches Problem*, (Bericht nr. 3), Keulen 1979 (24)

(De nummers 20-24 vormen de *Berichte vom 2. internationalen Kongress Kritische Psychologie 'Arbeit und Arbeitslosigkeit in kritisch-psychologischer Sicht' vom 4.-6. Mai 1979 in Marburg*)

Overige

K. Holzkamp, *Kritische Psychologie. Vorbereitende Arbeiten*, Frankfurt a.M. 1972
M. Kappeler, K. Holzkamp, U. Holzkamp-Osterkamp, *Psychologische Therapie und politisches Handeln*, Frankfurt a.M. 1977
W. Maschewsky, *Das Experiment in der Psychologie*, Frankfurt a.M. 1977

Nederlandse publikaties

A. van der Beek, N. de Boer, A. ter Laak, R. Rijkschroeff, 'Demokratiese psychiatrie, Holzkamp en Foucault', in: *Comenius*, jrg. 1, nr. 1, 1981, p. 9-44

Th. de Boer, 'Vooronderstellingen van een kritische psychologie', in: *Nederlands tijdschrift voor de psychologie*, jrg. 30, 1975, p. 715-818

Th. de Boer, *Grondslagen van een kritische psychologie*, Baarn 1980

N. Brouwer, 'Probleme? Geh' historisch an sie heran!', in: *Psychologie en maatschappij*, nr. 5, september 1978, p. 65-87

N. Brouwer, A. Verbij, 'Interview met Klaus Holzkamp', in: *Psychologie en maatschappij*, nr. 2, december 1977, p. 69-80

N. Brouwer, M. Meerman, Th. Meijman, A. Tuinier, 'Kritische psychologie in theorie en praktijk. Verslag van het tweede internationale kongres voor kritische psychologie', in: *Psychologie en maatschappij*, nr. 9, oktober 1979, p. 102-112

L. van Buchem, E. Elbers, M. van Elteren, 'Therapie als aktivering tot maatschappelijk handelen. De therapie-konceptie van de Holzkampschool', in: *Psychologie en maatschappij*, nr. 13, november 1980, p. 528-564

L. van Buchem, E. Elbers, M. van Elteren, 'Krities-psychologiese therapie: wetenschap of ethiek? Antwoord aan Antoine Verbij', in: *Psychologie en maatschappij*, nr. 14, maart 1981, p. 145-150

A. Dieleman, 'Marxistische psychologie: ekonomisme of humanisme?', in: *Psychologie en maatschappij*, nr. 4, juni 1978, p. 81-113

G. van Diepen (red.), *De individuele ontwikkeling in maatschappelijk-historisch perspektief*, Groningen 1981

De 'Holzkampgroep', *Psychologie en marxisme. Een terreinverkenning.* Amsterdam 1977 (derde druk)

W. Maschewsky, 'Sociaal-wetenschappelijke methoden en hun vooronderstellingen over het onderzoeksobjekt', in: *Psychologie en maatschappij*, nr. 8, juni 1979, p. 7-24

W. Meeus, Q. Raaijmakers, R. Rijkschroeff, 'Kritische psychologie: wetenschappelijk humanisme', in: *Psychologie en maatschappij*, nr. 8, juni 1979, p. 24-45

W. Schaufeli, G. Schuitemaker, J. Zeelen, 'Gedragstherapie vanuit handelingstheoreties perspektief', in: *Psychologie en maatschappij*, nr. 12, september 1980, p. 409-427

A. Smaling, ' "Empirische Hypothesen als Konditionalsätze (...) sind formale Tautologien (...)" (Holzkamp, 1972, p. 162)', in: *Gedrag*, jrg. 4, 1976, p. 15-23

K.A. Soudijn, 'Criteria bij psychologisch onderzoek', in: *Gedrag*, jrg. 1, 1973, p. 161-183

H.A.P. Swart, 'Over de functioneel-historische methode en haar betekenis voor de psychologie', in: *Gedrag*, jrg. 7, 1979, p. 203-215

G. Tuender-de Haan, 'Het mensbeeld in de marxistische psychologie', in: V. van Parreren, J. van de Bend (red.), *Psychologie en mensbeeld*, Baarn 1979, p. 76-97

G. Tuender-de Haan, 'Het mensbeeld in de marxistische psychologie', in: C.F. van Parreren, J.G. van de Bend (red.), *Psychologie en mensbeeld*, Baarn 1979, p. 76-97

Arbeitslosigkeit als pädagogisches und therapeutisches Problem, Keulen 1980, p. 182-189

A. Verbij, 'Verslag van het kongres Kritische Psychologie, Marburg 13-15 mei 1977', in: *Psychologie en maatschappij*, nr. 2, december 1977, p. 101-109

A. Verbij, 'Kritische psychologie en psychoanalyse', in: *Kennis en methode*, jrg. 3, 1979, p. 310-330

A. Verbij, 'Kritiese zelfontplooiingspsychologie? Een reaktie op Van Buchem, Elbers en Van Elteren', in: *Psychologie en maatschappij*, nr. 14, maart 1981, p. 141-144

J. Zeelen, 'Arbeitslosigkeit und sozialpädagogische Arbeit', in: W. Jantzen (red.), *Arbeit und Arbeitslosigkeit als pädagogisches und therapeutisches Problem*, Keulen 1980, p. 189-192